SPORTLEHRE

LERNEN · LEHREN UND TRAINIEREN IM PFERDESPORT

SPORTLEHRE

LERNEN · LEHREN UND TRAINIEREN IM PFERDESPORT

Herausgeber: Deutsche Reiterliche Vereinigung

FNverlag
der Deutschen
Reiterlichen Vereinigung
GmbH

Herausgeber: Deutsche Reiterliche Vereinigung e.V.
– Bereich Sport, Abteilung Ausbildung –
Hauptverband für Zucht und Prüfung deutscher Pferde,
Fédération Equestre Nationale (FN), Warendorf.

Redaktion: Dr. Catharina Veltjens-Otto-Erley

Die Autoren der einzelnen Beiträge:
Björn Ahsbahs
Dr. Helga von Brauchitsch
Claus Chmiel
Claudia Elsner
Christoph Hess
Dr. Wolfgang Hölzel
Eckart Meyners
Annette Müller-Kaler
Michael Putz
Ralph-Michael Rash
Andreas Tack

© 1992 **FN**verlag der Deutschen Reiterlichen Vereinigung GmbH, Warendorf.
Alle Rechte vorbehalten. Nachdruck, auch auszugsweise, nur mit Genehmigung des
Verlages und des Herausgebers gestattet.
2. Auflage 1998

Gestaltung: Rudolf Strecker, Beelen

Herstellung: Darpe Industriedruck, Warendorf

ISBN 3-88542-251-4

Vorwort

Die praktische und theoretische Unterrichtserteilung hat in den Lehrplänen für Ausbilder zentrale Bedeutung. Die in diesem Buch zusammengestellten Fachbeiträge zu den verschiedensten Aspekten der Unterrichtserteilung bilden hierfür eine wesentliche Grundlage und sind für den Ausbilder unabdingbar.

Der Ausbilder im Pferdesport muß neben praktischen Fertigkeiten und theoretischen Kenntnissen im Reiten (Fahren, Voltigieren) auch über Erfahrungen in den Bereichen „Lernen, Lehren und Trainieren" verfügen (bisher unter dem Begriff „Sportlehre" zusammengefaßt).
Im Unterricht kommen vielschichtige Beziehungen zwischen Sportler und Pferd, Sportler und Ausbilder, Pferd und Ausbilder, sowie der Reiter, Voltigierer und Fahrer untereinander zum Tragen. Mit diesem Buch soll der entscheidende Brückenschlag von der Theorie zur Ausbilderpraxis in den Bereichen Pädagogik, Psychologie und Sportphysiologie vorgenommen werden.
Dabei erhebt die „Sportlehre" keinen Anspruch auf Vollständigkeit. In ihr sind Aufsätze von Fachautoren zusammengefaßt worden, die auch einzeln für sich gelesen werden können. Es werden Querverweise und Literaturhinweise zur Vertiefung gegeben. Die Zusammenfassungen am Ende eines jeden Kapitels und das in der 2. Auflage 1997 neu hinzugekommene Stichwortverzeichnis erleichtern die Prüfungsvorbereitung.
Es werden pädagogische Lehrhilfen zur Unterrichtsplanung, verschiedene Lehrmethoden und die Verwendung unterschiedlicher Medien erläutert.
Die Autoren geben Anregungen zur Unterrichtsgestaltung unter anderem für Kinder, Jugendliche und Seiteneinsteiger, wobei auch die Hinführung zum Voltigiersport Beachtung findet.
Der Ausbilder erhält fachpraktische Hinweise zur Unterrichtung in den Grundlagen des Sitzes unter Berücksichtigung der Bedeutung der Muskulatur für einen korrekten Sitz.
In der Trainingslehre werden sportphysiologische Aspekte und ihre Umsetzung in die pferdesportliche Praxis erläutert.
Die hohen Anforderungen, die an den Ausbilder im Umgang mit seinen Schülern, dem Pferd und dem dazugehörigen sozialen Umfeld gestellt werden, finden im Kapitel Sportpsychologie Berücksichtigung. Dieses behandelt unter anderem Maßnahmen zur Leistungsbeeinflussung und das Thema Angst im Reitsport.
Ergänzend werden Hinweise zur Unfallverhütung und Ersten Hilfe gegeben.

Deutsche Reiterliche Vereinigung e.V.
Bereich Sport
Abteilung Ausbildung

Inhaltsverzeichnis

1. Pädagogische Grundgedanken zum Pferdesport.......................... 11
C. Hess

    1.1 Bedeutung des Pferdesports in der heutigen Zeit........................ 12
    1.2 Besonderheiten des Pferdesports 12
    1.3 Reiten (Voltigieren, Fahren) als Breitensport 12
    1.4 Reiten (Voltigieren, Fahren) als Leistungssport......................... 14
    Zusammenfassung 16

2. Unterrichtslehre für Ausbilder im Reitsport............................. 17
Dr. W. Hölzel (2.1 - 2.3), E. Meyners (2.4 - 2.6)

    2.1 Allgemeine Unterrichtslehre 18
    2.2 Unterrichtsplanung... 19
    2.3 Sechs Kriterien der Unterrichtserteilung 21
        2.3.1 Aufbau... 21
        2.3.2 Inhalt der Information 23
        2.3.3 Form der Information 24
        2.3.4 Rückinformation... 26
        2.3.5 Standort und Haltung.. 27
        2.3.6 Übersicht und Unfallvermeidung 27
    Zusammenfassung 28
    2.4 Methoden im Reitunterricht.. 29
        2.4.1 Sechs Methoden-Grundsätze 29
        2.4.2 Anweisungsorientierte und erfahrungsorientierte Lehrmethode...... 30
        2.4.3 Lehr- und Unterrichtsstile in der Reitbahn 33
    2.5 Medien im Reitunterricht 34
        2.5.1 Auditive Medien 35
        2.5.2 Visuelle Medien 35
        2.5.3 Audio-visuelle Medien.. 36
        2.5.4 Sonstige Medien 37
    2.6 Bewegungslernen in der Reiterei.. 37
        2.6.1 Zum Lernbegriff beim Reiter 37
        2.6.2 Lernen nach dem Regelkreis-Modell.............................. 38
        2.6.3 Bewegungssteuerung und Bewegungskoordination 38
        2.6.4 Phasen des Bewegungslernens (des motorischen Lernprozesses)... 40
    Zusammenfassung 42

3. Unterricht für Anfänger: Kinder, Jugendliche, Seiteneinsteiger 43
C. Elsner, E. Meyners (3.7)

    3.1 Einleitung und Zielsetzung 44
    3.2 Bedingungen und Voraussetzungen 44
        3.2.1 Schulpferde/-ponys 44
        3.2.2 Das räumliche Umfeld; Medien 45
    3.3 Begegnung mit dem Pferd 45
    3.4 Pädagogische Aspekte. 46
    3.5 Die Anfangsphase des Reitens 47
    3.6 Bemerkungen zum Unterrichtsinhalt 48
    3.7 Altersstrukturen 49
        3.7.1 Unterricht für Kinder/Jugendliche 49
        3.7.2 Unterricht für Erwachsene 52
    Zusammenfassung 54

4. Heranführung an den Voltigiersport 55
A. Müller-Kaler

    4.1 Voltigieren im Verein – Aufgaben, Ziele, Organisation 56
        4.1.1 Mögliche Stellung und Aufgabe des Voltigiersports im Verein 56
        4.1.2 Was kann das Voltigieren bezüglich der Heranführung
            an das Pferd leisten? 57
        4.1.3 Das Voltigierpferd 58
        4.1.4 Wann kann mit dem Voltigieren begonnen werden? 58
        4.1.5 Organisation und Integration des Voltigiersports in den Verein 58
        4.1.6 Hilfsmittel im Voltigiersport 60
    4.2 Anmerkungen zur Didaktik und Methodik des Voltigierunterrichts 60
        4.2.1 Die Problematik des Voltigierunterrichts 60
        4.2.2 Planung und Aufbau der Voltigierstunde 61
    4.3 Zur Unterrichtsorganisation im Voltigieren 62
        4.3.1 Ordnungsrahmen während der Einleitung 62
        4.3.2 Ordnungsrahmen beim Üben am sich bewegenden Pferd 63
        4.3.3 Ordnungsrahmen beim Üben am stehenden Pferd 65
        4.3.4 Möglichkeiten zur Intensivierung des Unterrichts 65
    4.4 Anregungen für einen möglichen Lehrplan Voltigieren 66
    Zusammenfassung 70

5. Fachpraktische Hinweise für den Ausbilder 71
E. Meyners, M. Putz

    5.1 Einstimmung des Schülers auf den Umgang mit dem Pferd 72
        5.1.1 Im Stall 72

5.1.2 In der Reitbahn. ... 73
5.1.3 Im Gelände ... 74
5.2 Hinweise für die Unterrichtung in den Grundlagen des Sitzes ... 75
5.2.1 Sitzschulung ... 75
5.2.2 Sitzfehler und deren Korrektur ... 76
5.3 Die Bedeutung der Muskulatur für den korrekten (Dressur-) Sitz ... 76
5.3.1 Die Beweglichkeit im Beckenbereich. ... 78
5.3.2 Die Oberschenkelmuskulatur ... 78
5.3.3 Unterschenkel (Waden- und Schienbeinmuskeln) ... 79
5.3.4 Klemmer/Gesäßmuskulatur ... 80
5.3.5 Fußhaltung ... 80
5.3.6 Bauch- und Rückenmuskulatur ... 80
5.3.7 Brust- und Schultermuskulatur. ... 81
5.3.8 Oberarm- und Unterarmmuskulatur ... 81
5.3.9 Die Nackenmuskulatur/Haltung des Kopfes ... 82
5.4 Weitere Haltungsprobleme beim Reiten ... 82
5.4.1 Stuhlsitz. ... 82
5.4.2 Spaltsitz. ... 83
5.5 Haltungsschäden und Folgen für den Sitz ... 83
5.6 Sitzfehler und deren Korrektur im leichten Sitz. ... 85
5.7 Grundlagen in der Hilfengebung und Fehler ... 86
5.7.1 Die Gewichtshilfen. ... 87
5.7.2 Die Schenkelhilfen ... 89
5.7.3 Die Zügelhilfen ... 90
5.7.4 Hilfsmittel ... 93
5.7.5 Strafen. ... 94
5.8 Gymnastikübungen ... 95
Zusammenfassung ... 102

6. Grundlagen der Trainingslehre ... 103
B. Ahsbahs (6.1 - 6.8), C. Chmiel (6.9 - 6.10)

6.1 Das sportliche Training ... 104
6.2 Die sportliche Leistung beeinflussende Faktoren. ... 105
6.2.1 Die motorischen (körperlichen) Fähigkeiten ... 105
6.2.2 Die psychischen Faktoren und Fähigkeiten ... 106
6.2.3 Die taktischen Fähigkeiten. ... 106
6.2.4 Die Umweltfaktoren ... 106
6.2.5 Weitere grundlegende Faktoren ... 107
6.3 Sportbiologische Grundlagen zur Trainingswirkung. ... 108
6.3.1 Die Energiebereitstellung. ... 108
6.3.2 Zur Steuerung der Bewegung ... 110
6.3.3 Die Trainingswirkung. ... 112
6.4 Die wichtigsten Trainingsprinzipien ... 114

6.5 Trainingsmethoden 117
    6.5.1 Methoden im Ausdauertraining 118
    6.5.2 Methoden im Krafttraining 118
    6.5.3 Methoden im Schnelligkeitstraining 120
    6.5.4 Methoden im Beweglichkeitstraining 120
    6.5.5 Methoden im Techniktraining 122
6.6 Trainingsplanung 123
6.7 Anforderungsprofil des Voltigiersports 125
6.8 Anforderungsprofil des Reitsports 127
6.9 Besonderheiten des Trainings von Pferden 128
    6.9.1 Trainingsaufbau 128
    6.9.2 Grundsätzliches zur Trainingsbelastung 130
    6.9.3 Kondition 132
    6.9.4 Trainingsmethodik 132
    6.9.5 Spezielle Trainingsplanung 133
6.10 Praktische Anleitungen zum Ausgleichssport und
     Konditionstraining für Reiter 134
    6.10.1 Ausdauertraining für Reiter 134
    6.10.2 Krafttraining für Reiter 137
    6.10.3 Konditionsgymnastik mit Musik 143
    6.10.4 Flexibilität/Beweglichkeitstraining 143
    6.10.5 Reaktionsgymnastik 146
    6.10.6 Das Spiel im Rahmen des Ausgleichssports und des
        Konditionstrainings 146
Zusammenfassung 148

7. Bedeutung der Sportpsychologie für den Pferdesport 149
R.-M. Rash (7.3), A. Tack (7.1 - 7.2)

7.1 Psychologische Faktoren, die die Leistung von Reitern,
    Voltigierern und Fahrern beeinflussen 150
    7.1.1 Anspannung/Nervosität 150
    7.1.2 Aggressionen/Ärger 151
    7.1.3 Selbstsicherheit 155
    7.1.4 Persönlichkeitstypen 156
7.2 Maßnahmen zur Leistungsbeeinflussung 158
    7.2.1 Körperbewußtsein 159
    7.2.2 Optimale Ausnutzung von Energiequellen 162
    7.2.3 Mentale Trainingsmethoden 163
7.3 Angst im Reitsport 165
    7.3.1 Auswirkungen und Ursachen der Angst 165
    7.3.2 Konsequenzen für den Ausbilder 167
    7.3.3 Angst vor Wettkämpfen 169
Zusammenfassung 172

8. Schadensverhütung und Erste Hilfe 173
Dr. H. v. Brauchitsch

    8.1 Vorsorge 174
    8.2 Wer soll reiten? 176
    8.3 Verletzungen und Unfälle 179
        8.3.1 Wundversorgung 180
        8.3.2 Blutungen 180
        8.3.3 Schock 182
        8.3.4 Bewußtlosigkeit 182
        8.3.5 Verletzungen des Brustkorbes 183
        8.3.6 Knochenbruch 183
        8.3.7 Atemstillstand 184
        8.3.8 Transport des Verletzten 185
        8.3.9 Sonstige Verletzungen 187
    Zusammenfassung 188

9. Literaturnachweis, Literaturhinweise und Stichwortverzeichnis 189

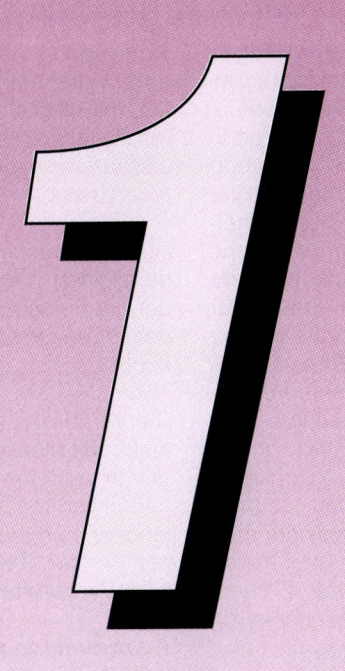

Pädagogische Grundgedanken zum Pferdesport

Christoph Hess

1

1.1 Bedeutung des Pferdesports in der heutigen Zeit

Der Sport ist heute zu einer wichtigen Maßnahme für die Gesundheitsvorsorge und zu einer sinnvollen Freizeitbetätigung geworden. Der Mangel an körperlicher Beanspruchung ist eine der Hauptursachen für vegetative Störungen, Haltungsschäden sowie ihrer Folgeerscheinungen und viele körperlich - seelische Krankheiten. In einer Welt, in der wir mehr und mehr von Erfahrungen "aus zweiter Hand" leben, das heißt von dem, was wir hören, lesen, in Film und Fernsehen sehen, bildet das Sporttreiben eine wertvolle, ja fast notwendige Ergänzung.

Der Pferdesport vermittelt gleichzeitig, wie kaum eine andere Sportart Naturnähe und Naturerleben. Das Motiv der meisten Menschen, die mit dem Pferdesport beginnen, ist nicht sportlicher Ehrgeiz, sondern die gefühlsmäßige Zuneigung zum Lebewesen Pferd.

Dieser Aspekt ist für den Ausbilder von zentraler Bedeutung. Er muß bei der Ausbildung das Unterrichtskonzept hierauf einstellen.
Zu berücksichtigen ist weiterhin, daß wir es zunehmend mit pferdeinteressierten Menschen zu tun haben, die aus einem städtischen Umfeld kommen und denen die natürlichen Bedürfnisse der Pferde bzw. Tiere nicht so geläufig sind, wie dies bei früheren Generationen der Fall war.

Es genügt also nicht mehr, nur "technische Fähigkeiten" zu vermitteln. Besonderer Wert muß auf Kenntnisse rund ums Pferd gelegt werden. Das ist nicht nur von der Sache her notwendig, sondern entspricht auch der "Erwartung des Kunden".

1.2 Besonderheiten des Pferdesports

Der Sport mit Pferden ist ein echter "Life-Time-Sport", der vom Kleinkind bis ins hohe Alter betrieben werden kann. Art und Intensität verändern sich. Auch älteren Reitern ist es noch möglich, deutliche Leistungssteigerungen und Lernerfolge zu erzielen.

Der Umgang mit Pferden/Ponys hat zudem einen hohen erzieherischen Wert, der der Persönlichkeitsreifung und damit der Lebensbewältigung generell zu Gute kommt.

Die Verantwortung, die der pferdesporttreibende Mensch hat, liegt deutlich über der in anderen Sportarten. Neben der Verantwortung für sich selbst ist der Reiter bzw. Fahrer besonders auch für seinen Partner, das Pferd verantwortlich. Er trägt **Verantwortung** für eine

— **artgerechte Haltung und Pflege**
— **bedarfsgerechte Fütterung**
— **ausreichende Bewegung.**

Diese Verantwortung muß schon vom Anfänger erlernt werden und muß Teil jeder Unterrichtseinheit sein.

1.3 Reiten (Fahren, Voltigieren) als Breitensport

Für den Breitensportler steht eher Lust vor Leistung, Entspannung vor Anstrengung und Spiel vor ernstem und anstrengendem Sport. Die Mischung aus Sport, Spiel, Spaß und Geselligkeit macht die Faszination des Breitensports ebenso aus, wie die Möglichkeit einer täglich neuen Kombination dieser unterschiedlichen Möglichkeiten.

Die Zunahme auf dem Freizeit- und Breitensportsektor ist gewaltig. Von den gut 600.000 Reitern, Fahrern und Voltigierern (1991), die Mitglied in einem Verein sind, können schätzungsweise 90 % zu den Breitensportlern gezählt werden. Nur ca. 10 % der organisierten Pferdesportler widmen sich dem Turniersport bzw. dem Leistungssport. Die "Dunkelziffer" nicht organisierter Breitensportler liegt noch wesentlich höher, da viele von ihnen nicht die Notwendigkeit sehen, einem Verein beizutreten.

Der Ausbilder im Breitensport

Ausbilder im Breitensport haben eine elementare Bedeutung für den gesamten Pferdesport. Leider mangelt es den Ausbildern oftmals an ihrer eigenen Motivation sowie der Erkenntnis, daß auch auf dem Gebiet des Breitensports eine befriedigende Tätigkeit und eine finanzielle Existenz durchaus möglich und interessant sein können. Die Grundausbildung der Reiter (Fahrer und Voltigierer) bietet dem Ausbilder ein breites und sehr abwechslungsreiches Betätigungsfeld. Leider sind sich viele unserer Reit-, Fahr- und Voltigierlehrer darüber nicht im klaren. Für sie beginnt die "eigentliche" Ausbildung erst, wenn die Turnierreife erreicht wird.

Für jeden Breitensportler ist das Erlernen von Grundfertigkeiten und -fähigkeiten von absoluter Wichtigkeit. Nur wenn ein Reiter gelernt hat, einen ausbalancierten und losgelassenen Sitz sowie Kontrolle über sein Pferd zu haben, wird er in der Lage sein, den Breitensport zu genießen. Diese Mindestfähigkeiten sind im übrigen unabdingbar, um die Pferde vor Schäden und die Reiter vor Unfällen zu schützen.

Der praktische Reitunterricht im Breitensport erstreckt sich unter anderem auf folgende Bereiche:

— Erlernen der verschiedenen Sitzarten
— dressurmäßiges Reiten bis Klasse A
— Springen kleinerer Einzelhindernisse und Hindernisfolgen
— korrektes Verhalten im Straßenverkehr
— Reiten im Gelände
— Springen einzelner fester Hindernisse (ggf. Jagdreiten).

Im theoretischen Unterricht sollten vornehmlich folgende Themen behandelt werden:

— Grundlagen der Reitlehre
— Grundlagen der Haltung und Pflege, der Pferdefütterung sowie der Tierschutzbestimmungen
— Grundlagen der Ersten Hilfe für Reiter und Pferd
— Umweltschutz im Pferdesport (wo und wie darf man in der Landschaft reiten, ohne die natürliche oder soziale Umwelt zu schädigen oder gegen Verbote zu verstoßen).

Daneben geht es um ein weit gefächertes Angebot für den Breitensport. Gedacht ist hier unter anderem an:

— Ausritte
— Wanderritte
— breitensportliche Wettbewerbe, wie sie im Teil III des Handbuchs für Reit- und Fahrvereine beschrieben sind
— Erwerb der Reiternadel, des Reiterpasses etc.
— Jagden

In einen abwechslungsreichen Unterricht fließen auch über die Reiterei hinausge-

1

hende Angebote mit ein (zum Beispiel Festivitäten zu unterschiedlichen Anlässen). Der Fantasie des Ausbilders sind keine Grenzen gesetzt. – Die Reiter werden es ihm danken!

Ziel des Ausbilders muß es sein, eine entsprechende Gewichtung des Breitensports neben dem stärker leistungsorientierten Sport zu erreichen. Der verantwortliche Ausbilder ist meist nicht in der Lage, den gesamten Unterricht selber zu gestalten. Deshalb sollte er frühzeitig erfahrene Reiter (Fahrer, Voltigierer) veranlassen, sich zum Berittführer, Fachübungsleiter Breitensport oder Reitwart (Fahrwart, Voltigierwart) ausbilden zu lassen. Reiter (Fahrer, Voltigierer), die mit diesen Qualifikationen ausgestattet sind, können den Ausbilder bei seiner Arbeit unterstützen (zum Beispiel Betreuung von Lehrgängen).

Der Reitlehrer sollte bei fortgeschrittener Ausbildung seiner Schüler stärker die Rolle eines fachkundigen Beraters anstreben.

Die Ausbildung muß nach der Devise erfolgen: "Überzeugen - nicht dirigieren". Dies erfordert nicht nur fachliches, sondern auch pädagogisches Geschick. Ein Ausbilder kann nicht alles können und wissen, und nicht jeder ist dazu in der Lage, sowohl zum Beispiel mit Kindern als auch Erwachsenen gleichermaßen gut umzugehen. Die Teilung bestimmter Aufgabengebiete im Breitensport erleichtert die Arbeit des verantwortlichen Ausbilders. Bei geschickter Organisation kann er sich so der gesamten Gruppe der Breitensportler und aktiven Leistungssportler widmen und versuchen, *ein Zusammengehörigkeitsgefühl zu erreichen, das in vielen Vereinen stärker gefördert werden müßte.* Hier kann der Ausbilder ganz entscheidend dazu beitragen, daß ein Verein Perspektiven für die Zukunft bekommt.

1.4 Reiten (Fahren, Voltigieren) als Leistungssport

Für den Leistungssportler steht das Interesse am Wettkampf bzw. am Leistungsvergleich mit anderen Sportarten im Vordergrund. Er stellt hohe Anforderungen an sich und seine Pferde. Wer heute im Pferdesport Erfolg anstrebt und diesen Sport leistungsorientiert betreiben will, muß frühzeitig beginnen. Die Ausbildung muß systematisch erfolgen.
Reiten (Fahren, Voltigieren) als Leistungssport erfordert einen hohen Zeitaufwand. Nur durch intensives Training und entsprechende Pflege und Behandlung der Pferde wird der Erfolg dauerhaft sein.

Nicht zu verkennen ist die Tatsache, daß Reiten (Fahren) als Leistungssport einen entsprechenden finanziellen Hintergrund voraussetzt. Ein hohes persönliches Engagement des Sportlers - zum Teil auch der Eltern - ist unentbehrlich.

Gutes Pferdematerial, Talent und das entsprechende Umfeld genügen jedoch nicht, um im Leistungssport bestehen zu können. Im Regelfall wird Erfolg langfristig nur möglich sein, wenn der Sportler bereit ist, mit einem Ausbilder zusammenzuarbeiten. Der Ausbilder hat im Leistungssport eine ganz wesentliche Funktion, die leider zu oft von talentierten jungen Reitern verkannt wird.

Der Ausbilder im Leistungssport

Das Niveau des praktischen Könnens

und Wissens eines Ausbilders sowie seine Erfahrung und sein Einfühlungsvermögen sind wesentliche Voraussetzungen für den Erfolg seiner Schüler.

Neben diesen Qualitäten, die sich der Reitlehrer nur aus der eigenen reiterlichen Praxis heraus aneignen kann, werden von ihm pädagogische und psychologische Fähigkeiten verlangt, um als Trainer auf Dauer bestehen zu können. Dies gilt besonders für die Ausbildung von Kindern und Jugendlichen, die die Basis für den zukünftigen Leistungssport bilden.

Für ein erfolgreiches Training muß bei jugendlichen Reitschülern eine Verbindung von Ausbildung und Erziehung zwischen Eltern und Ausbilder gegeben sein. Gemeinsam mit dem Kind/Jugendlichen müssen Überlegungen angestellt werden, um weiter gesteckte Ziele langfristig zu erreichen. Die Zuwendung der Eltern ist im Sport oftmals gekoppelt mit überhöhten Erwartungen und übertriebenem Ehrgeiz bezüglich der leistungsorientierten Karriere des Kindes. Hier muß es ggf. die pädagogische Aufgabe des Ausbilders sein, den jungen Reiter/Voltigierer vor den sportlichen Ambitionen der Eltern zu "schützen". In diesem Fall sollte er sie realistisch über die Aussichten des Kindes/Jugendlichen mit seinem Pony/Pferd oder als Voltigierer aufklären und übertriebene Erwartungen dämpfen.

Ganz wichtig für die Ausbildung ist der Aspekt, daß Kinder keine Spezialisten sind und insbesondere nicht zu Spezialisten erzogen werden sollten. Es ist nicht zu verantworten, Spezialisierung im Kindesalter auf Kosten der allgemeinen, breiten Orientierung zu vollziehen. Kinder sind mehr als Jugendliche und Erwachsene bereit und in der Lage, vielfältige und immer neue Erfahrungen aufzunehmen. Vieles, was in der Kindheit nicht gelernt wird, kann später nicht mehr oder nur noch mit wesentlich höherem Aufwand nachgeholt werden. Das gilt auch im Pferdesport.

Bei der Auswahl eines Ausbilders sollte man sich darüber im klaren sein, daß zunächst nur **ein** Reitlehrer für die reitsportliche Entwicklung des Kindes verantwortlich sein kann. Zu häufiger Wechsel von Reitlehrern kann ein Kind in seiner reiterlichen Grundausbildung nur verwirren. Aus diesem Grund sollte die Auswahl eines Reitlehres wohlüberlegt sein.

Überdurchschnittliche Leistungen im Sport erreichen letztendlich nicht die, die sich ganz dem Sport verschreiben und alles anders ausblenden, sondern jene, die von der Sicherheit getragen sind, daß ihre gegenwärtige Situation, ihr diesbezügliches Umfeld und ihre beruflichen Zukunftschancen "stimmen".

Der Ausbilder sollte seinen Schülern deutlich machen, daß sie neben einer intensiven sportlichen Betätigung ihre Bildungs- und Berufswünsche nur mit guten Leistungen in Schule, Studium und Ausbildung verwirklichen können. Eine Werbung für den Leistungssport sind die Reiter/Fahrer/Voltigierer, die im Sport **und** im Leben "überzeugen".

Leistungssportler sind keine Ausnahmepersonen. Der Ausbilder muß versuchen, die Ziele seiner Schüler zwar anspruchsvoll, aber realistisch zu halten. Er muß bei seinen jungen Reitern/Voltigierern eine gewisse Erfolgszuversicht haben. Gleichzeitig sind die Sportler anzuhalten, nicht nur mit dem Erfolg leben zu können, sondern auch Mißerfolge realistisch auszuwerten und zu tragen.

Aus erzieherischen Gründen benötigen wir einen Leistungssport, in dem jeder Beteiligte das vernünftige Maßhalten erlernt hat und nicht zugunsten des unbedingten Siegen-Wollens seine Prinzipien aufgibt. Dazu sind Ausbilder notwendig, die sich verpflichtet fühlen, ihren Einfluß geltend zu machen, um im Leistungssport jene Erfahrungen zu ermöglichen, die für die weitere Entwicklung unserer Gesellschaft bedeutsam sein könnten.

Die bisherigen Ausführungen machen deutlich, daß der Ausbilder nicht nur über praktische und theoretische Kenntnisse im Reiten (Fahren, Voltigieren) verfügen muß. Auch im pädagogischen, psychologischen und sportphysiologischen Bereich werden hohe und vielfältige Anforderungen an ihn gestellt. Das gilt nicht nur für den Leistungssport, sondern in gleicher Weise für den Breitensport.

Hierfür sollen die nachfolgenden Kapitel Anregungen, Hinweise und Lehrhilfen geben.

Zusammenfassung

- Neben dem Sportkamerad ist das Pferd in der heutigen Zeit vor allem auch ein Freizeitpartner in der Natur.

- Der Pferdehalter ist verantwortlich für eine artgerechte Haltung und Pflege, bedarfsgerechte Fütterung sowie ausreichende Bewegung seines Pferdes.

- 90 % der Vereinsmitglieder sind Breitensportler.

- Ausbilder im Breitensport haben eine elementare Bedeutung für den gesamten Pferdesport: Neben der Ausbildung der Grundfähigkeiten und -fertigkeiten muß den Breitensportlern über ein weit gefächertes, fantasievolles Angebot Freude am und rund um den Pferdesport vermittelt werden.

- Erfolg im Leistungssport setzt neben geeignetem Pferdematerial, Talent, ein entsprechendes Umfeld und Engagement des Sportlers (z.T. auch der Angehörigen) sowie eine gute Zusammenarbeit mit dem Ausbilder voraus.

- Kinder sollten nicht zu Spezialisten erzogen werden. Die vielseitige Ausbildung muß im Vordergrund stehen.

- Eine Werbung für den Leistungssport sind die Reiter/Fahrer/Voltigierer, die im Sport **und** im Leben "überzeugen".

- Ausbilder im Pferdesport müssen nicht nur über Fachkenntnisse im Reiten/Fahren/Voltigieren, sondern auch in Pädagogik, Psychologie und Sportphysiologie verfügen.

Unterrichtslehre für Ausbilder im Reitsport

Dr. Wolfgang Hölzel (2.1 – 2.3) und
Eckart Meyners (2.4 – 2.6)

2

Die Unterrichtslehre (Didaktik) befaßt sich mit folgenden drei Fragestellungen:

a) **Was soll gelehrt werden?** (Frage nach den Lerninhalten)
b) **Wie soll gelehrt werden?** (Frage nach der Art des Vorgehens, den Methoden)
c) **Womit soll gelehrt werden?** (Frage nach den Hilfsmitteln, den Medien)

In der Lehre vom Unterrichten ist festgelegt, welche Kenntnisse und Fähigkeiten ein Lehrer besitzen muß, um qualifizierten Unterricht erteilen zu können. Es gibt Grundregeln, die für jede Art des Unterrichts gelten *(Allgemeine Didaktik)*, sei es für das Lehren von Deutsch, Englisch, Mathematik oder einer Sportart. Darüber hinaus gibt es für jedes Einzelfach und jede Sparte spezielle Anforderungen an die Gestaltung des Unterrichts *(Fachdidaktik)*.

Wie bei jedem anderen Fach müssen einer Unterrichtslehre im Reitsport anerkannte Prinzipien der allgemeinen Lehre vom Unterricht zugrunde gelegt werden. Insbesondere sind dabei die Erkenntnisse in der Unterrichtserteilung des Faches Sport zu berücksichtigen, die sich vorwiegend auf das Bewegungslernen *(motorisches Lernen)* konzentrieren. Darüber hinaus müssen die Gesichtspunkte bedacht werden, die speziell für den Reitunterricht charakteristisch sind.

2.1 Allgemeine Unterrichtslehre

Die grundsätzliche Bedeutung der allgemeinen Unterrichtslehre kann an einem Beispiel anschaulich gemacht werden: Untersuchungen haben bewiesen, daß der Lernerfolg eines Schülers bei jeder Art von Lernen ganz entscheidend davon abhängt, ob und wann er erfährt, daß seine Bemühung, eine gestellte Aufgabe zu bewältigen, falsch, richtig oder wenigstens besser als vorher gewesen ist. Die Wissenschaft kam schon vor längerer Zeit zu dem Ergebnis, daß *ein Schüler dann am schnellsten und mit dem geringsten Aufwand Fortschritte macht, wenn er möglichst rasch nach seiner Bemühung über deren Erfolg informiert wird.* Diese Erkenntnis über die Wirkung der sogenannten **»Rückinformation«** (feed-back) wird schon lange in allen Fächern, das heißt auch im Sport, praktisch angewandt. Auch für den Reitunterricht ist dieses Ergebnis aus der übergreifenden allgemeinen Unterrichtslehre sehr fruchtbar. Allerdings müssen darüber hinaus beim Reitsport Besonderheiten berücksichtigt werden, die nur für diesen »Partnersport« gelten und in denen er mit keinem anderen Fach und auch keiner anderen Sportart vergleichbar ist. Diese unbestreitbare Tatsache darf jedoch nicht zur Blindheit gegenüber anderen Erkenntnissen führen. Was sich im Unterrichten anderer Fächer bewährt hat, muß daraufhin geprüft werden, ob es auch für den Reitunterricht zweckmäßig und sinnvoll sein kann.

Die **erste Grundfrage** der allgemeinen Unterrichtslehre nach den Lehrinhalten kann beim Reitsport kurz abgehandelt werden. Wir können hier auf die altbewährten Reitlehren zurückgreifen. So hat sich zum Beispiel nichts daran geändert, wie ein Schüler – den verschiedenen Anforderungen entsprechend – auf dem Pferd sitzen muß. Über den Dressursitz, den leichten Sitz oder das Leichttraben gibt es nichts Neues auszusagen. Und es wird sich auch daran nichts ändern, daß bei einer Parade Gewichts-, Schenkel-und Zügelhilfen zusammenwirken müssen.

Sehr viel ausführlicher muß allerdings auf die zweite und dritte Grundfrage (Vorgehen und Hilfsmittel) eingegangen werden (siehe auch 2.4). Bei der Konzeption einer praktischen Unterrichtslehre im Reitsport gilt wie in allen anderen Fächern der Grundsatz, daß Lehren und Lernen durch Information erfolgen. *Der Reitlehrer vermittelt die in den anerkannten deutschen Reitlehren fixierten Inhalte (z.B. Richtlinien für Reiten und Fahren) durch **sprachliche** (verbale), **sichtbare** (visuelle) und **fühlbare** (sensorische) Informationen.* Jede Anweisung, jede Erklärung zum Beispiel sind sprachliche Informationen; das Vorreiten einer Übung oder entsprechendes Anschauungsmaterial sind sichtbare Informationen; eine fühlbare Information gibt der Lehrer etwa dann, wenn er dem Schüler im Halten das Annehmen und Nachgeben der Hand dadurch zeigt, daß er die Zügel am Trensenring selbst in die Hand nimmt und ihn so das richtige Maß und Verhältnis fühlen läßt. Dabei wird er natürlich durch Erklärungen (sprachliche Information) deutlicher machen, worauf es ankommt. Wenn der Lehrer eine Übung vorreitet und diese zugleich erklärt, handelt es sich um eine Verbindung von sichtbarer und sprachlicher Information. Wichtig sind vor allem der richtige Einsatz und die richtige Kombination der verschiedenen Informationsmittel.

Soll eine neue Übung erlernt werden, so muß dem Schüler zuvor durch theoretischen Unterricht (mit Anschauungsmaterial) eine klare Vorstellung von dieser Übung vermittelt werden. Denn jegliches Bewegungslernen ist nur aufgrund einer präzisen Bewegungsvorstellung möglich. Für den Reitunterricht heißt das zum Beispiel, daß der Schüler eine genaue Vorstellung darüber haben muß, wie eine Vorhandswendung aussieht und zu reiten ist, bevor er sie zum ersten Male ausführt. Auch einem fehlerhaften Bewegungsablauf, der sich »eingeschliffen« hat, liegen häufig falsche Bewegungsvorstellungen zugrunde, die durch Unterweisungen und Anschauungsmaterial korrigiert werden müssen. Wichtig ist, daß der Schüler unmittelbar, nachdem er die verlangte Übung ausgeführt hat, erfährt, was er richtig oder falsch gemacht hat (Rückinformation).

2.2 Unterrichtsplanung

Jedem Unterricht muß eine klare *Planung* vorausgehen, die sich sowohl auf die einzelnen Stunden als auch auf größere Unterrichtseinheiten (mehrere Unterrichtsstunden) bezieht.

Vor Beginn des Unterrichts sollte der Ausbilder den Reitschüler über das informieren, was ihn erwartet.
Entsprechend der Intention des Reitanfängers und unter Berücksichtigung seines Alters (siehe 3.7) sollte der Unterrichtende für sein Konzept eine mehrere Stunden umfassende Reihe mit einem übergeordneten Ziel ("Grobziel", "Fernziel") überlegen. Dabei sollte jede einzelne Stunde ein Baustein sein, der dazu beiträgt, dem übergeordneten Ziel näherzukommen.

Beispiel für derartige "Grobziele" (Fernziele) wären etwa:

— Elastischer Balancesitz in allen 3 Gangarten an der Longe;
— Fähigkeiten und Fertigkeiten beim Reiten von Hufschlagfiguren;
— Fähigkeiten und Fertigkeiten für die Prüfung zum "Kleinen Hufeisen" u.a.m..

Jede einzelne Stunde wiederum sollte auf ein Nahziel ("Feinziel") ausgerichtet sein, das als Schwerpunktthema der jeweiligen Stunde erläutert werden muß, beispielsweise:

— Erlernen des Leichttrabens;
— Leichttraben auf dem richtigen Fuß;
— Angaloppieren und Durchparieren aus dem bzw. zum Trab u.a.m..

Dabei sollte in die Reflexion mit einbezogen werden, daß auch ein "Feinziel" in unterschiedliche Phasen strukturiert werden muß; daß jede dieser Phasen, will man wirklichen, positiven Lernerfolg erreichen, vom Anfänger erkannt, verstanden und erfüllt werden muß.

In die Planung müssen **drei Grundsituationen** miteinbezogen werden:

a) Anfänger (bis zu 100 Reitstunden) auf älteren Pferden. Jedem Gruppenunterricht von Anfängern müssen gründliche Unterweisungen im Stall und Einzelstunden an der Longe (vier bis sechs) vorgeschaltet sein;
b) Fortgeschrittene Reiter (mehr als 100 Reitstunden in ca. einem Jahr) auf jüngeren Pferden (3-5jährig);
c) Fortgeschrittene Reiter auf älteren, ausgebildeten Pferden (L/M und weiter).

Bei der Planung muß das Stundenziel (oder die größere Unterrichtseinheit) auf die jeweiligen Voraussetzungen abgestimmt sein, die durch die Schüler, die vorhandenen Pferde, die Hilfsmittel und den Ausbildungsort gegeben sind. Im Hinblick auf den Schüler sind dessen Bedürfnisse, Möglichkeiten und Fähigkeiten, der vorausgegangene Unterricht und der Beitrag, den das Ziel der einzelnen Stunde in Richtung auf das Fernziel leisten soll, zu berücksichtigen. Wichtig ist dabei die Art und Qualität der zur Verfügung stehenden Lehrpferde (Schul- oder Privatpferde, jüngere oder ältere Pferde). Außerdem müssen die vorhandenen Hilfsmittel (z.B. Hindernisteile, Lehrtafeln, Dias, Filme) sinnvoll eingeplant und die Wahl des Ausbildungsortes (Halle, offener Platz, Gelände) bedacht werden.

Für Reiter und Pferde ist der Gesichtspunkt der Abwechslung von großer Bedeutung. Vor allem im Springreiten kann die ständige Wiederholung, etwa das Springen eines unveränderten Hindernisses an der gleichen Stelle, sogar zur Gefahrenquelle werden, weil das Pferd (und auch der Reiter) dabei die nötige Aufmerksamkeit verliert.

Bei der Planung nicht zu vergessen ist die **sinnvolle Belastung** von Körperkräften und Konzentrationsfähigkeit (physische und psychische Belastung), wie sie bei allen Vorgängen des Bewegungslernens (sensomotorischen Lernprozessen) berücksichtigt werden muß. So hat der Lehrer einzubeziehen, ob er es mit Schulpferden zu tun hat, die vorher bereits drei Stunden gegangen sind oder danach noch drei Stunden gehen müssen, oder ob es sich um Privatpferde handelt, die nur eine Stunde am Tag gearbeitet werden. Im letzteren Fall wird er mehr Trab und Galopp reiten lassen, während er bei den Schulpferden längere Schrittpausen einlegt.

Der Reiter sollte körperlich ausreichend belastet, jedoch nicht überfordert werden. Zeigen sich in Atmung und Schweißbildung Grenzen seiner Belastbarkeit, muß eine Pause eingelegt werden. Bei körperlicher Überforderung ist kein sinnvolles Lernen mehr möglich.

Dasselbe gilt für die Beanspruchung der *Konzentrationsfähigkeit.* Dabei ist vor allem zu berücksichtigen, daß neu gelernte Bewegungsabläufe niemals zu oft wiederholt oder zu stark belastet werden dürfen. Ein Pferd, das seinen ersten fliegenden Wechsel gleichmäßig nach vorn durchspringt, sollte für diese Stunde mit der neu erlernten Übung in Ruhe gelassen werden. Und der Reiter, der zum ersten Mal die Übung Schulterherein richtig ausgeführt hat, wäre überfordert, wollte man ihn unmittelbar danach schon eine Traversale reiten lassen. Jede Belastung über den Punkt der Konzentrationsfähigkeit hinaus führt zu einer Verschlechterung der Reaktionen. Das kann so weit gehen, daß der gesamte Bewegungsablauf »zusammenbricht«.

Ein wichtiger Grundsatz des Bewegungslernens besteht darin, nicht zu viele neue Übungen auf einmal zu verlangen und neue Übungen nicht zu oft ausführen zu lassen. Daher sollte der Aufbau einer Stunde immer so aussehen, daß auf bekannten Übungen aufgebaut und erst am Ende die Grobform einer neuen Übung erlernt bzw. eine bereits bekannte Übung verfeinert wird.

2.3 Sechs Kriterien der Unterrichtserteilung

Für die Ausbildung des Pferdes gibt es die allgemein anerkannten sechs Punkte der Ausbildungsskala. Mit den nun folgenden *Kriterien der Unterrichtserteilung* sollen vergleichbare sechs Gesichtspunkte für den Reitunterricht aufgestellt werden, durch die das Lehren im Reitsport sowohl lehrbar als auch überprüfbar gemacht wird. So wie für das gut gerittene Pferd die Kriterien der Ausbildungsskala gelten, kann an den sechs Kriterien für die Unterrichtserteilung die Qualität des Reitunterrichts gemessen und beurteilt werden:

1. Aufbau
2. Inhalt der Information
3. Form der Information
4. Rückinformation (feed-back)
5. Standort und Haltung
6. Übersicht und Unfallvermeidung

2.3.1 Aufbau

Wichtig ist vor allem, daß aus dem Aufbau jeder Stunde eine klare *Planung* (s.o.) ersichtlich wird.
Zum Aufbau gehören:

Die Organisationsformen

— Hintereinanderreiten
— Durcheinanderreiten
— Durcheinanderreiten mit Einzelaufgaben
— Einzelreiten
— Abteilungsreiten

Von der richtigen Auswahl und Kombination dieser Organisationsformen (entsprechend den einzelnen Situationen) hängt es ab, ob Unfälle vermieden werden und der Unterricht intensiv und abwechslungsreich gestaltet wird.

Qualität und Einteilung der drei Phasen

Lösen, Lern- und Übungsphase, Beruhigungsphase.

Für den Dressurunterricht sei hier folgendes Beispiel skizziert: Der Lehrer hat es mit Reitern des Ausbildungsstandes L auf entsprechenden Pferden zu tun und teilt die Stunde so ein:

Lösen: Zuerst Schritt am langen oder mit hingegebenem Zügel, danach Leichttraben im Arbeitstrab auf beiden Händen, Zirkel und ganze Bahn, Nachsatteln, anschließend auf beiden Händen Arbeitsgalopp, Zirkel und ganze Bahn, oder Trab-Galoppwechsel, Überprüfen der Losgelassenheit durch Zügel-aus-der-Hand-kauen-lassen, nach zehn bis zwanzig Minuten sollte das Lösen beendet sein. Es folgt eine Schrittpause.

Lern- und Übungsphase: Beginn mit leichteren, versammelnden Übungen wie Paraden aus dem Arbeitstrab zum Schritt oder Halten oder Zulegen und Einfangen des Tempos im Trab bis zur Entwicklung des versammelten Trabs. Volten im versammelten Trab, zwischendurch Zulegen und Handwechseln. Entwicklung des versammelten Galopps durch Galopp-Schritt-Übergänge und einfache Wechsel bis hin zum Außengalopp. Dazwischen Zulegen zum Mittelgalopp, Handwechseln.

Beruhigungsphase: Die Oberhalslinie wird bei um ca. eine Handbreit verlängerten Zügeln im Arbeitstrab oder Arbeitsgalopp wieder länger gemacht; anschließend fünf bis zehn Minuten Schritt am langen oder mit hingegebenem Zügel.

Grundsätzlich gilt die Reihenfolge der drei Phasen für jeden Unterricht, sei es nun Dressur-, Spring- oder Geländeunterricht. Bei jüngeren Pferden wird die erste Phase (Lösen) länger sein, bei ganz jungen Pferden muß sie sogar die ganze Stunde ausfüllen: Losgelassenheit wäre dann das Stundenziel. Ältere Pferde dagegen — falls es sich nicht um Korrekturpferde handelt — sind nach einer relativ kurzen Zeit gelöst.

Teilziele und methodische Übungsreihen

Hierbei sollen geplante Ausbildungsfolgen — von leichteren zu schwereren Übungen (Zielübungen), von der Grob- zur Feinform — sichtbar werden. Beispiele für solche Übungsreihen sind:

Für Anfänger die Zielübung Leichttraben:

Das richtige Aufstehen und Hinsetzen wird zuerst im Halten langsam, dann als raschere Reaktion auf das Zählen des Lehrers (»eins, zwei«) geübt, dasselbe wird dann in der Bewegung, im Schritt, wiederholt und erst zuletzt im Trabe versucht. Dabei unterstützt der Lehrer den Schüler anfangs wieder durch Zählen, bis der Schüler ohne Unterstützung selbständig leichttraben kann.

Mit dieser Übungsreihe ist das ausführlichste, langsamste Vorgehen beschrieben, das sich besonders bei Erwachsenen empfiehlt. Bei einem Jugendlichen kann es der Reitlehrer ruhig gleich durch Mitzählen im Trabe versuchen, sollte aber möglichst rasch zu den Vorübungen im Schritt oder auch im Halten zurückkehren, wenn der Schüler offensichtliche Schwierigkeiten hat.

Die Zielübung Parcoursspringen:
Sie wird zum Beispiel über das Lösen zwischen den Hindernissen, über Cavallettis und Springen eines kleinen Sprungs aus dem Trabe, dann das Springen einzelner Parcoursausschnitte vorbereitet. Erst zuletzt wird der ganze Parcours gesprungen.

Eingehen auf Schwierigkeiten

Der Lehrer darf nicht nach einem starren Schema verfahren, sondern muß bei auftretenden Schwierigkeiten, vom vorausgeplanten Stundenverlauf abweichend, auf diese eingehen, das heißt zum Beispiel zu einer leichteren Übung zurückkehren (vgl. auch oben: Leichttraben). Hat er sich etwa mit einer Gruppe das Stundenziel »ganze Parade und Rückwärtsrichten« gesetzt, so muß er sofort reagieren, wenn ein Pferd dabei über den Zügel kommt. Bevor die Übung noch einmal versucht wird, ist zuerst die Anlehnung wieder in Ordnung zu bringen.

Dauer und Art der Belastung auf beiden Händen

Die Belastung auf beiden Händen muß gleichmäßig (in der Regel nicht länger als fünf Minuten) sein, wobei zwischen Beanspruchung der Trag- und der Schubkraft abgewechselt werden muß. Im Gelände ist auf das Fußwechseln genauso zu achten wie in der Bahn auf das Wechseln der Hand.

Positiver Abschluß der Stunde

Am Ende der Unterrichtseinheit soll das Lernziel erreicht sein, so daß der Schüler durch ein Erfolgsgefühl zu weiterem Lernen angeregt (motiviert) wird. Schon beim Erreichen der Grobform sollte dem Schüler durch Lob dieses Erfolgsgefühl vermittelt werden. Wichtig sind rechtzeitiges Aufhören und das Vermeiden zu vieler Wiederholungen. Beim ersten positiven Ergebnis wird gelobt und aufgehört. Häufigeres Üben oder das Weiterreiten über einen bereits erzielten Erfolg hinaus führen nicht zu besseren, sondern schlechteren Ergebnissen.

2.3.2 Inhalt der Information

Richtigkeit und Auswahl (Grad der Wichtigkeit)

Die Informationen des Lehrers müssen mit den Grundsätzen der Reitlehre übereinstimmen. Durch die Auswahl der wichtigsten Punkte wird ein Zuviel an Informationen, der sogenannte Informationsüberschuß, vermieden. Zum Beispiel wäre zuerst auf die richtige Beckenstellung zu achten, um einen elastischen Sitz zu erreichen, bevor etwa die unruhige Kopf- oder Beinhaltung korrigiert wird. Die zuletzt genannten Fehler verbessern sich häufig mit dem richtigen Funktionieren des Bewegungszentrums (Hüftgelenk, Lendenwirbel) von selbst.

Genauigkeit und Kürze

Was der Lehrer dem Schüler sagt, muß so genau wie möglich sein, damit der Schüler die Information ohne Schwierigkeiten versteht. So müßte die pauschale Korrektur "gerade sitzen" heißen: "Den Kopf zurücknehmen", "Schulterblätter zusammen", "den ganzen Oberkörper zurücknehmen" oder "die Mittelpositur vorschieben".

Die Informationen müssen zudem möglichst kurz sein, damit der Schüler, der ja mit seinem Pferd beschäftigt ist, sie auch verstehen und umsetzen kann. Lange Ausführungen aus der Reitlehre gehören in den theoretischen Unterricht! Bei einer Wiederholung der Korrektur genügt sogar meist eine stichworthafte Verkürzung. So sagt der Reitlehrer beispielsweise beim ersten Mal "Machen Sie Ihre Beine zu", in der Wiederholung ist dem Schüler beim Stichwort "Beine" klar, was gemeint ist. Unbedingt zu vermeiden sind inhaltslose Äußerungen, die keinerlei Informationsgehalt besitzen. Bemerkungen wie "Tun Sie mir doch den Gefallen ...!", "Merken Sie denn nicht ...!", "Reiten, reiten – so reiten Sie doch!" sind nichtssagend und daher überflüssig. Sie verhindern nur die Konzentration des Schülers auf sein Pferd und die wirklich wichtigen Korrekturen.

Aufzeigen von Ursachen und Wirkung

Nach der Ausführung einer Übung soll der Schüler nicht nur erfahren, wie er die Übung ausgeführt hat, sondern auch, warum bestimmte Fehler auftraten. So darf ihm der Lehrer nicht lediglich sagen "Bei der ganzen Parade kam Ihnen Ihr Pferd auf die Vorhand", sondern muß hinzufügen: "Weil die Vorbereitung durch halbe Paraden fehlte und weil bei der Ausführung die Beine nicht am Pferd waren." Oder: "Beim Schulterherein gab das Pferd nach dem ersten Drittel die Biegung auf, indem es nach außen auswich, weil der äußere Schenkel nicht begrenzend zurücklag."

Besonders wichtig ist das nachträglich genaue Aufzeigen von Ursache und Wirkung im Springunterricht, da der Schüler hier durch die Schnelligkeit des Bewegungsablaufs noch weniger in der Lage ist, während des Reitens Erklärungen aufzunehmen. Die Bemerkung "Ihr Pferd hat den zweiten Sprung unterlaufen" sagt dem Schüler wenig (zumal er das in den meisten Fällen selbst gespürt hat). Wenn der Lehrer aber hinzufügt "weil Sie vor dem Sprung die Hände hochgenommen und damit das Pferd beim Absprung gestört haben, anstatt mit tiefer Hand vorzugehen", so weiß der Schüler, was er beim nächsten Mal besser machen muß.

Vollständigkeit

Die Informationen müssen so vollständig sein, daß keine Rückfragen von seiten der Schüler nötig sind. So gehören zum Beispiel zu Aufgabenstellungen folgende Informationen: linke oder rechte Hand, Gangart, Tempo und die Anweisung, an welcher Stelle die Aufgabe durchzuführen ist. Beim Durcheinanderreiten mit Einzelaufgaben (zum Beispiel ein einfacher Galoppwechsel oder eine Hinterhandswendung) müssen die Schüler darüber hinaus die Reihenfolge erfahren, in der sie die Einzelaufgaben ausführen und was die übrigen Reiter tun sollen (zum Beispiel die Aufgabe üben oder Schritt am langen Zügel reiten), während ein einzelner diese Aufgabe reitet.

2.3.3 Form der Information

Unterweisungsformen

Folgende Unterweisungformen sind zu unterscheiden:

– Aufgabenstellungen
– Anweisungen
– Kommandos
– Korrekturen
– Erklärungen
– Beurteilung und Besprechung
– Gespräch (Frage und Antwort)

Eine **Aufgabenstellung** wäre zum Beispiel "Parieren Sie auf der rechten Hand einzeln bei C aus dem Arbeitstrab zum Halten durch, und reiten Sie dann eine Hinterhandswendung". **Anweisungen** (wie "auf der linken Hand im Arbeitstempo antraben, leichttraben") werden bei allen Organisationsformen außer beim Abteilungsreiten gegeben – hier ist die Unterweisungsform ein **Kommando** und lautet zum Beispiel: "Abteilung im Arbeitstempo Galopp — marsch". **Korrekturen** werden während des Reitens (zum Beispiel "Mittelpositur vorschieben") oder im Anschluß an eine Übung ausgesprochen (zum Beispiel "Ihr äußerer Schenkel lag beim Kontergalopp zu weit vorn, deshalb sprang das Pferd um"). Eine *Erklärung* ist zum Beispiel die Darstellung und Erläuterung einer neuen Übung vor deren erster Ausführung. Wichtig ist, daß *Erklärungen, Beurteilung* und *Besprechung* sowie das *Gespräch* (Frage und Antwort) Unterweisungsformen sind, die nicht während der Ausführung einer Übung, sondern davor oder danach angewandt werden. Sie sind besonders ausführliche Informationen, die den Schüler während des Reitens überfordern würden.

Eine *Beurteilung und Besprechung* ist nach jeder Folge von Übungen, einer Dressuraufgabe oder dem Springen eines Parcours sinnvoll. Der Lehrer läßt den Schüler neben sich halten, sagt ihm, was er richtig gemacht hat und was nicht in Ordnung war (Beurteilung) und erklärt ihm, wie es zu bestimmten Fehlern kam und worauf er beim nächsten Mal besonders zu achten hat (Besprechung).

Sehr fruchtbar und meist viel zu wenig genutzt ist auch das *Gespräch,* bei dem der Schüler selbst Fragen stellen kann (zum Beispiel "War der Mitteltrab diesmal ausreichend?" oder "War die Handhaltung besser als beim letzten Mal?"), bei dem aber auch der Lehrer Fragen stellt, um sich zu vergewissern, was der Schüler selbst bemerkt hat. So fragt er zum Beispiel ganz allgemein "Was hatten Sie für einen Gesamteindruck?" oder nach einer einzelnen Lektion "Wie kam es zu dem Taktfehler im Mitteltrab?", "Wie fanden Sie den einfachen Galoppwechsel?". Natürlich gibt der Lehrer selbst die Antwort, wenn der Schüler nicht oder nur unzureichend antworten kann. Häufig jedoch erübrigen sich bei dieser Form lange Ausführungen von seiten des Lehrers, und der Schüler wird dazu angehalten, selbst mitzudenken und das von ihm Ausgeführte zu beurteilen. Für den Lehrer bietet das Gespräch eine wertvolle Möglichkeit, zu kontrollieren, inwieweit der Schüler zur Selbstkontrolle fähig ist. (Siehe hierzu auch die Ausführungen zum Lernen nach dem Regelkreismodell im Kapitel 2.6.2).

Werden die verschiedenen Unterweisungsformen richtig kombiniert und in sinnvoller Abwechslung angewandt, tragen sie ganz wesentlich dazu bei, den Reitunterricht interessant, fruchtbar und erfolgreich zu gestalten.

Stimmliche Mittel

— Lautstärke und Ton
— Stimmführung (Tempo, Betonung, Pausen)
— Quantität

Die Informationen müssen akustisch so gegeben werden, daß der oder die Schüler sie mühelos verstehen können. Die **Lautstärke** richtet sich auch nach den gegebenen Voraussetzungen. Einem Einzelreiter in unmittelbarer Nähe kann man mit weniger Stimmaufwand Unterricht geben als einer großen Gruppe; ein offener Platz oder eine große Halle erfordern eine größere Lautstärke als eine kleine Halle. Lautstärke darf aber nicht mit Brüllen verwechselt werden! Nur in Ausnahmefällen, vor allem in Gefahrensituationen, ist überlautes Reden gerechtfertigt. Wenn zum Beispiel ein Pferd mit übermütigen Bocksprüngen wegläuft und der Schüler dabei in Sitznot gerät, kann ihn ein mit voller Lautstärke gerufenes "Kopf hoch!" vor dem Sturz bewahren. Auch wenn ein Schüler zu dicht aufreitet und damit sich, andere Reiter und Pferde gefährdet, ist ein lauter Zuruf am Platze. In der Regel werden Informationen zwar so laut, wie zum Verständnis nötig, aber in sachlichem, ruhigem und ermutigendem Tonfall gegeben.

Die **Stimmführung** darf dabei nicht zu schnell sein; der Lehrer spricht langsam, klar und deutlich, allerdings nie monoton. Jede Information wird mit abwechslungsreicher Stimmführung und deutlichen stimmlichen Unterstreichungen — Betonungen — vermittelt; am Ende der Information wird die Stimme gesenkt, vor der nächsten Information ist eine kurze Pause erforderlich.

Die Stimme kann auch einmal als rhythmisches Hilfsmittel eingesetzt werden: So will der Lehrer einem Schüler beispielsweise das vermehrte Heranspringenlassen des Hinterfußes im Galopp klarmachen, indem er ihm jedes Mal, wenn die innere Wade treiben muß, "jetzt, jetzt, jetzt!" zuruft.

In ihrer **Quantität** sollen die stimmlichen Mittel in angemessener Weise eingesetzt werden. Der Lehrer sollte über die gesamte Stunde verteilt alle Schüler gleichmäßig ansprechen, jedoch nicht soviel reden, daß sie sich auf seine Stimme nicht mehr konzentrieren und dadurch entscheidende Korrekturen überhören. Es ist wichtig, daß der Lehrer sich immer wieder durch Rückfragen vergewissert, daß sein Schüler genau zuhört, wenn er mit ihm spricht.

Der Lernvorgang kann nur dann positiv sein, wenn gesichert ist, daß die Stimme des Lehrers die Informationen auch wirklich vermittelt hat.

Praktische Anschauung und Demonstration

Neben den stimmlichen Mitteln hat der Reitlehrer die Möglichkeit, sichtbare und fühlbare Mittel einzusetzen, um eine Information zu geben: durch Vorreiten und "Empfindenlassen".

Häufig ist bei auftretenden Schwierigkeiten, mangelnden oder falschen Bewegungsvorstellungen die praktische Anschauung, etwa das Vorreiten einer Lektion, genauso einprägsam oder gar wirkungsvoller als lange Erklärungen. Vor allem bei hartnäckigen Sitz- und Einwirkungsfehlern soll der Schüler über sein Muskel- und Nervensystem empfinden, wie sich zum Beispiel die richtige Bein- und Fußhaltung anfühlt. Hierfür kann der Lehrer den Schüler neben sich halten lassen und die Beine selbst in die korrekte Lage bringen.

Auch das Nachreiten eines vom Reitlehrer vorher abgerittenen Pferdes ist ein wichtiges Mittel des Empfindenlassens. Dem Schüler wird dadurch zum Beispiel die Möglichkeit gegeben zu erfahren, wie es sich anfühlt, wenn sich ein Pferd losläßt oder mit größerer Versammlung geht.

2.3.4 Rückinformation

Eine wichtige lernpsychologische Erkenntnis besteht darin, daß nach einer Korrektur die Reaktion des Schülers abgewartet und ihm danach umgehend Rückinformation (feed-back) gegeben wird. Das heißt für den Reitunterricht, daß etwa nach einer Sitzkorrektur wie "Absatz und Kniepartie nach unten federn" der Schüler sofort nach seiner Bemühung die Korrektur umzusetzen, erfahren muß, ob die Fußhaltung jetzt richtig oder besser ist. Nur so kann der Reiter erlernen, wie sich die richtige Fußhaltung anfühlt.

Genauso muß der Schüler nach Korrekturen, die sich auf Gang oder Haltung seines Pferdes beziehen, möglichst rasch erfahren, ob seine Bemühung zum Erfolg führte oder nicht.

Beim Springen können Rückinformationen während des Verlaufs ("Hände tief!" — "Ja, so ist's richtig.") oder danach gegeben werden: Das heißt, daß der Schüler nach dem Sprung (oder den Sprüngen) eine Korrektur erhält, den Sprung, bzw. die Sprünge wiederholt und danach die Rückinformation bekommt, ob er es diesmal besser gemacht hat. Wegen des schnellen Bewegungsablaufs beim Springen sind viele Fehler nur auf dem zweiten Weg (Korrektur, Wiederholung, Rückinformation) zu beheben.

2.3.5 Standort und Haltung

Der Standort des Lehrers in der Bahn ist so zu wählen, daß er das Wesentliche einer Aufgabe sehen kann und dabei den Überblick über die ganze Gruppe behält. So ist der Standort in der Regel bei X, wenn ganze Bahn geritten wird, am HB-Punkt, wenn man auf zwei Zirkeln reiten läßt. Beim Schulterherein ist der Standort auf dem zweiten Hufschlag am Ende der langen Seite, damit der Lehrer Stellung, Abstellung und Biegung sowie Lage und Einwirkung der Schenkel sehen kann.

Die Haltung des Reitlehrers soll ruhig und zwanglos, aber diszipliniert, seine äußere Erscheinung gepflegt sein.

2.3.6. Übersicht und Unfallvermeidung

Nicht nur beim praktischen Unterricht in der Reitbahn und im Gelände muß der Lehrer jeden Augenblick die Übersicht behalten und gefährliche Situationen verhindern. Auch im Stall, bei der Ausrüstung von Pferd und Reiter, beim Führen und Aufsitzen müssen gründliche Vorbereitung und Überwachung gewährleistet sein.

Wo es um die Vorbeugung und Vermeidung von Unfällen geht, ist Nachlässigkeit sträflicher Leichtsinn — Pedanterie, ja Strenge Notwendigkeit und Gebot. Die aufgeführten Kriterien der Unterrichtslehre im Reitsport gründen sich auf Erkenntnisse der allgemeinen Unterrichtslehre und der Sportwissenschaft.

Diese Konzeption hat sich in der Vorbereitung von Bereitern, Amateurreitlehrern und Berufsreitlehrern seit Jahren bewährt. Auch bei Fortbildungslehrgängen für Berufsreiter und Amateurreitlehrer waren Resonanz und Erfolg sehr positiv. Es soll damit nun keineswegs behauptet werden, daß sich jeder Unterricht an diesen Kriterien messen läßt. Wirklich große Ausbilder und Lehrer haben aufgrund ihrer Erfahrung immer ihren eigenen Weg und Stil gehabt, der zum Erfolg führt. Daran soll nicht im mindesten gerüttelt werden. Hier geht es um die Möglichkeit, das Unterrichten im Reitsport — wie ein Handwerk — lehrbar und überprüfbar zu machen, und zwar für all diejenigen, die einen großen oder gar den überwiegenden Teil ihres Arbeitslebens Reitunterricht geben und die dabei die Verantwortung für Reiter und Pferde auf sich nehmen.

Nicht nur dem Schüler soll diese Art des Unterrichts Freude und Erfolg bringen, auch der Lehrer wird durch klare sichtbare Einzel- und Gesamterfolge mehr Anreiz und Sinn in seiner Tätigkeit sehen können.

> **Zusammenfassung 2.1-2.3**
>
> - Die Unterrichtsinhalte sind die altbewährten Reitlehren.
>
> - Die Unterrichtsplanung muß sich sowohl auf einzelne Stunden, als auch auf größere Unterrichtseinheiten beziehen.
>
> - Bei der Unterrichtsplanung müssen die jeweiligen Voraussetzungen von Reitern, Pferden usw. miteinbezogen werden.
>
> - Beim Bewegungslernen dürfen nicht zu viele neue Übungen auf einmal verlangt und neue Übungen nicht zu oft wiederholt werden.
>
> - Sechs Kriterien der Unterrichtserteilung:
>
>   1. Aufbau:
>   - Einteilung in die drei Phasen Lösen, Lern- und Übungsphase, Beruhigungsphase.
>   - Vom Leichteren zum Schwereren.
>   - Positiver Abschluß der Stunde.
>   2. Inhalt der Information:
>   - Muß richtig ausgewählt, kurz und genau, aber vollständig sein.
>   - Ursache und Wirkung müssen aufgezeigt werden.
>   3. Form der Information:
>   - Es werden verschiedene Unterweisungsformen unterschieden.
>   - Es gibt stimmliche, sichtbare und fühlbare Mittel, um Informationen zu geben.
>   4. Rückinformation:
>   - Ein Schüler muß möglichst schnell nach einer ausgeführten Übung über den Erfolg seiner Bemühungen informiert werden.
>   5. Standort und Haltung:
>   - Der Standort des Ausbilders ist so zu wählen, daß er das Wesentliche einer Übung sehen kann.
>   - Die Haltung des Reitlehrers soll ruhig, zwanglos und diszipliniert sein.
>   6. Übersicht und Unfallvermeidung:
>   - Muß in der Reitbahn, im Gelände und im Stall gewährleistet sein.

2.4 Methoden im Reitunterricht

Im folgenden wird die **zweite Grundfrage** der allgemeinen Unterrichtslehre nach der Art des Vorgehens *(Wie soll gelehrt werden?)* abgehandelt. Die Lehrmethode entscheidet darüber, ob die Vermittlung von Theorie und Praxis im Reitunterricht gelingt. In der Regel lassen sich diese Ausführungen auch auf den Unterricht im Voltigieren und Fahrsport übertragen. Die verschiedenen Gesichtspunkte, die bei der Wahl der Methoden berücksichtigt werden müssen, werden in den folgenden sechs Methoden-Grundsätzen dargestellt.

2.4.1 Sechs Methoden-Grundsätze

1. Methoden müssen der körperlichen und geistigen (seelischen) Entwicklung des Reiters entsprechen.

Nicht jede Methode bzw. methodische Maßnahme kann in jedem Alter und bei jedem Lerntyp eingesetzt werden. So würden zum Beispiel Bewegungsanweisungen, die nur sprachlich formuliert werden, ein 5-6jähriges Kind überfordern, weil es noch nicht fähig ist, diese in geordnete Bewegungen umzusetzen.

2. Methoden müssen sich an gesetzten Zielen orientieren.

Die Lernziele enthalten bereits teilweise Hinweise für die Auswahl von Methoden. Durch die Festlegung des Zieles ist die Auswahl der Methode zum Teil schon vorbestimmt. Soll beispielsweise in einem Amateurreitlehrer-Lehrgang die Unterrichtserteilung verbessert werden, so wird dies in der Regel nicht mit der anweisungsorientierten Methode (Anweisungen und stark lenkende Maßnahmen; s. 2.4.2) erreichbar sein. In diesem Fall muß die Lernsituation offener gestaltet werden, damit die Lehrgangsteilnehmer selbst geeignete Wege zur Lösung bestimmter Aufgaben herausfinden können.

Beispiel: Den Lehrgangsteilnehmern wird die Aufgabe erteilt, eine Unterrichtsstunde im Gymnastikspringen mit dem Ziel "Verbesserung der Rückentätigkeit des Pferdes" aufzubauen. Sie sollen selbständig eine Gymnastikreihe und den Ablauf der Unterrichtsstunde planen und hinterher auch durchführen.

3. Methoden müssen an die Erfahrungen des Schülers anknüpfen.

Die Vergangenheit/Erfahrung des einzelnen Reiters ist zu berücksichtigen; seine Interessen und Bedürfnisse müssen einbezogen werden. Der Reitlehrer hat also den Lernenden dort *abzuholen*, wo er durch seine Lebensumwelt und Praxiserfahrung hingelangt ist.

Hier muß besonders an seine Erfahrungen im Reiten, seine soziale Kontaktfähigkeit, seine Lernfähigkeit, seine allgemeine Bewegungsfähigkeit gedacht werden. Geschieht dies nicht, werden mit Sicherheit Probleme entstehen; der Reiter hat keine Freude am Unterricht und gibt vielleicht nach einer Reihe von Mißerfolgen und gefühlsmäßiger Unzufriedenheit auf.

4. Methoden haben Einfluß auf zwischenmenschliche Beziehungen.

Dieser Gesichtspunkt trifft grundsätzlich zu, auch wenn der Reitlehrer sich dessen nicht bewußt ist. Die Art und Weise der

Begegnung des Reiters mit Zielen und Inhalten (Reitaufgaben), wie er sie aufnimmt und versteht, welche Erfahrungen er macht, ist zwar methodisch geplant, wird aber sozial vermittelt. In sozialen Situationen des Reitunterrichts entstehen Bedingungen des Lernens, die sich positiv bzw. negativ auf das Lernverhalten des Reiters auswirken können.

Methoden legen die Rolle des Reiters und Reitlehrers fest und machen dadurch Selbstbestimmung und Handlungsfähigkeit mehr oder weniger möglich.

Die darbietende Methode zum Beispiel (direkte, anweisungsorientierte Methode; s. 2.4.2) legt den Reitlehrer auf eine Dozentenrolle fest, der Reiter wird mehr oder weniger bereitwillig Nachvollzieher der Anweisungen. Das Verhältnis zeichnet sich durch eine räumliche und gefühlsmäßige Distanz aus. Somit kann der Reiter nicht selbständig werden und sein Denken wird auf das reine Nachvollziehen eingeschränkt.

5. Methoden müssen erreichen, was geplant ist.

Immer wieder ist festzustellen, daß Reitstunden zwar methodisch richtig aufgebaut sind und der Reitlehre gerecht werden, jedoch an den Möglichkeiten des Reiters vorbeigehen. Somit ist das angestrebte Ziel nicht zu erreichen. Der Reitlehrer hat ständig das Verhältnis Lernziel – Reitlektion – Reiter/Pferd zu überdenken und Entscheidungen zu treffen, die das Umsetzen von Zielen und Lektionen für den Reiter und das Pferd ermöglichen. Ggf. hat er seine Methode bei einem Reiter (bei einer Gruppe) zu wechseln, wenn das geplante Ziel nicht erreicht wird (methodisches Geschick des Reitlehrers).

6. Methoden haben unterschiedliche Bedeutung.

Je nach Zielsetzung und Zusammensetzung der Schüler erhalten Methoden unterschiedliche Bedeutung.
Soll mit fortgeschrittenen Reitern zum Beispiel erreicht werden, daß sie innerhalb einer Springstunde nicht nur einzelne Hindernisse fehlerfrei überwinden, sondern sollen sie gleichzeitig noch im Parcoursaufbau unterwiesen werden, so kann dies nur auf *indirektem Weg durch die erfahrungsorientierte, induktive Lehrmethode* erfolgen (s. 2.4.2). Die Reiter und der Ausbilder nehmen gemeinsam die Auswahl und den Aufbau der Hindernisse vor. – Die anweisungsorientierte (deduktive) Methode hingegen – der Parcours wird vom Reitlehrer allein aufgebaut – wäre im Hinblick auf das Ziel ohne Wirkung.

Diese Vorbemerkungen haben das Ziel, die Problematik von Methoden und methodischen Maßnahmen zu erhellen, damit Reitlehrer dafür empfindsam werden und sehr behutsam/bewußt methodisch vorangehen. Es soll ihnen verdeutlicht werden, welche Vorentscheidungen sie bei der Auswahl von Methoden bereits treffen. Die Methoden-Grundsätze sollen das Geflecht von Beziehungen der einzelnen Teilgesichtspunkte der Lernsituation entwirren und auf gezielt geplanten Reitunterricht vorbereiten.

2.4.2 Anweisungsorientierte und erfahrungsorientierte Lehrmethode

Zur Vermittlung von Lernzielen im Sport

werden zwei Methoden unterschieden:

1. Die anweisungsorientierte Methode

Die anweisungsorientierte (direkte, darbietende) Methode versucht, auf einem geradlinigen unmittelbaren Weg das Lernziel (zum Beispiel die korrekte Ausführung einer Reitlektion) zu erreichen. Es werden strikte Bewegungsanweisungen gegeben, wobei dem Lernenden keine andere Lösungsmöglichkeit angeboten wird, als die vom Lehrer vorgeschriebene.

Schematisch stellt sich das wie folgt dar:

```
                Vormachen
                    ↓
           Bewegungsvorschriften
           (Bewegungsanordnungen)
                    ↓
                Lernhilfen
                    ↓
          Vermittlung der Grobform
                    ↓
            Bewegungskorrektur
                    ↓
          Vermittlung der Feinform
                    ↓
          Festigung und Anwendung
               (Übungsphase)
```

Wenn wir das Schema auf einen Lernvorgang in der Reiterei beziehen, zum Beispiel das Erlernen der Hinterhandswendung, so wird vom Reitlehrer mit Hilfe der Sprache, optischer Vorbilder (vorreiten) oder taktiler Hilfen (der Schenkel wird vom Reitlehrer korrekt hingelegt) die Hinterhandswendung dargestellt.

Der Reitlehrer gibt ganz bestimmte Anordnungen (Bewegungsvorschriften), so daß der Reiter genau weiß, was er zu tun hat. Er wird zum Beispiel formulieren:

Beispiel: Pferd nach der Seite der Wendung stellen, Gewicht nach innen verlagern, äußere Schulter nach vorne nehmen. Einleiten der Wendung durch den inneren seitwärtsweisenden Zügel, innere treibende Schenkel am Gurt, äußerer verwahrender Schenkel hinter dem Gurt, usw..

Der Reitlehrer wird Lernhilfen geben. Diese können sowohl den Reiter als auch das Pferd ansprechen. Mentale (geistige) Lernhilfen bieten dem Reiter Informationen, die über die Sprache, das Ohr oder den Hautkontakt vermittelt werden, um Reitlektionen besser zu meistern. Es werden Bewegungsteile vom Reitlehrer vorgemacht (zum Beispiel Verlagerung des Gewichts nach innen, Nachgeben und Seitwärtsweisen des inneren Zügels); durch Klatschen wird der Rhythmus unterstützt oder sprachlich werden Bewegungsteile betont (zum Beispiel zurufen, welcher Schenkel jetzt eingesetzt werden muß). Außerdem wird durch Zuspruch, Lob, Beruhigung, Sicherheitsgefühl, Anreiz der Reiter gefühlsmäßig in seinen Verhaltensweisen unterstützt.

Materialhilfen sind Geländehilfen, Gerätehilfen (vorgelegte Stange beim Hindernis) und aktive Hilfen (Gerte zur Unterstützung der treibenden Hilfen, wenn zum Beispiel das innere Hinterbein nicht mittritt bei der Hinterhandswendung).

Um über das Stadium der Grobform hinwegzugelangen, müssen die Korrekturmaßnahmen sofort kommen (ca. 10 Sek. nach einer falsch vollzogenen Bewegung), damit die Lernhilfen ständig an der Bewegungsform des Reiters und des Pferdes Veränderungen hervorrufen können (zum Beispiel, wenn die Hinterhandswendung mit falscher Stellung des Pferdes geritten wurde).

Dabei wird im Verlaufe des Lernprozesses jeder individuell korrigiert, indem über Einzelaufgaben die Feinform jedes einzelnen erreicht werden kann (jeder Reiter, jedes Pferd hat andere Stärken und Schwächen).

Durch stark variierenden Einsatz der gelernten Lektion in sich ständig verändernden Situationen gelangen Reiter und Pferd zur Festigung der gelernten Reitaufgabe und können sie in unterschiedlichen Kombinationsformen anwenden (Übungsphase). Die Hinterhandswendung wird dann zum Beispiel nicht mehr an der Bande, sondern auf der Mittellinie ausgeführt. Bei dem gesamten Weg stehen die Reitlektionen und das Pferd im Vordergrund. Der Reiter übernimmt die Vermittleraufgabe zwischen Reitlehrer und Pferd. Sicherlich können auf direktem Wege Reitlektionen in verhältnismäßig kurzer Zeit vermittelt werden, und Gruppenunterricht (mit 4-6 Personen) wird möglich. Leider führt die Konzentration auf den Inhalt und das Pferd aber auch dazu, daß der Reiter durch diese Form des Unterrichts nicht zur Handlungsfähigkeit (Selbständigkeit) gelangen kann.

2. Die erfahrungsorientierte Methode

In der Reiterei wird heute noch vielfach stark lenkend unterrichtet, wobei wir in den letzten Jahren bei vielen Ausbildern bereits Tendenzen erkennen konnten, die die Reiter aktiver bei Lernprozessen miteinbezogen. Sie zeigten bereits Züge der erfahrungsorientierten (entwickelnden, indirekten) Lehrmethode. Die Lehrmethode stellt sich schematisch wie folgt dar:

```
Bewegungsaufgabe (verhält-
nismäßig offene Situation)
          ↓
Suchen individueller Lösungen
      durch den Reiter
          ↓
   Erprobung der Lösungen
          ↓
Vergleich/Überdenken der ver-
    schiedenen Lösungen
          ↓
 Darbietung der besten Lösung
          ↓
 Vermittlung/Erarbeitung der
          Grobform
          ↓
Bewegungskorrektur (Reitlehrer
    und Reiter gemeinsam)
          ↓
Vermittlung der individuellen
          Feinform
          ↓
 Festigung und Anwendung
        (Übungsphase)
```

Der Reitlehrer schreibt dem Reiter die Lektionen nicht mehr bis ins Detail vor, sondern stellt ihm zum Beispiel die Bewegungsaufgabe, an einer beliebigen Stelle eine Kurzkehrtwendung auszuführen. Um ihm Hilfen zu geben, schlägt er noch vor, im Gegensatz zum Geradeausreiten die Stellung des Pferdes und die Gewichts- und Schenkelhilfen zu verändern.

Nun beginnt der Reiter, nach individuellen Lösungsmöglichkeiten zu suchen und sie zu erproben. Dabei setzt er sich zusammen mit dem Reitlehrer ständig über das Vollzogene auseinander. Es werden gemeinsam Lösungen gesucht, die Wirkung verschiedener Bewegungshilfen (Zügelhilfe, Schenkelhilfe, Gewichtshilfe) verglichen, bis der Reiter insgesamt erkannt hat, worauf es im einzelnen ankommt.

Nun wird versucht, über die Grobform der Bewegung zur Feinform zu gelangen. Dabei korrigiert der Reitlehrer den Reiter oder fordert ihn auf, über seine Bewegungsfehler nachzudenken und die richtigen Korrekturen vorzunehmen. Der Reiter soll zum Beispiel durch Ausprobieren erfühlen und erlernen, bei welcher Hilfengebung das Pferd mit dem inneren Hinterbein mittritt und wann nicht.

Der Reiter wird über gemeinsam geplante Übungsformen zur Festigung und gekonnten Anwendung der Lektion gebracht (Übungsphase: Zum Beispiel selbständig an beliebigen Stellen der Halle auch aus anderen Gangarten die Kurzkehrtwendung durchzuführen).

Die Vorteile dieser Methode liegen darin, daß die Reiter auf diesem Wege selbständiger und handlungsfähiger werden. Diese Methode akzeptiert die Individualität von Reiter und Pferd und läßt den Inhalt erst langsam/behutsam entstehen.

Es kann nicht gesagt werden, was die bessere Möglichkeit ist, denn jede Methode verfolgt ein anderes Ziel. Sollen die Reiter jedoch für sich selbst Entscheidungen treffen lernen, sind Lösungswege indirekter Art zu wählen.

2.4.3 Lehr- und Unterrichtsstile in der Reitbahn

Die Wahl des Lehrstils ist abhängig vom Unterrichtsinhalt und der jeweiligen Unterrichtssituation.

Für die Unterrichtssituation spielt das Verhältnis vom Lehrer zu den Schülern und der Schüler untereinander eine Rolle, was durch die sozio-kulturellen Voraussetzungen von Lehrer und Schülern beeinflußt wird.

Der gängige Lehrstil in der Reitbahn ist **autoritär** (autokratisch-dominant), d.h. stark lenkend. Fast alle Schritte und Aktivitäten des Reiters werden durch den Reitlehrer vorgeschrieben, und der Reiter erfährt nur in wenigen Fällen die Hintergründe der methodischen Schritte des Reitausbilders.

Der Reitlehrer befiehlt hauptsächlich, wobei meistens nur Fehler angesprochen werden, anstatt helfende, unterstützende Hinweise zu geben. Dadurch werden die Beziehungen zu den Reitausbildern unpersönlich, weil Lob die Ausnahme im Unterricht ist.

In einem solchen Unterricht können Reizbarkeit, Aggressionen und nicht selten Ängste entstehen, denn wie soll ein Reiter Selbstvertrauen aufbauen, wenn er nur seine Fehler erfährt?

Solche Unterrichtsverfahren sollten sich ändern, ohne daß die Schüler den Respekt verlieren. Unterricht soll in erster Linie Entspannung, Spaß oder Freude am Reiten vermitteln.

Der Stil des Unterrichts sollte nicht ständig lenkend sein (siehe 2.4.2 erfahrungsorientierte Lehrmethode). Den Reitern müssen eigene Entscheidungen zugestanden werden. Ein Ausbilder hat also die Rahmenbedingungen für Handlungsspielräume zu setzen, um individuelle Lösungen der Reiter zu ermöglichen. Ein solcher Unterricht stellt die Persönlichkeit des Reiters in den Vordergrund und führt somit zur inneren Zufriedenheit des einzelnen.

Reitunterricht nach **demokratischem**

sozial-integrativem) Lehr- und Unterrichtsstil beginnt damit, daß der Reitausbilder erst einmal einen Überblick über die Vorhaben gibt, die in der Reitstunde angestrebt werden. Der Ausbilder vermeidet möglichst befehlende Maßnahmen und bietet den Reitern Möglichkeit zum Mitdenken, Mitentscheiden und zum Erkennen der eigenen reiterlichen Fähigkeiten und Grenzen. Die Sprache ist freundlich, ruhig und verständnisvoll; durch Lob und Anerkennung soll Vertrauen geweckt werden.

Beim Reiter entstehen Zufriedenheit und Vertrauen in das eigene Können und das des Pferdes. Innere Spannungen und Unlustgefühle werden auf diese Weise von vornherein vermieden oder dürfen von den Reitern dem Reitlehrer gegenüber geäußert werden.

Der Reiter steht einem solchen Ausbilder freundlich gegenüber, zeigt spontanes Verhalten und ist motiviert, auch über Lernklippen hinwegzukommen. Ausbilder und Reiter erkennen sich gegenseitig an und freuen sich auf die gemeinsamen Unternehmungen. Es entsteht eine angstfreie Atmosphäre, wodurch sich die reiterlichen Leistungen auch verbessern.

Damit ist nicht ausgeschlossen, daß es auch Phasen stärkerer Lenkung geben muß, wenn eine Situation es erfordert. Hat beispielsweise ein Reiter in einer Situation Probleme mit der Abstimmung seiner Hilfen, dann muß anweisungsorientierter (siehe 2.4.2) unterrichtet werden, bis die Schwierigkeiten überwunden sind.

Reitunterricht nach dem **Laissez-Faire-**Unterrichtsstil sähe folgendermaßen aus:

Die Reiter erhielten völlige Freiheit, der Reitausbilder würde keine Anweisungen, aber somit auch keine Anregungen geben. Da keine Bewertung oder Korrektur bei den Reitern vorgenommen wird, zeigt der Reitlehrer auch kein Interesse an den Aktivitäten der Reiter. Die zwischenmenschlichen Beziehungen sind freundlich und neutral. Als Folge entsteht bei den Reitern eine Unfähigkeit zur Durchführung von Aufgaben, weil die Anregungen des Ausbilders als stützende Funktion benötigt werden. Es entstehen Mißerfolge, die zur Unzufriedenheit führen. Nach entsprechend langer "Unterrichtszeit" entsteht Chaos in der Reitbahn.

Eine zu offene Haltung eines Ausbilders kann genau so wenig akzeptiert werden, wie ein starres autoritäres Konzept.

2.5 Medien im Reitunterricht

Im folgenden wird die **dritte Grundfrage** der allgemeinen Unterrichtslehre nach den Hilfsmitteln *(Womit soll gelehrt werden?)* abgehandelt.

Unter Medien werden alle Unterrichtsmaterialien verstanden, die eine Systematisierung der Lernprozesse vornehmen. Sie stellen ein vermittelndes Element dar und sollen dazu verwendet werden, einen besseren Unterrichtserfolg zu erreichen (d.h. ein besseres Erreichen der Lernziele).

Die Fülle der Medien kann an dieser Stelle sicherlich nicht abgehandelt werden; deshalb sollen im Folgenden nur einige — für den Reit-, Voltigier- und Fahrunterricht bedeutsame — Medien angesprochen werden.

2.5.1 Auditive Medien

Unter auditiven Medien verstehen wir Mittel, die mit dem Ohr aufgenommen werden. Hierzu gehören zum Beispiel Radio, Tonband oder Schallplatte. Musik und Quadrillen-Reiten sind bekannte Formen, in denen auditive Medien eingesetzt werden.

Die Musik hat hierbei keine Lehrbedeutung, sondern dient der Untermalung beim Reiten. Gerade heute gibt es wieder stärkere Bestrebungen, das Quadrillen-Reiten zu kultivieren, weil hinter diesen Aktivitäten eine hohe soziale Bedeutung für die Gemeinschaft in Vereinen zu sehen ist (siehe dazu "Quadrillen-Reiten", FN-Verlag).

Die musikalische Begleitung des Reitens erhält motivierende, bewegungsbetonende und ordnende Funktionen.

Radio, Tonband und Schallplatte können auch gezielt zur Rhythmusschulung eingesetzt werden.

2.5.2 Visuelle Medien

Visuelle Medien sind Lehrmittel, die mit dem Auge wahrgenommen werden. Für den Reiter sind sie von zentraler Bedeutung zu Beginn des Lernprozesses zum Aufbau einer genauen Bewegungsvorstellung. Diese ist die Grundvoraussetzung für eine gezielte Selbststeuerung oder Selbstorganisation des Reiters.

Treten bei der Informationsaufnahme bereits Fehler auf, ziehen sie unweigerlich falsche Bewegungsausführungen nach sich.

Bildtafeln, Zeichnungen, Bildreihen

Dieses Medium ist vor allem im Anfängerunterricht einzusetzen, weil der Lernende sich in aller Ruhe mit der neuen Lektion auseinandersetzen und sein Lerntempo bestimmen kann. Untersuchungen haben ergeben, daß gerade Anfänger durch dieses Medium (gepaart mit der Angabe von Bewegungskriterien unter den Bildern) die besten Voraussetzungen für die Entwicklung einer genauen Bewegungsvorstellung haben.

Der Nachteil der Darstellung von Bewegungsabläufen auf Bildtafeln, Zeichnungen und Bildreihen ist die fehlende Dynamik; die Abfolge der Bewegungsabläufe zeigt nur den räumlichen und zeitlichen Aspekt.

Visuelle Medien sind sowohl in der Reithalle (Bildtafeln an den Hallenwänden) als auch im Theorie-Unterricht einzusetzen. Die Lernenden haben so die Möglichkeit, sich vor oder nach der Reitstunde in Ruhe mit der Bewegung (insbesondere ihren Einzelheiten) auseinanderzusetzen, und der Reitlehrer kann darauf in der Praxis zurückgreifen.

Dias

Der Einsatz von Dias ist vorrangig für den theoretischen Unterricht vor dem Reiten angebracht. Diareihen können wie Bildreihen eingesetzt werden, sollten möglichst Idealbilder, aber auch typische Fehler darstellen, damit durch eine Gegenüberstellung richtig/falsch dem Reiter nicht nur optische Informationen vermittelt werden, sondern auch Grundsätze der Reitlehre beim Betrachten erörtert werden können.

Wandtafeln

Wandtafeln gehören zu den ältesten Medien; sie sollten sowohl im Raum, in dem der Theorieunterricht stattfindet, als auch in der Reithalle vorhanden sein.

Der Reitlehrer kann die theoretischen Darstellungen - auch beim praktischen Reiten - an der Tafel festhalten, damit der Reiter die Unterrichtsinhalte ständig vor Augen hat und mitverfolgen kann. Die Tafel dient beispielsweise auch zur Demonstration des Aufbaues und der Entwicklung von Parcoursausschnitten oder Hindernisfolgen.

Tageslichtschreiber (Overheadprojektor)

Der Tageslichtschreiber ist als Weiterentwicklung der Tafel zu sehen, bietet technisch jedoch noch mehr Möglichkeiten. Der Vorteil der Tafel gegenüber liegt in der schnelleren Handhabung und Zeiteinsparung während des Unterrichts, weil Folien außerhalb des Unterrichts bereits angefertigt werden können. Außerdem kann eine drehbare Folienspule am Gerät angebracht werden, auf der auch Inhalte während des Unterrichts zusätzlich erarbeitet werden können. Durch Drehen eines Knopfes kann der Reitlehrer ohne Abwischen der bisher besprochenen Inhalte Ergänzungen, Korrekturen etc. vornehmen. Am Ende der Unterrichtsstunde läßt sich auf diese Weise ohne Probleme die Entwicklung der Reitlektion leicht nachvollziehen.

2.5.3 Audio-visuelle Medien

Beschränkt sich die bisherigen Ausführungen auf Medien, die nur einen "Aufnahmekanal" ansprechen (Auge oder Ohr), so haben die im folgenden Abschnitt dargestellten Medien den Vorteil, diese beiden Sinnesorgane gleichzeitig anzusprechen.

Unterrichtsfilm/Lehrfilm

Der Lehrfilm sollte im Theorie-Unterricht eingesetzt werden. Im Gegensatz zu den anderen Medien kann der Film dynamische Informationen vermitteln, d.h. eine Bewegung/Übung/Lektion etc. wird nicht nur akustisch oder nur optisch dargestellt und bezieht sich nicht nur auf einzelne Bewegungsphasen.

Die zum Beispiel von der FN erstellten Lehrfilme können besonders für Anfänger fundamentale Grundlagen liefern, um die Bewegungsvorstellung so exakt wie möglich gestalten zu können.

Filme können als Einstieg dienen, um dem Reiter die Gesamtthematik zu verdeutlichen. Bei ihrem Einsatz zur Erarbeitung von Teilbereichen sollten vor allem Anfängern nur die für den Unterricht bedeutsamen Ausschnitte vorgeführt werden, um die Informationsflut nicht zu groß werden zu lassen und die Reiter nicht zu überfordern.
Dabei kann der Reitlehrer die Filmausschnitte zusätzlich auch kommentieren, weil er seine Reiter und ihre individuellen Probleme kennt.

Zeitlupenaufnahmen und Standbilder können bestimmte Teilbewegungen verdeutlichen und lassen dem Betrachter mehr Zeit zur Beobachtung. Zeitlupenanalysen können auch zur Präzisierung der Bewegungsvorstellung (Feinform) eingesetzt werden, nachdem die Bewegungsabläufe der Reiter die Grobform erreicht haben.

Videoaufnahmen

Videoaufnahmen haben in den vergangenen Jahren an Bedeutung gewonnen und sind in der Praxis des Sports, auch der Reiterei nicht mehr wegzudenken. Sie haben sehr vielfältige Funktionen und Zielsetzungen.

Das Ziel der Aufnahme muß den Reitern klar sein, weil sich daraus der Standort und der Zeitpunkt der Aufnahmen ergibt. Normalerweise soll der Reitlehrer vorher festlegen, was aufgenommen wird, so daß die Reiter sich nicht während einer übermäßig langen Phase des Unterrichts voll konzentrieren müssen.

Die Zeitspanne zwischen Aufnahme und Auswertung sollte möglichst kurz sein (innerhalb von 2 - 3 Stunden nach der Aufnahme).

Bei der Auswertung sollte folgendes berücksichtigt werden:

— Die Auswertung ist sorgfältig zu planen; die Bewertungskriterien sind vorab offenzulegen.
— Die Auswertung sollte individuell geschehen; eine maximale Gruppengröße sind vier Reiter.
— Die lernenden Reiter sind intensiv miteinzubeziehen; d.h. zunächst sollen die Reiter ihre eigenen Bilder analysieren. Wenn bestimmte Schwachpunkte nicht entdeckt worden sind, kann der Reitausbilder unterstützen.

Bei der Analyse soll zunächst das Normaltempo eingespielt werden. Je nach Bedarf sind Standbilder oder Zeitlupenaufnahmen als Verstärkung heranzuziehen.

2.5.4 Sonstige Medien

Lehrbuch

Das Lehrbuch dient hauptsächlich der Übung, der technischen Kommunikation und gibt eine Einführung in die Fachsprache. Es kann auch außerhalb des Unterrichts eingesetzt werden. Die Schüler können hierin Dinge nachlesen und nachvollziehen, die sie vorher im Unterricht gelernt bzw. erfahren haben. Umgekehrt können sie sich mit dem Lehrbuch auch auf den Unterricht vorbereiten.

Arbeitsblatt

Arbeitsblatt und Lehrbuch können sich manchmal gegenseitig ersetzen.

Das Arbeitsblatt kann je nach Einsatzziel verschiedene Formen haben:

— reine Informationsblätter
— Arbeitsblatt mit Arbeitsanweisungen (Aufträgen)
— Arbeitsblatt zur Stoffsicherung und Lernerfolgskontrolle (z.B. Lückentext).

2.6 Bewegungslernen in der Reiterei

Im folgenden wird die Frage "Was heißt Bewegungslernen und wie laufen Lernprozesse beim Reiter ab?" behandelt. In der Regel lassen sich diese Ausführungen auch auf das Voltigieren übertragen.

2.6.1 Zum Lernbegriff beim Reiter

Unter Lernen wird die Entstehung und die Veränderung von Verhalten verstanden, hervorgerufen durch eine (aktive) Auseinandersetzung des Sportlers mit seiner Umwelt (Pferd - Ausbilder - Halle - etc.).

Auf das Reiten bezogen, bedeutet dies eine Veränderung der Einwirkungsmöglichkeiten des Reiters auf das Pferd, zu denen er vorher noch nicht fähig war. Dabei benötigt er einen guten Ausbilder, der ihm sofort Rückmeldungen über seine Fehler und die des Pferdes gibt. Er braucht diese äußere Hilfe am Anfang, weil noch nicht alle Bewegungen korrekt gefühlt werden können. Dabei sollte der Ausbilder von Beginn an den Reitschüler daran gewöhnen, selbständig fühlen zu lernen, was richtig und falsch ist. Ist er einigermaßen sicher, so ist es wichtig, die gelernte Lektion (die neuen Einwirkungsmöglichkeiten) in ständig wechselnden Situationen zu üben, d.h. anzuwenden. Das muß solange geschehen, bis diese neue Fertigkeit auch bei mehrmaliger Wiederholung mit derselben guten Bewegungsqualität bewältigt wird.

Der Reitlehrer muß gerade am Anfang sehr darauf achten, daß sich keine Fehler festigen, weil sie später nur schwer zu beheben sind. Also gehört *eigentlich der beste Reitlehrer in den Anfängerunterricht.*

Zusammenfassend können wir sagen:

Reiten lernen heißt, die typischen Bewegungsabläufe (die unterschiedlichen Reitlektionen) in möglichst hoher Vollendung mit Hilfe eigener körperlicher Voraussetzungen auf das Pferd übertragen zu können.

2.6.2 Lernen nach dem Regelkreis-Modell

Am motorischen (auf Bewegung bezogenen) Lernprozeß sind mehrere Größen beteiligt. Sie lassen sich in einem Regelkreis-Modell darstellen, das nebenstehend abgebildet ist.

Am Anfang des Lernprozesses, also vor der ersten Ausführung der zu erlernenden Bewegung, steht das Bewegungsziel (Sollwert). Daraufhin entwickelt der Reitschüler gedanklich eine erste Bewegungsvorstellung. Es kommt zur Bewegungsausführung, wenn die Bewegungsvorstellung auf die Muskeln übertragen wird.

Der Istwert stellt die tatsächliche Leistung dar. Der Erfolg der Bewegungsausführung (Istwert) wird mit dem angestrebten Ziel (Sollwert) verglichen. Auftretende Fehler werden korrigiert (Rückmeldung), und die Bewegung wird erneut ausgeführt.

Dieser Kreislauf vollzieht sich solange, bis die Bewegung (Reitlektion) beherrscht wird.

Der Reiter wird nach Erlernen der Bewegung immer unabhängiger vom Reitlehrer und kann sich im fortgeschrittenen Lernstadium selbst korrigieren. Wir sprechen in diesem Stadium davon, daß der Bewegungs- bzw. Muskelsinn ausgebildet ist und die Korrekturmechanismen nach innen — in den Lernenden — hineinverlegt werden können. Somit erkennen wir einen **inneren** und einen **äußeren** Regelkreis.

2.6.3 Bewegungssteuerung und Bewegungskoordination

Damit Bewegungen überhaupt gelingen, müssen vor, während und nach einer Bewegung gewisse Prozesse im Gehirn ablaufen. Diese Prozesse werden auch Bewegungssteuerung genannt (siehe auch 6.3.2).

Abb.: Lernen nach dem Regelkreis-Modell

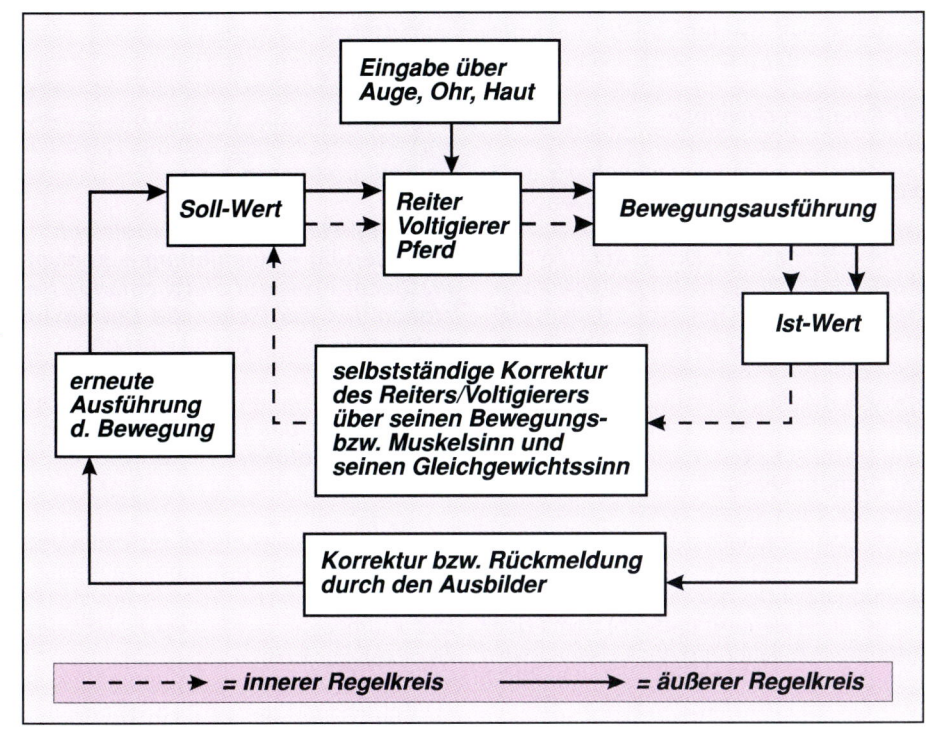

```
                    ┌──────────────────┐
                    │ Eingabe über     │
                    │ Auge, Ohr, Haut  │
                    └────────┬─────────┘
                             ▼
   ┌───────────┐      ┌──────────────┐      ┌──────────────────┐
┌─▶│ Soll-Wert │◀─ ─ ▶│   Reiter     │─ ─ ▶│ Bewegungsausführung│
│  └───────────┘      │  Voltigierer │      └─────────┬────────┘
│        ▲            │    Pferd     │                │
│        │            └──────────────┘                ▼
│        │                                     ┌──────────┐
│        │                                     │ Ist-Wert │
│        │                                     └────┬─────┘
│  ┌───────────┐   ┌──────────────────────┐        │
│  │ erneute   │   │ selbstständige Korrektur│     │
│  │ Ausführung│   │ des Reiters/Voltigierers│◀ ─ ─┤
│  │ d.Bewegung│◀─ │ über seinen Bewegungs- │     │
│  └─────┬─────┘   │ bzw. Muskelsinn und    │     │
│        ▲         │ seinen Gleichgewichtssinn│   │
│        │         └──────────────────────┘      │
│        │         ┌──────────────────────┐      │
│        └─────────│ Korrektur bzw. Rückmeldung│◀─┘
└──────────────────│ durch den Ausbilder   │
                   └──────────────────────┘

 - - - ▶ = innerer Regelkreis    ─────▶ = äußerer Regelkreis
```

Die Bewegungssteuerung im Gehirn kann in fünf wesentliche Phasen eingeteilt werden:

(1) Informationsphase
(2) Orientierungsphase
(3) Antriebsphase
(4) Ausführungsphase
(5) Rückmeldung

(1) Informationsphase

Die Informationen werden mit den Sinnesorganen wahrgenommen:
— Auge
— Ohr
— Haut
— Gleichgewichtssinn
— Bewegungs-/Muskelsinn.

Jeder Mensch ist bei der Aufnahme von Informationen anders gelagert. Dabei spielen das Alter, die erkenntnismäßigen und die motorischen Vorerfahrungen eine Rolle. Der eine lernt leichter über das Auge, der andere über das Ohr, etc.. Besonders zu Beginn von Lernprozessen ist es wichtig für Menschen jeglichen Alters, möglichst Auge, Ohr und Haut gleichzeitig bei Lernprozessen anzusprechen, um ein problemloses Lernen zu ermöglichen. Erst im Verlaufe des Lernprozesses bildet sich der Bewegungssinn/Muskelsinn (kinästhetischer Analysator) aus. Im weiteren Stadium wird die Regulierung der Bewegung immer stärker in den Reiter selbst hineinverlagert. Der Ausbilder wird mehr und mehr entbehrlich.

(2) Orientierungsphase

Innerhalb der Orientierungsphase stellt sich der Reiter den Ablauf der Bewegung genau vor (Bewegungsvorstellung), spürt einen inneren Drang zum Vollziehen und erhofft die Erreichbarkeit seiner Bemühungen. Im Gehirn des Reiters entsteht ein Bewegungsplan. Dabei vergleicht er seine Fähigkeiten und die des Pferdes mit den Anforderungen des Zieles.

(3) Antriebsphase

In der Antriebsphase entsteht auf der Basis der bisherigen Motivation und der Erwartungshaltung der Wille zur Ausführung der Bewegung und gibt damit den Impuls zur Ausführung der Muskelbewegung.

(4) Ausführungsphase

Die Bewegung wird erkennbar. Während der Bewegungsausführung hat der Reiter das Ziel der Bewegung (Sollwert) ständig vor Augen und versucht, es zu realisieren.

(5) Rückmeldung

Die momentan ausgeführte Bewegung (Istwert) wird mit der Zielvorstellung der Bewegung (Sollwert) verglichen. Wir unterscheiden die **innere** und **äußere Rückmeldung** (siehe Regelkreis-Modell).

Da der Anfänger die Bewegungen noch nicht in den Muskeln verankert hat, kann er sich nur teilweise selbst beobachten (von innen über seine Muskeln oder von außen über die Augen). Deshalb ist in diesem Stadium der Reitlehrer besonders wichtig, weil er von außen über das Auge, das Ohr oder die Haut (der Schenkel wird korrekt hingelegt) den Reitschüler **neu orientieren** kann.

Somit entsteht ein neuer Kreislauf: Orientierung – Ausführung – Kontrolle. Dieser Kreislauf bleibt solange bestehen, bis der Reiter die Bewegung beherrscht (siehe auch Regelkreis-Modell Seite 39).

2.6.4 Phasen des Bewegungslernens (des motorischen Lernprozesses)

Im folgenden wird auf den zeitlichen Verlauf des Bewegungslernens eingegangen, der sich in drei Phasen unterteilen läßt (Phasenmodell von MEINEL/SCHNABEL, 1976):

(1) Entwicklung der Grobkoordination
(2) Entwicklung der Feinkoordination
(3) Stabilisierung der Feinform und Entwicklung der variablen Verfügbarkeit.

(1) Im **Stadium der Grobkoordination** geht es beim Lernen von Bewegungen um das Erfassen der Lernaufgabe (Reitlektion). Die sprachliche Formulierung und das Vormachen lassen eine erste grobe Vorstellung (Bewegungsentwurf) entstehen, die ein vorwiegend optisches Bild darstellt. Im weiteren Verlauf von Bewegungserfahrungen erhält die Vorstellung immer stärker muskuläre Anteile. Die ersten Versuche gelingen meistens noch nicht, wobei oft nach einigen Übungsversuchen die Grobkoordination erreicht wird. Der Lernende ist

nun imstande, unter günstigen Bedingungen die Bewegung (Reitlektion) auszuführen (zum Beispiel Galoppieren an der Longe).

Fehlerhafte Bewegungen treten häufig bei Ermüdung, Mangel an Konzentration oder veränderten äußeren Bedingungen auf (ohne Longe in der Halle, auf dem Außenplatz, im Gelände). Die Anweisungen des Reitlehrers werden oft nur unzureichend aufgenommen und verarbeitet. Außerdem fehlen gespeicherte Bewegungsmuster im Gedächtnis, so daß eine sofortige Korrektur beim Bewegungsvollzug noch nicht gegeben ist. In diesem Stadium des Reitenlernens muß der Bewegungsablauf noch stark durch den Reitlehrer gelenkt werden. Das Bewegungsgefühl übernimmt erst im weiteren Lernverlauf die Führung. In diesem Stadium ist ein guter Reitlehrer besonders wichtig, weil falsch erlernte Bewegungsmuster (Lernen von Fehlern) später kaum noch zu korrigieren ("zu verlernen") sind. Je präziser das Bewegungsgefühl ausgebildet ist, desto schneller gelingt es dem Reiter, eigene Fehler festzustellen und sich selbst zu korrigieren.

(2) Das **Stadium der Feinkoordination** zeichnet sich durch ein geordnetes Zusammenspiel der Kräfte, Teilbewegungen und Bewegungsphasen aus und ist im Erscheinungsbild durch einen harmonischen Bewegungsablauf von Pferd und Reiter gekennzeichnet. Die Informationsaufnahme und -verarbeitung über die Sinnesorgane (Auge, Ohr, Haut, Gleichgewichtssinn, Bewegungsgefühl, Muskelsinn) erweitert sich und wird präziser. Die Bewegungen werden bei Reiter und Pferd vervollkommnet; zusätzlich reichert sich das Bewegungsgedächtnis an. Die Wirksamkeit des Bewegungsgefühls erhöht die Bewegungssteuerung und bildet die Grundlage für die Regelung (Ausgleich von Fehlern) über den Muskelsinn. Die Wahrnehmung über das Auge verfeinert und differenziert sich, das Erfassen der Reitlehrersprache wird bewußter. Kleine und mittlere Störgrößen (negative Einflüsse von außen, Fehlverhalten des Pferdes, Geräusche, unebenes Gelände etc.) können bereits vorwegnehmend geregelt werden, während das Bewegungsgefühl größeren Störgrößen noch immer nicht gewachsen ist.

(3) Im **weiteren Lernstadium der Feinkoordination** kann der lernende Reiter die Bewegung auch unter erschwerten und ungewohnten Bedingungen vollziehen (er führt die Dressuraufgabe nicht nur zu Hause gut aus, sondern auch auf dem Turnier). Der Lernende vermag sich stärker von der Konzentration auf die eigene Bewegungsausführung zu lösen. Die Aufmerksamkeit verfolgt nun stärker das Umfeld und die rechtzeitige Vorausnahme von Schwierigkeiten, so daß die körperlichen Leistungsfaktoren (Kraft, Schnelligkeit, Ausdauer) und motorischen Eigenschaften (Koordination, Beweglichkeit) voll ausgenutzt werden können. Die Steuerung über die Sinne führt zum rechtzeitigen Erkennen und zur Vorausnahme veränderter Bedingungen von Störeinflüssen und auftretenden Schwierigkeiten. Abweichungen von der genauen Bewegung werden erfaßt, eine hohe Aufrechterhaltung der richtigen Bewegung und der Ausgleich von Fehlern wird erreicht. Es tritt eine Automatisierung des Bewegungsvollzugs ein.

Zusammenfassung 2.4 - 2.6

- **Sechs Methoden-Grundsätze:**
  1. Methoden müssen der körperlichen und geistigen (seelischen) Entwicklung des Reiters entsprechen.
  2. Methoden müssen sich an gesetzten Zielen orientieren.
  3. Methoden müssen an die Erfahrungen des Schülers anknüpfen.
  4. Methoden haben Einfluß auf zwischenmenschliche Beziehungen.
  5. Methoden müssen erreichen, was geplant ist.
  6. Methoden haben unterschiedliche Bedeutung.

- **Lehrmethoden:**
  - Die anweisungsorientierte Lehrmethode versucht, auf einem geradlinigen, unmittelbaren Weg das Lernziel zu erreichen.
  - Bei der erfahrungsorientierten Lehrmethode schreibt der Reitlehrer die Lösung der Bewegungsaufgabe nicht mehr bis ins Detail vor, sondern der Reiter sucht und erprobt selbst individuelle Lösungsmöglichkeiten.

- **Unterrichtstile in der Reitbahn:**
  - autoritär = stark lenkend.
  - demokratisch = Reiter haben die Möglichkeit zum Mitdenken und Mitentscheiden
  - Laissez-faire = der Reitausbilder gibt keine Anweisungen und Anregungen.

- **Medien:**
  - auditive Medien werden mit dem Ohr aufgenommen (Radio, Tonband, Schallplatte).
  - visuelle Medien werden mit dem Auge wahrgenommen (Bildtafeln, Dias, Wandtafeln, Tageslichtschreiber).
  - audio-visuelle Medien werden mit Auge und Ohr wahrgenommen (Lehrfilm, Videoaufnahmen).

- **Bewegungslernen:**
  - Unter Lernen wird die Entstehung und die Veränderung von Verhalten verstanden, hervorgerufen durch eine (aktive) Auseinandersetzung des Sportlers mit seiner Umwelt (Pferd-Ausbilder-Halle-etc.).

- **Bewegungssteuerung:**
  (1) Informationsphase (= Aufnahme von Informationen über die Sinnesorgane)
  (2) Orientierungsphase (= Bewegungsvorstellung)
  (3) Antriebsphase (= Wille zur Bewegungsausführung)
  (4) Ausführungsphase (= Bewegung wird erkennbar)
  (5) Rückmeldung (= die ausgeführte Bewegung (Istwert) wird mit der Zielvorstellung der Bewegung (Sollwert) verglichen)

- **Phasen des Bewegungslernens:**
  (1) Entwicklung der Grobkoordination
  (2) Entwicklung der Feinkoordination
  (3) Stabilisierung der Feinform

Unterricht für Anfänger: Kinder, Jugendliche, Seiteneinsteiger

Claudia Elsner und Eckart Meyners (3.7)

3.1 Einleitung und Zielsetzung

In der Gesellschaft haben sich Veränderungen ergeben: Die Angebotspalette an sinnvollen Freizeitbeschäftigungen ist reichhaltiger geworden, und damit sind auch die Anspruchshaltungen der Bevölkerung, insbesonders von Kindern und Jugendlichen, gewachsen. Davon ausgehend scheint es wichtig zu sein, Methoden der Unterrichtserteilung zu überdenken und weiterzuentwickeln.

Dabei handelt es sich bei den folgenden Ausführungen nicht darum, eine neue oder "alternative", gar "revolutionäre" Art des Reitunterrichts vorzustellen. Die Grundlagen der klassischen Reitkunst als Kulturgut werden somit nicht angetastet.

Ziel soll es sein, bei dem Reitanfänger Motivation für und Freude am Reitsport zu erwecken und zu erhalten, wobei im Hinblick auf diese Komponente eine Wechselwirkung zum Unterrichtenden erfolgt. Von der reiterlichen Zielsetzung her wird dabei angestrebt, daß der Schüler ausbalanciert und losgelassen sitzen und die im klassischen Sinne korrekte Einwirkung auf sein Pferd erlernen soll, unabhängig von der Intention des Anfängers, auf die im weiteren noch eingegangen wird.

3.2 Bedingungen und Voraussetzungen

3.2.1 Schulpferde/-ponys

Die Bedeutung geeigneter Schulpferde oder Schulponys kann gar nicht genug herausgestellt werden. Nur bei Tieren mit gutem Charakter kann der Anfänger Vertrauen gewinnen. Da man davon ausgehen muß, daß besonders Neulinge Fehler im Umgang und bei der Hilfegebung begehen, wäre zu wünschen, daß die Pferde derartige Handlungen "verzeihen" können. Ebenso wichtig im Hinblick auf Interieurmerkmale ist ein geeignetes "mittleres" Temperament (siehe auch Kapitel 5.1).

Das Exterieur ist insofern von Bedeutung, als daß der Ausbilder versuchen muß, die spezifischen physischen Verhältnisse des Reiters denen des Pferdes anzupassen:

- großer Reiter mit langen Beinen: größeres Pferd
- kleiner Reiter mit kurzen Beinen: kleineres Pferd oder Pony, möglichst kein breiter Rücken
- schwerer Reiter: "Gewichtsträger"
- leichter Reiter: kleineres Pferd, Pony
  etc.

Um das angestrebte Ziel, den elastischen, losgelassenen Balancesitz des Reiters, zu erreichen, muß der Pferderücken schwingen.
Notfalls muß der Ausbilder mit einem Hilfszügel (Ausbindezügel, Stoßzügel etc.) versuchen, dies beim Pferd zu erreichen.
Hier sollte jedoch die spezifische Problemlage des Pferdes und die jeweilige Ausbildungssituation bedacht werden und die Entscheidung für den Einsatz des jeweiligen Hilfszügels entsprechend gezielt erfolgen. Eine weitere Entscheidungshilfe hierbei ist es, wenn der Ausbilder jedes Schulpferd von Zeit zu Zeit selbst reitet.

Erst nach all diesen Vorüberlegungen ist der Ausbilder in der Lage, sinnvolle Zuordnungen von Anfänger und Pferd vorzunehmen.
Im Rahmen der späteren Reitausbildung sollte unbedingt immer wieder Pferdewechsel durchgeführt werden, um dem Anfänger mehr und mehr Sensibilität und Einfühlungsvermögen zu vermitteln.

3.2.2. Das räumliche Umfeld; Medien

Die Bedeutung des Umfelds — zum Beispiel Vorhandensein einer Reithalle, eines Reitplatzes, besonders auch Einbeziehen von Gelände — sollte bei den unterrichtlichen Vorüberlegungen nicht vergessen werden.
Hierzu zählen ebenfalls geeignete Räumlichkeiten für den theoretischen Unterricht, in denen Medieneinsatz, wie er in 2.5 beschrieben wurde, möglich sein sollte, zum Beispiel von:

— Tafel, Kreide (auch mehrfarbig),
— Lehrtafeln,
— Filmvorführung,
— Overhead-Projektor für entweder vorgefertigte oder selbsterstellte, möglichst mehrfarbige Folien,
— Dia-Projektor,
— Epidiaskop u.a.m..

Der Raum sollte auch zu verdunkeln sein.

Besonders Kinder sind sicherlich dankbar, wenn ein Spielplatz oder Spielmöglichkeiten in das Umfeld eingebunden wären, — auch Erwachsene können sich beim Zusehen entspannen oder zum Beispiel selbst ein Ballspiel oder ähnliches organisieren.

Neue soziale Kontakte enthalten eine nicht zu unterschätzende motivierende Komponente; die Spielmöglichkeiten sind hierbei ebenso von Relevanz wie die Einrichtung eines Zuschauerraumes, eines "Reiterstübchens" oder ähnliches, wo die Reiter auch ohne den oft als lästig empfundenen Verzehrs-Zwang, zum Beispiel eines Reiter-"Kasinos", zusammensitzen können.

3.3 Begegnung mit dem Pferd

Von großer Bedeutung ist für den Reitanfänger die Phase, in der die — oftmals erste — Begegnung mit dem Pferd im Mittelpunkt steht.
Durch ein eingehendes Informationsgespräch zwischen Schüler und Lehrer, in dem sich beide kennenlernen, wird eine entspannte Atmosphäre geschaffen, in der sich eine vertrauensvolle Beziehung entwickeln kann. Dabei sollten unter Umständen auch Hilfsausbilder einbezogen werden.
Der Reitlehrer sollte in diesem Gespräch versuchen, die Intentionen des Schülers zu analysieren, d.h.:

- Geht es dem Anfänger darum, einen gesundheitsdienlichen Ausgleichssport zu betreiben?
- Sucht er eine sinnvolle Freizeitbeschäftigung?
- Möchte er Reiten als Wettkampfsport betreiben? etc.

Hierzu zählt auch das Feststellen des Intensitätswunsches:

- Möchte er regelmäßig,
- evtl. täglich,
- einmal pro Woche,
- zweimal pro Woche,
- oder nur am Wochenende reiten,
- oder sich eventuell auf eine Urlaubsreise vorbereiten?

Das Berühren des Lebewesens, das Spüren von Körperwärme, das Erleben des Angeschnaubt-Werdens etc., all dies sind Vorgänge, die in der heutigen Zeit längst nicht mehr als selbstverständlich hingenommen werden. Sie wirken vielmehr auf den Reitanfänger unter Umständen als Schlüsselerlebnisse und sollten somit vom Ausbilder in Ruhe und mit Zeitaufwand vermittelt werden. Besonders wenn mehrere Anfänger zu betreuen sind, erweisen sich zuverlässige und sachkundige Helfer als wichtig.

Korrekter und tiergerechter Umgang mit Pferden sowie Pflege und Versorgung sind an anderer Stelle ausgeführt (vergleiche Richtlinien für Reiten und Fahren und Kapitel 5.1).

Ganz wichtig erscheint eine einführende Erläuterung der artspezifischen Psyche des **Pferdes als Fluchttier.**
Die große Bedeutung der Vertrauensbasis für die Verständigung zwischen Mensch und Tier muß herausgestellt werden und die unterschiedlichen grundsätzlichen Verständigungsmittel wie

- Stimme,
- Berühren,
- Klopfen etc.

müssen erklärt werden.
Zu diesem Bereich zählen auch Informationen über "Re — Aktions"-Möglichkeiten des Pferdes auf Impulse durch den Menschen, zum Beispiel:

- Beruhigen durch:
    Stimme,
    Klopfen am Hals;
- Entstehen von Unruhe, Nervosität durch:
    undisziplinierte, undifferenzierte Stimmführung,
    hektische Bewegungen,
    groben Umgang etc.;
- Bewegungsintensivieren durch:
    Stimmimpuls,
    Touchieren oder ähnliches.

Gerade um Verständnis des Reitanfängers für die Besonderheit seines Sports zu wecken — nämlich, es mit einem lebendigen Partner und seinen spezifischen Verhaltensweisen zu tun zu haben —, ist es wichtig, ihn mit dem Pferd in Ruhe vertraut zu machen und sein Verantwortungsgefühl im Hinblick auf Umgang, Versorgen und Pflege zu wecken. Der Schüler sollte darüberhinaus von Anfang an nachdrücklich auf die Bedeutung von Ruhe und Überlegung hingewiesen werden.

3.4 Pädagogische Aspekte

Vor der Stunde sollte der Ausbilder versuchen, in einem kurzen Gespräch den/

die Schüler auf das Folgende einzustimmen, um Nervosität, Verspannung und Verkrampfung vermehrt abzubauen. Grundsätzlich sollte der Unterricht nicht nur anweisungsorientiert strukturiert sein (mehr zum Unterrichtsstil etc., siehe Kapitel 2.4).

Neue Aufgaben sollten sorgfältig und in altersbezogener, angemessener Fachsprache erklärt werden, wobei der Ausbilder sich durch Rückfragen versichern sollte, ob der Schüler ihn sowohl im Hinblick auf die Fachsprache wie auch die inhaltliche Komponente verstanden hat. Korrekturen müssen unmißverständlich gegeben werden und eine direkte Rückmeldung muß erfolgen, zum Beispiel:
— "Besser!";
— "Gut so!";
— "Das ist jetzt besser, das noch nicht!" etc.

Da es verschiedene Lerntypen gibt (eher auditiv, eher visuell etc.), ist nicht nur Sprache, sondern auch gezielt eingesetzte, kontrollierte Gestik für Demonstrationen von Bedeutung.

In jedem Fall sollten sowohl nach der Reitstunde als auch am Ende der Reihe der Unterricht und das Erlernte in einer Nachbereitung besprochen werden ("Was hat sich verbessert?", "Was ist noch zu verbessern?" etc.).

3.5 Die Anfangsphase des Reitens

Es erscheint durchaus sinnvoll, erste Sitzübungen mit Gurthilfe auch ohne Sattel durchzuführen, wobei hier das Erleben und Empfinden von Körperwärme und Bewegung im Vordergrund stehen. Aufforderungen zum Vornüberlegen ("Nehmen Sie Ihr/Nimm Dein Pferd 'mal richtig in den Arm!") fördern Vertrauen und Kontakt.
Gymnastische Übungen können diese wichtige Anfangsphase auflockern, wirken entspannend, fördern die Geschmeidigkeit des Reiters und erleichtern elastisches Eingehen in die Bewegung des Pferdes.

Beispiele hierfür wären:

— Armkreisen vor-/rückwärts;
— Schulterkreisen vor-/rückwärts;
— Federndes Neigen des möglichst aufrechten Oberkörpers zu beiden Seiten;
— Berühren einer Fußspitze mit der gegenseitigen Hand u.a.m..

Auch in der anschließenden Ausbildungsphase ist die Longenarbeit mit der Zielsetzung, daß der Schüler in allen drei Gangarten losgelassen und ausbalanciert sitzen lernt, in der Regel von besonderer Bedeutung. Sie sollte später immer wieder einmal zur Sitzschulung eingesetzt werden (siehe Kapitel 5.2).

Bei den ersten Reitversuchen mit Sattel kann es sinnvoll sein, zunächst ohne Bügel reiten zu lassen, weil Anfänger dazu neigen, sich in die Bügel zu stellen und somit das Becken zu blockieren.
Bei Einbeziehen der Bügel ist zunächst aus Sicherheitsgründen ein kürzerer vorzuziehen. Die zutreffend angemessene Bügellänge ist jedoch baldmöglichst anzustreben.

Treten Sitzfehler auf, empfehlen sich gymnastische Übungen ohne Pferd (siehe Kapitel 5.3 und 5.8). Dies gilt auch für ältere Reiter, die aufgrund von Bewegungsmangel wenig elastisch sind und Koordinationsprobleme haben.

3.6 Bemerkungen zum Unterrichtsinhalt

Bei den inhaltlichen Überlegungen für ein unterrichtliches Konzept sollten die Grundlagen der klassischen Reitkunst die Basis darstellen (vgl. Richtlinien für Reiten und Fahren).
Gerade heute ist es wichtig, in den Unterricht auch spielerische Phasen einzubeziehen, die zum einen der physischen und psychischen Entkrampfung und Entspannung dienen, zum anderen durchaus Fertigkeiten, Fähigkeiten und Erkenntnisse fördern, die denen beim "klassischen" Reiten entsprechen und sich somit später positiv auswirken.

Beispiele für spielerische Phasen:

spielerische Phase:	mögliche positive Wirkung:
– Aufheben eines Gegenstands (Ball o.ä.) von einem Kegel oder Stuhl, Strohballen o.ä.	– vermehrte Elastizität in der Mittelpositur o.ä. – verbesserte Balance
– Greifen nach einem zwischen zwei Ständern aufgehängten Gegenstand (alter Ball, Glocke etc.)	– Losgelassenheit, verbesserte Balance
– Reiten zwischen Stangen geradeaus (allmählich immer breiter)	– besseres Geradeausreiten auf unbegrenzten Linien (z.B. ohne Bandenhilfe)
– Durchreiten eines Strohballenlabyrinths (allmählich breitere Gassen)	– leichteres Abwenden von einer Linie an beliebiger Stelle
– Reiten um und zwischen Ständern	– Vorübungen für Schlangenlinien, Volten
– Slalomreiten um Kegel in sich verkürzenden Abständen im Schritt und Trab	– Vorübungen für Zirkel, Schlangenlinien, Volten
– Springen über Cavalettis	– verbesserte Beweglichkeit, Balance; Vorübung für Springen
– Spiele mit historischem Charakter wie z.B. Ringstechen (Schritt, Trab, Galopp)	– vermehrte Balance, Reaktionsschnelligkeit bei eigenen Bewegungsabläufen und denen des Pferdes

(weitere Möglichkeiten siehe im Handbuch für Reit- und Fahrvereine, FN-Verlag).

Diese Übungen können sowohl in der Halle als auch auf dem Reitplatz durchgeführt werden. Sehr motivierend und balancefördernd wirkt die Einbindung von natürlichem Gelände.
Als Ausbildungsmethode im o.g. Sinne kann zum Beispiel folgendes einbezogen werden:

— Durchreiten von Senken oder flachen Gräben;
— Klettern über Hügel oder kleine Wälle;
— Slalomreiten, Kreise um Bäume, Büsche;
— Springen über einzelne Baumstämme u.a.m..

Ideal wäre auch das Vorhandensein von stationären oder mobilen Geländehindernissen.

Grundsätzlich bekannte Vorschläge für abwechslungsreichen Reitunterricht wären darüberhinaus

— Ausritte, bei denen entweder ein Ziel angeritten werden kann, unterwegs Reiterspiele veranstaltet werden etc.;
— Musikreiten, das häufig nicht nur den Reiter motiviert, sondern auch das Pferd:
  — die Musik kann dabei zur Untermalung dienen;
  — der Versuch, "im Takt" zu reiten, ist auch später immer wieder ein Erlebnis;
  — das Erstellen einer kleinen Kür, die der einzelne Reiter mit einer ihm geeignet erscheinenden Musik unterlegt, weckt Freude an Kreativität und Gefühl für Rhythmik.
— Hierzu zählt auch das Formationsreiten sowie

— die Einübung von musikunterlegten Quadrillen, die den genannten sozialen Aspekt stark einbringen.

Auflockernde Veranstaltungen wie

— Kostümreiten,
— Geschicklichkeitswettspiele u.a.m.

sollten neben Prüfungen wie

— Reiterwettbewerbe,
— E/A-Dressur,
— E/A-Stilspringen,
— E/A-Stilgeländeritt

je nach der spezifischen Ausbildungssituation in die Planung mit einbezogen werden.

3.7 Altersstrukturen

In die unterrichtliche Vorüberlegung muß das Alter der Schüler mit einbezogen werden. Es muß zwischen dem Unterricht für Kinder/Jugendliche und dem für Erwachsene, den sogenannten "Seiteneinsteigern", unterschieden werden, um den jeweiligen physischen und psychischen Entwicklungsphasen des Anfängers gerecht zu werden.

3.7.1 Unterricht für Kinder/Jugendliche

Bei Kindern bzw. Jugendlichen werden fünf grundsätzliche Entwicklungsphasen unterschieden, die sich ungefähr folgendermaßen strukturieren lassen:

— 4-7jährig, das Vorschulalter
— 7-10jährig, das frühe Schulkindalter
— 10-13jährig, das späte Schulkindalter
— 12-15jährig, die sogenannte "Erste Puberale Phase"

— 14-19jährig, die sogenannte "Zweite Puberale Phase"
(verändert nach WINTER, 1976)

Kinder und Jugendliche sind zwar kraftmäßig nicht mit Erwachsenen zu vergleichen, besitzen jedoch mehr Gleichgewichtssinn und Einfühlungsvermögen. Für Kinder gibt es eher ein "zu spät" als "zu früh" für das Erlernen von Koordination. Unter Berücksichtigung der vorhandenen Schulpferd/-pony-Situation sollte keine starre Altersgrenze "nach unten" festgesetzt werden. Den Kindern sollte möglichst früh der natürliche Zugang zum Pferd ermöglicht werden, um sie mit den besonderen Verhaltensweisen des Pferdes/Ponys vertraut zu machen.

— 4-7jährig

Die erste Altersgruppe hat noch Probleme, Arme, Hände, Beine und Füße gezielt zu steuern. Dies muß beim Unterricht berücksichtigt werden, und es sollte vermehrt zunächst das Gefühl und Gespür für die Bewegungen des Pferdes bzw. des Ponys und des eigenen Gleichgewichts vermittelt werden.

Dabei benötigen die Kinder noch keinen gezielten — an bestimmten Lektionen orientierten — Reitunterricht, sondern sie sollen über den reiterlichen Umgang, zum Beispiel mit dem Pony, auf spielerische Weise den Zugang zum Pferd finden.

Gerade für diese Altersgruppe sind auch die genannten Spielmöglichkeiten wichtig, da ihr Bedürfnis nach abwechslungsreichen Bewegungsmöglichkeiten sowie nach Geselligkeit sehr groß ist.

Zu beachten ist auch, daß Kinder dieser Altersstufe Schwierigkeiten haben, sprachliche Anweisungen des Reitlehrers in gezielte Bewegung umzusetzen, weil sie vorrangig über das Auge lernen.

Dem starken Nachahmungstrieb dieser Altersstufe kann der Unterrichtende zum Beispiel durch "Vorgehen" beim Erklären einer neuen (Hufschlag-) Figur oder Linie Rechnung tragen.

Das Nachreiten von großen Pferden oder auch der Einstieg über Voltigiergruppen kann Grundlagen bilden, um die Kinder im späten Kindes- oder Jugendalter gezielter an das eigentliche Reiten heranzuführen.

— 7-10jährig

Die physischen Voraussetzungen dieser Altersgruppe sind günstiger: Längen- und Breitenwachstum werden ausgeglichener, die motorische Steuerungsfähigkeit und -fertigkeit nimmt zu, die Bewegungsantriebe werden besser beherrscht und das ungerichtete Bewegungsverhalten weicht zunehmend.

Für den Unterrichtenden ist besonders zu berücksichtigen, daß sich die Konzentrationsfähigkeit steigert.

Korrekturen über das Ohr können besser aufgenommen werden, wodurch eine gezielte Bewegungsform und Reitausbildung ermöglicht wird.

— 10-13jährig

Bei dieser Altersstufe entsteht eine Pause in der physischen Entwicklung. Längen- und Breitenwachstum sind in einem ausgewogenen Verhältnis. Bewegungsdrang, -stärke und -tempo steigern sich, die Kinder sind in der Lage, Bewegung ganzheitlich zu erfassen. Es kann von einem motorischen Höhepunkt gesprochen werden. Dieses Entwicklungsstadium wird auch als **"Lernen auf Anhieb"** bezeichnet. Die Motorik ist beherrscht und zielgerichtet, die Lernbereitschaft und Fähigkeit ist hoch.

Dieses Alter ist für das Lernen in der Reiterei also außerordentlich wichtig. Hier können Grundlagen gelegt werden, auf die später im Jugend- und Erwachsenenalter aufgebaut werden kann.

In dieser Entwicklungsphase können Bewegungsmuster angeeignet werden, die nach dem Eintritt in die Pubertät kaum noch, bzw. nur noch bis zur Grobform erlernt werden können. Deshalb sollte in dieser Altersstufe ein breites Bewegungsrepertoire erarbeitet werden. Jungen und Mädchen unterscheiden sich bis zum Eintritt in die Pubertät in der motorischen Leistungsfähigkeit und den konditionellen Voraussetzungen kaum. Unterschiede liegen, falls sie zu beobachten sind, in der anders verlaufenden kindlichen Entwicklung.

Der Reitlehrer braucht keine Angst zu haben, die Kinder physisch zu überfordern. Wenn sie konditionell ausgelaugt sind, hören sie von selbst auf. Das Herz-Kreislauf-System kann nicht überfordert werden, weil zunächst die Skelettmuskulatur ermüdet und so der Herzmuskel geschützt wird.

Kinder dieses Alters sind neugierig und wißbegierig, sie sind lebensfroh und spontan zu Sozialkontakten bereit. Deshalb eignen sich Gruppenspiele hier besonders.

— *12-15jährig*

Die "Erste Puberale Phase" umfaßt Jugendliche im Alter zwischen 12 und 15 Jahren, also den Zeitraum nach Beginn der Geschlechtsreife.

Durch die hormonellen Veränderungen entwickeln sich körperliche Leistungsfaktoren (Kraft, Schnelligkeit, Ausdauer, etc.) positiv.

Die Motorikentwicklung dagegen stagniert, es kann sogar zu Rückschritten kommen. Die Bewegungen sind unausgeglichen, es treten Probleme bei der Steuerung auf.

Der Unterrichtende sollte besonders auch die psychische Problematik dieser Altersstufe berücksichtigen: Der Jugendliche dieses Alters kehrt sich nach innen, denkt sehr stark über sich selbst nach und kritisiert sich. Diese starke Selbstkritik bringt Hemmungen für eigene Bewegungsabläufe mit sich. Viele Bewegungen können nicht mehr so rasch erlernt werden, sie mißlingen. Der Jugendliche denkt über sich selbst beim Bewegen nach und bemerkt seine Schwächen. Entstehen zu viele Mißerfolge, lähmen sie seine Motivation. Der Reitlehrer muß großes Einfühlungsvermögen zeigen, um die Jugendlichen nicht zu "verprellen". Es gilt, sie über diese Zeit der mangelnden psychischen Konstanz hinwegzuführen und weiterhin für die Reiterei zu begeistern.

— *14-19jährig*

Das Entwicklungsstadium zwischen 14 und 19 Jahren (Adoleszenz) reicht bis zum Erreichen der Vollreife. Besondere

Kennzeichen dieser Periode sind die Stabilisierung von Bewegungsmustern, ausgeprägte geschlechtsspezifische Unterschiede und die fortschreitende Entwicklung von Selbständigkeit. Gegenüber der ersten puberalen Phase wird die Bewegungssteuerung sowie die motorische Lernfähigkeit (besonders der männlichen Jugendlichen) verbessert.

Geschlechtsspezifische Unterschiede sind in der Bewegungsqualität und -steuerung feststellbar. Die Jungen sind den Mädchen in Kraft- und Ausdauerleistungen sowie in Schnelligkeitsbewegungen überlegen. Bei den Mädchen ist meistens die Beweglichkeit besser entwickelt.

Auch der psychische Zustand der Jugendlichen stabilisiert sich. Sie versuchen, eine eigene Welt von Werten aufzubauen, bilden sich eine eigene Meinung und suchen nach Lebensregeln und Vorbildern. Das Anstreben von Nahzielen des Kindes weicht dem Aufbau von Plänen, die die Jugendlichen auf lange Sicht verwirklichen möchten. Die Fähigkeit, sich einzuordnen, Wünsche auch einmal zurückzustellen, ist kennzeichnend.

Diese Altersstufe bietet dem Reitlehrer gute Voraussetzungen für einen gezielten, langfristig kontinuierlichen Aufbau von reiterlichen Fertigkeiten. Die motorische Lernfähigkeit erreicht in diesem Stadium einen Höhepunkt und kann auch für schwierige Reitlektionen genutzt werden, wenn in der Kindheit eine breite motorische Grundlage gelegt worden ist. Durch Steigerung der Kraft können die Jugendlichen auf das Pferd auch immer besser einwirken; die motorische Leistungsfähigkeit wird durch die guten körperlichen Voraussetzungen unterstützt.

Die geistig-seelische Harmonie und das Interesse, Hintergründe von Bewegungen erfassen zu wollen, bieten dem Reitlehrer ideale Bedingungen, um den Lernenden die Anweisungen bzw. Aufgaben durchschaubar zu machen. Der Reitlehrer kann und sollte bei Jugendlichen dieses Alters beginnen, sie systematisch zur Selbständigkeit anzuleiten.

3.7.2 Unterricht für Erwachsene

Beim erwachsenen Reitanfänger ist das Alter oft mit ausschlaggebend für Leistungsfähigkeit und Elastizität, die individuell analysiert werden müssen.

Grundsätzlich gilt: Diejenigen, die bereits andere Sportarten erlernt haben und somit eine gewisse Bewegungserfahrung mitbringen, werden auch weniger Schwierigkeiten beim Reitenlernen haben. Bringen Erwachsene kaum motorische Grundmuster mit, wird es ihnen fast nicht möglich sein, über ein bestimmtes Anfangsniveau hinauszugelangen.

Durch allgemeine sportmotorische Tests können Bewegungsmängel festgestellt werden, um danach die Schwächen durch zusätzliche Gymnastikprogramme teilweise ausgleichen zu können. Stellen sich auch dann noch keine Erfolge ein, sollte ein Reitlehrer sich nicht scheuen, diesen Reitern die Grenzen ihrer Möglichkeiten aufzuzeigen.

— "Jüngere Erwachsene"

Generell kann man bei jüngeren Erwachsenen bis ca. 35 Jahren beobachten, daß die Motorik stabil ist und zielgerichtet voll beherrscht wird. Das Bewegungsverhalten wird etwas ruhiger.

Während bei Leistungssportlern Höchstleistungen erreicht werden können, nimmt das Leistungsvermögen bei nicht sporttreibenden Erwachsenen mehr und mehr ab.

Die körperliche Elastizität kann je nach Bewegungsintensität des Einzelnen differieren, zum Beispiel:

— Beruf mit mehr sitzender Tätigkeit (Büro o.ä.);
— körperlichen Einsatz fordernde Tätigkeit;
— Hausfrau/-mann etc..

— *"Ältere Erwachsene"*

Bei Erwachsenen über 50 Jahren bleibt die Maximalkraft zunächst relativ stabil. Bei nicht sporttreibenden Erwachsenen werden die Schnelligkeits- und Ausdauerleistungen deutlich schwächer, auch die motorischen Fähigkeiten gehen zurück, besonders bei Kraftbelastung und hohen nervlichen Anspannungen.

Der Ausbilder sollte regelmäßige sportliche Betätigung (am besten zweimal pro Woche) empfehlen, damit der Reitanfänger physische und psychische Leistungsfähigkeit erhalten kann.
Auch hier differiert die körperliche Elastizität je nach individuellen Voraussetzungen und Bewegungsintensität in Beruf und Umfeld.

Grundsätzlich sollte der Unterrichtende, besonders auch bei den erwachsenen Reitanfängern, Wert auf die sozialen Kontakte legen, und Veranstaltungen wie Grillabende, Fahrten zu Turnierveranstaltungen, Besichtigungen von Gestüten und anderes fördern.

Abb.: Mitglieder der Reitervereine aufgeteilt nach Alter und Geschlecht
(Jahresbericht 1996)

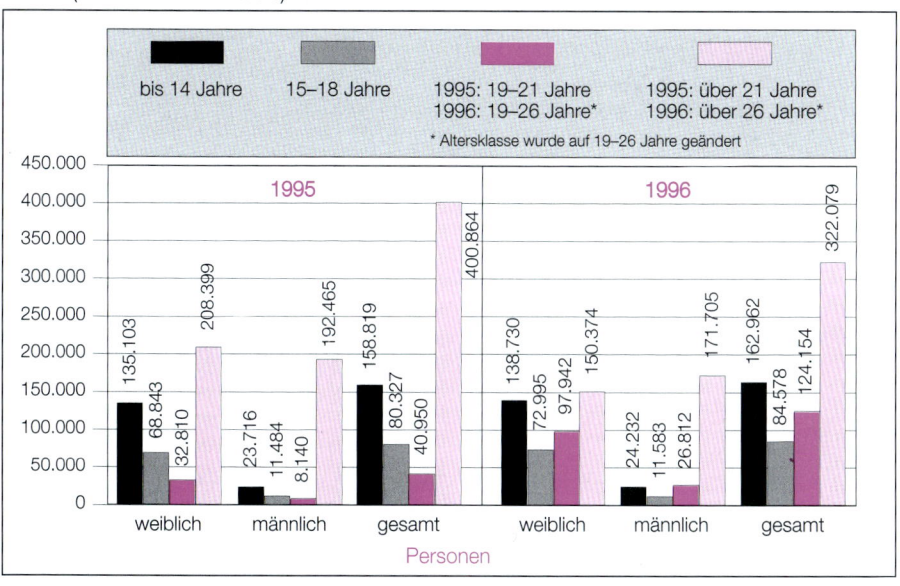

Zusammenfassung

- Für den Anfängerunterricht müssen geeignete Schulpferde/-ponys hinsichtlich Charakter, Temperament und Körperbau zur Verfügung stehen.

- In die unterrichtlichen Vorüberlegungen müssen die vorhandenen Gegebenheiten miteinbezogen werden (Reitplatz, Reithalle, Gelände, Medien, Spielplatz, Aufenthaltsraum etc.).

- Dem Anfänger muß die artspezifische Psyche des Pferdes erläutert werden (Pferd als Fluchttier).

- Die Anfangsphase des Reitenlernens hat zum Ziel, daß der Schüler in allen Gangarten losgelassen und ausbalanciert sitzen lernt.

- In den Unterricht sollten auch spielerische Phasen miteinbezogen werden (z.B. Slalomreiten).

- Der Reitunterricht sollte abwechslungsreich gestaltet werden (z.B. Musikreiten).

- Das Alter der Schüler muß bei der unterrichtlichen Vorüberlegung berücksichtigt werden. Man unterscheidet:

  — das Vorschulalter (4-7jährig)
  — das frühe Schulkindalter (7-10 jährig)
  — das späte Schulkindalter (10-13jährig)
  — die sogenannte "Erste Puberale Phase" (12-15jährig)
  — die sogenannte "Zweite Puberale Phase" (14-19jährig)
  — jüngere Erwachsene (bis ca. 35 Jahre)
  — ältere Erwachsene (über 50 Jahre).

4

Heranführung an den Voltigiersport

Annette Müller-Kaler

4.1 Voltigieren im Verein – Aufgaben, Ziele, Organisation

4.1.1 Mögliche Stellung und Aufgabe des Voltigiersports im Verein

Die wachsende Anzahl von Voltigiergruppen in Deutschland zeigt die zunehmende Bedeutung dieser Reitsportdisziplin, wobei das Voltigieren im Verein auf zwei "Schienen" laufen kann: einmal als Wettkampfsport, ja Hochleistungssport bis zur Teilnahme an Weltmeisterschaften, und zum anderen als Breitensport mit dem Ziel der Hinführung zum Pferd und damit zum Reitsport. Auf den ersten Aspekt wird hier nicht weiter eingegangen (siehe Richtlinien Bd. 3 "Voltigieren"). Es sollen im folgenden methodische und didaktische Hinweise für einen Voltigierunterricht im Anfängerbereich gegeben werden, mit der Zielsetzung Kinder und Jugendliche an das Pferd heranzuführen. Dies ist die von allen Vereinen zu leistende Basisarbeit; ob sich daraus eine Wettkampfmannschaft entwickelt, liegt an den Ambitionen der Kinder und Ausbilder. Die Teilnahme an kleinen Wettbewerben oder die Abnahme des kleinen Hufeisens wirken sicherlich auch für Voltigierer mit der Zielsetzung Reiten motivierend und erlebnisreich.

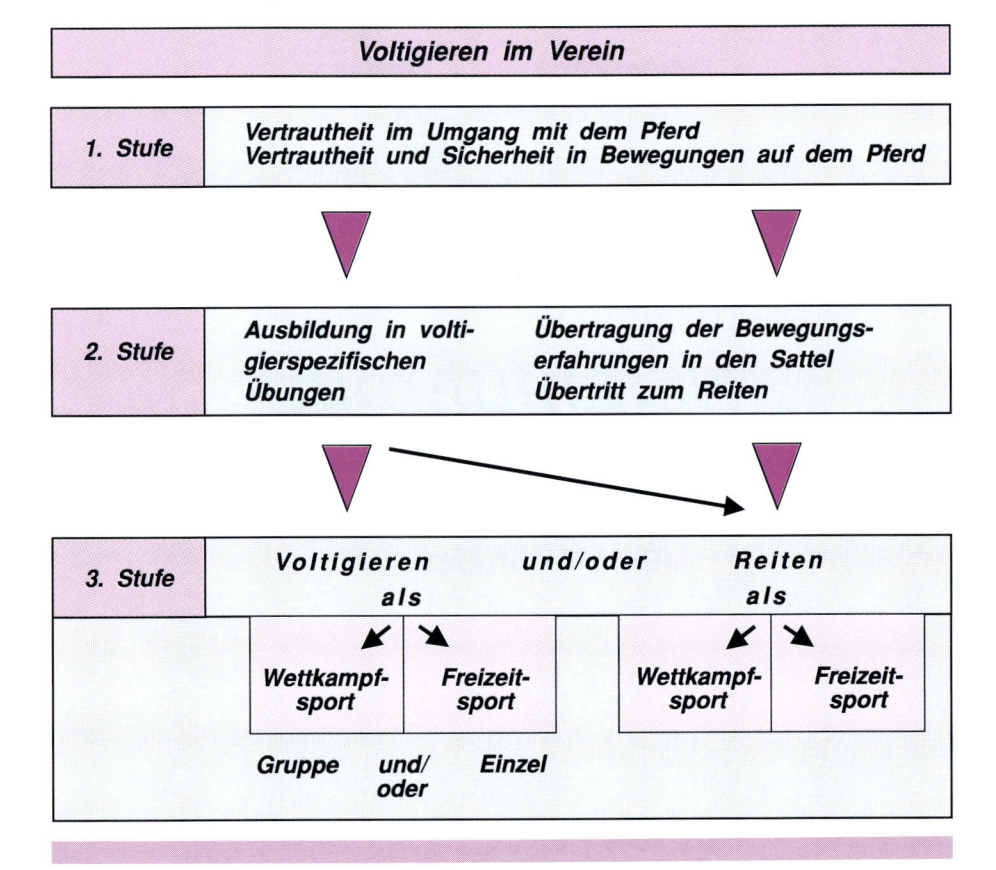

Voltigieren im Verein	
1. Stufe	**Vertrautheit im Umgang mit dem Pferd** **Vertrautheit und Sicherheit in Bewegungen auf dem Pferd**
2. Stufe	**Ausbildung in voltigierspezifischen Übungen** **Übertragung der Bewegungserfahrungen in den Sattel** **Übertritt zum Reiten**
3. Stufe	**Voltigieren** **und/oder** **Reiten** **als** **als** Wettkampfsport / Freizeitsport Wettkampfsport / Freizeitsport Gruppe und/oder Einzel

4.1.2 Was kann das Voltigieren bezüglich der Heranführung an das Pferd leisten?

a) Das im Vergleich zum Reiten preisgünstigere Voltigieren ermöglicht auch Kindern und Jugendlichen von Eltern niedrigerer Einkommensschichten, den Zugang zum Pferd zu finden. Sollte aus den verschiedensten Gründen der Übergang zum Reiten nicht stattfinden, so besteht doch die Möglichkeit, zu einem späteren Zeitpunkt den Zugang zum Pferdesport wiederzufinden.

b) Die Führung des Pferdes durch den Longenführer ermöglicht angstfreies Lernen, gerade bei Kindern, die kräftemäßig dem Pferd noch nicht gewachsen sind.

c) Durch Sturz- und Fallübungen kann das Voltigieren zur Unfallverminderung im Reitsport beitragen.

d) Die komplexen Bewegungsmöglichkeiten des Voltigierens beanspruchen nahezu alle Körperpartien, setzen gerade in der Wachstumszeit vielfältige Reize und ermöglichen somit eine hervorragende gesamtkörperliche Ertüchtigung des Kindes und Jugendlichen.

Abb. 1: Zusammenfassung der Bewegungsmöglichkeiten "Rund ums Pferd"

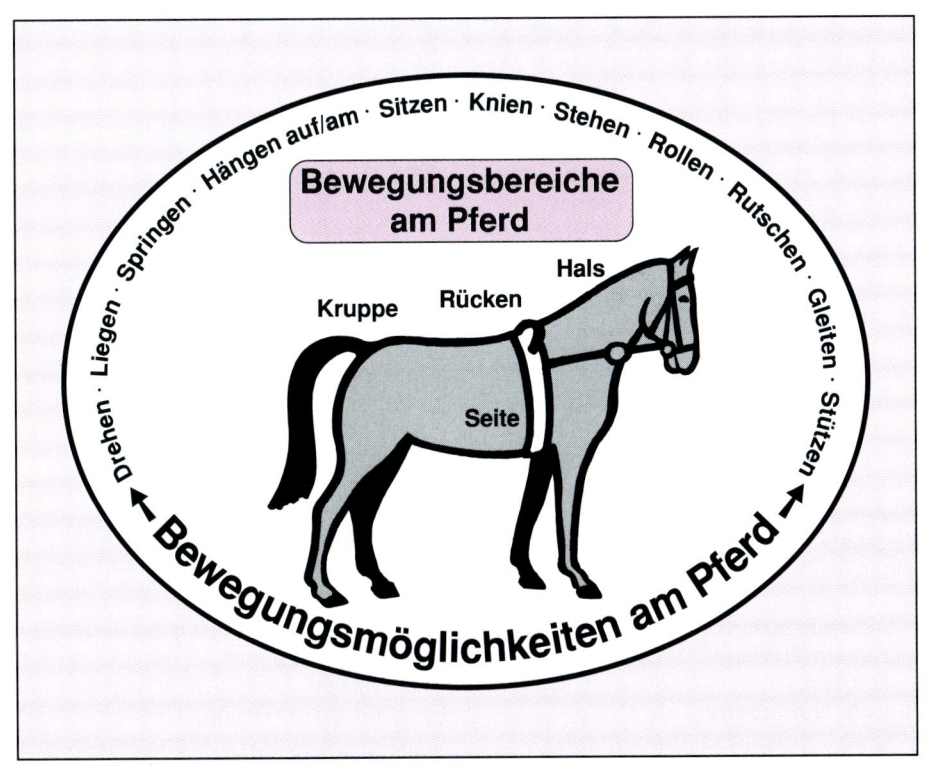

e) Im Gegensatz zum Reiten muß der Voltigierer auf das Pferd nicht hilfengebend einwirken. Dies ist Aufgabe des Longenführers, so daß sich der Voltigierer voll und ganz auf die Bewegungen des Pferdes konzentrieren kann. Er kann sie im wahrsten Sinne des Wortes erfühlen und ist dabei nicht wie beim Reiten auf die Sitzposition fixiert, sondern kann im Gegenteil in den verschiedensten Körperlagen die Bewegungen des Pferdes erfühlen und erlernen. Der Kontakt zum Pferd (ohne Sattel) ist zudem unmittelbarer.

Die Bewegungsmöglichkeiten am Pferd sind sehr vielfältig. Häufig wird in der Praxis jedoch beobachtet, daß das Anfängervoltigieren sich leider viel zu sehr am Wettkampfvoltigieren orientiert; das heißt, daß sehr bald mit dem Einüben der Standardpflichtübungen begonnen wird. Dadurch wird aber die Möglichkeit der mannigfaltigen Bewegungserfahrung rund um das Pferd stark eingeengt. Deshalb soll hier kurz auf die Bewegungsmöglichkeiten am Pferd hingewiesen werden, um die Fantasie der Ausbilder etwas anzuregen (siehe Abb. 1).

4.1.3 Das Voltigierpferd

"Voltigierpferde werden nicht geboren, sondern ausgebildet", gemäß dieses Grundsatzes sollte ein Verein beim Kauf seiner Schulpferde auch auf eine mögliche Eignung als Voltigierpferd achten, denn die Merkmale eines Voltigierpferdes stehen nicht im Gegensatz zu denen eines Reitschulpferdes:

— *einwandfreier Charakter,*
— *unempfindlicher, möglichst breiter Rücken,*
— *gute Galoppade,*
— *gutes, gesundes Fundament.*

Alles weitere ist nun dem Können des Longenführers überlassen, aus diesem "Rohmaterial" ein gutes Voltigierpferd zu formen. Da dies, wie in anderen Reitsportdisziplinen auch, viel Geduld und Zeit kostet, sollte zur Gesunderhaltung des ausgebildeten Voltigierpferdes stets dressurmäßige Arbeit (Aus- und Weiterbildung) unter **guten** Reitern und "Ausgleichssport" z.B. Ausritte ins Gelände, miteinbezogen werden.

4.1.4 Wann kann mit dem Voltigieren begonnen werden?

Hier gibt es keine allgemeingültige Altersgrenze. Als Faustregel gilt, daß der Voltigieranfänger den inneren Griff mit beiden Händen erreichen muß. Maßgeblicher für den Beginn ist damit nicht das Alter, sondern die Größe des Kindes in Abhängigkeit von der Größe des zur Verfügung stehenden Pferdes (oder Ponys).

4.1.5 Organisation und Integration des Voltigiersports in den Verein

Der Aufbau der Voltigierarbeit im Verein muß von vornherein gut durchdacht sein. So empfiehlt es sich, Anfänger nur an zum Beispiel zwei Terminen im Jahr aufzunehmen, weil das ständige Neuhinzukommen von Anfängern in eine schon arbeitende Gruppe den Stundenverlauf ganz erheblich bremsen kann und alle Beteiligten dadurch keine Freude daran haben. Ist der Andrang nicht so groß, daß sich die Neugründung einer Gruppe lohnt, kann über spezielle "Einführungsstunden" nur für die Anfänger der Einstieg in die bestehende Gruppe ermöglicht werden. Wird das Voltigieren zur Hinführung zum Reiten betrieben, so sind dies geeignete Termine für die Älteren in der Gruppe, in die Reitstunden zu wechseln, so daß die Gruppe durch Neuzugänge nicht zu groß wird.

Ebenso sollen die Voltigierer von Anfang an durch konkrete Einteilung in die Arbeit eines Pferdebetriebes mit eingebunden werden. Das bedarf aber der Planung, da sonst nach anfänglicher Begeisterung meist nur wenige übrigbleiben, die sich an der Arbeit beteiligen.

Es empfiehlt sich daher, in einem "Stallbuch" oder ausgehängten Plan zusammen mit den Kindern und Jugendlichen die anfallenden Arbeiten namentlich festzulegen, so daß jeder weiß, was er wann zu tun hat. Gerade im Anfängerbereich ist der Andrang auf "Pflegedienste" am Pferd sehr groß. Mit einer festen Einteilung kommt es zu einer gleichmäßigen Verteilung aller anstehenden Arbeiten, womit auch garantiert ist, daß alle Tätigkeiten von allen allmählich gelernt werden. Daß der Ausbilder die Aufsichtspflicht dafür hat, versteht sich von selbst.

Die Arbeitsaufgaben können natürlich je nach Struktur des Vereins erweitert oder begrenzt werden.

Beispiel für ein "Stallbuch"

Datum	Putzen/ Auftrensen	Trockenführen/ Hufeauskratzen	Hufschlag richten
Dienstag 12.4.	Anni, Susi, Frieda	Tanja, Elke	Wolfi, Tina
Freitag 15.4.	Wolfi, Tina	usw.	usw.

Abb. 2: Putzen und Trockenführen gehören zu den Pflegediensten am Pferd

4.1.6 Hilfsmittel im Voltigiersport

Ein Faßpferd darf in keinem Verein fehlen, da es der Entlastung des Pferdes dient und zum anderen ein gutes Mittel zur Intensivierung des Unterrichts bietet.

Seine Konstruktion ist einfach und kann von jedem Schmied kostengünstig hergestellt werden. Von Holzkonstruktionen ist abzuraten, da sie zu schwer und kostspielig sind.

Abb. 3: Konstruktion eines Faßpferdes

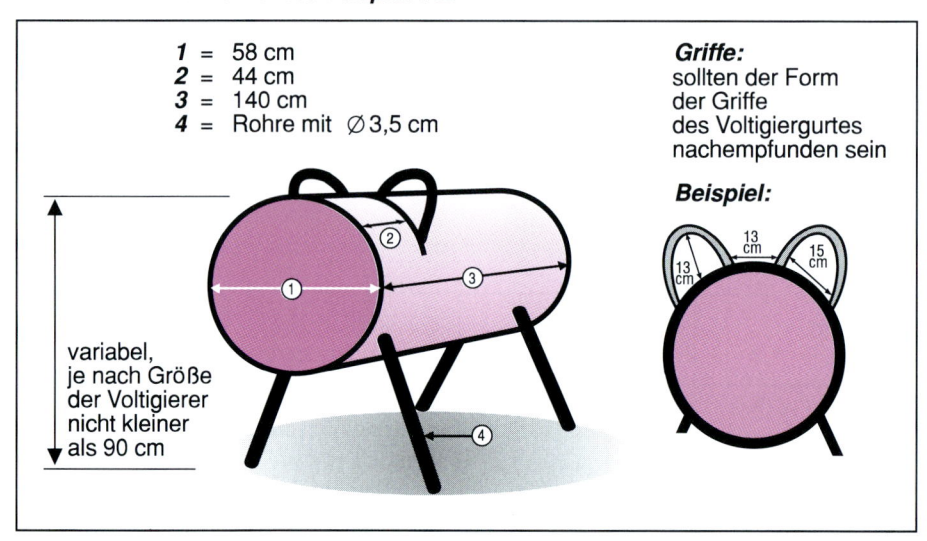

1 = 58 cm
2 = 44 cm
3 = 140 cm
4 = Rohre mit ⌀ 3,5 cm

Griffe:
sollten der Form der Griffe des Voltigiergurtes nachempfunden sein

Beispiel:
13 cm, 13 cm, 15 cm

variabel, je nach Größe der Voltigierer nicht kleiner als 90 cm

Benötigtes Material: 1 1/2 Ölfässer, Schaumgummi, Stoff, 5 Rohre ø 3,5 cm.

4.2 Anmerkungen zur Didaktik und Methodik des Voltigierunterrichts

4.2.1 Die Problematik des Voltigierunterrichts

Von seiner Struktur her wirft das Voltigieren für die Unterrichtsorganisation zwei Hauptprobleme auf, die für den Ausbilder in seinem Unterrichtsverfahren berücksichtigt werden müssen:

a) *Standortbindung des Lehrers*
Das sich an der Longe bewegende Pferd legt über die ganze Stunde hinweg den Standort des Lehrers fest. Von der Zirkelmitte aus muß er seine Anweisungen an das Pferd und den gerade voltigierenden oder außerhalb des Zirkels stehenden Schüler geben. Dies bedarf eines besonderen Ordnungsrahmens (siehe 4.3).

b) *Problematik der Unterrichtsintensität*
Den Voltigiergruppen steht in der Regel nur ein Pferd während der Übungsstunde zur Verfügung, was die Frage nach der Intensität des Unterrichts aufwirft. Kinder, die nur einmal in der Stunde für kurze Zeit aufs Pferd kommen, werden bei noch so großer Pferdebegeisterung sich bald ei-

ner anderen Sportart zuwenden. Hier ist organisatorisches Geschick des Ausbilders verlangt (siehe 4.3.4).

4.2.2 Planung und Aufbau der Voltigierstunde

Gerade wegen der großen Komplexität des Voltigierens muß der Stundenablauf unbedingt durchdacht und geplant sein. Es empfiehlt sich eine schriftliche Fixierung mehrerer Unterrichtseinheiten im voraus, so daß die Stundeninhalte methodisch sinnvoll aufeinander abgestimmt sind (siehe Kapitel 2.2). Nur so ist abwechslungsreicher, freudvoller Unterricht mit Erfolgserlebnissen für die Kinder und Jugendlichen möglich (siehe Kap. 4.4 "möglicher Lehrplan Voltigieren").

Bei der Planung der Stundeninhalte und deren Durchführung sollten folgende **methodischen Grundsätze** Leitlinien sein:

— *vom Bekannten zum Unbekannten*
— *vom Leichten zum Schweren*
— *vom Einfachen zum Komplexen.*

Hat auch die für jede Sportstunde übliche Dreiteilung in Einleitung, Hauptteil und Schluß für das Voltigieren seine Gültigkeit, muß diese jedoch durch die Zusammenarbeit mit dem Pferd differenzierter betrachtet werden. So lassen sich die einzelnen Stundenabschnitte folgendermaßen untergliedern:

Aufbau einer Voltigierstunde

— *Einleitung*
Erwärmung der Voltigierer
Lösen des Pferdes
— *Hauptteil*
Erarbeitung des gesetzten Lernzieles

— *Schluß*
Ausklang
Versorgung des Pferdes

Einleitung als Vorbereitung und Hinführung zum Hauptteil

Von der ersten Stunde an ist den Voltigierern die Bedeutung der vorbereitenden Gymnastik als methodisches Hilfsmittel im Voltigieren klarzumachen. Nur mit entsprechenden Fähigkeiten wie Stützkraft der Arme, Spreizfähigkeit der Beine usw. und dem Beherrschen von ähnlichen Übungsformen am Boden besteht die Aussicht auf das Gelingen einer Voltigierübung. Außerdem kann durch die Gymnastik am Boden das Pferd ganz erheblich entlastet werden.

Das gleichzeitige Erwärmen von Voltigierern und Pferd bringt zwar Probleme in der Unterrichtsorganisation mit sich (siehe Kapitel 4.3), darf aber wegen der Unfallverhütung keinesfalls vernachlässigt werden: Für die Voltigierer vor allem nicht während der kalten Jahreszeit, da die Übungsstätte nicht geheizt ist — für das Pferd nicht, weil nur ein gelöstes Pferd zu einer ruhigen und gleichmäßigen Galoppade fähig ist.

Nach dem Aufwärmen und Ablongieren erfolgt die Einstimmung der Voltigierer am Pferd mit einfachen Grundelementen. Speziell auf den Hauptteil ausgerichtete gymnastische Übungen am Boden sollen hier miteinbezogen werden.

Hauptteil mit Erarbeitung des gesetzten Lernzieles

Der Hauptteil erfährt durch das Pferd eine innere Differenzierung, da die Galoppphasen durch Schrittarbeit zur Erholung des Pferdes unterbrochen werden müssen. Bei Anfängergruppen braucht dies jedoch zunächst noch nicht so umfangreich bei der Unterrichtsplanung berücksichtigt zu werden, da die meiste Zeit für Übungen im Schritt in Anspruch genommen wird. Bei fortgeschritteneren Gruppen dienen die Galopphasen der Wiederholung und Festigung von bereits Erarbeitetem, während die Schrittphasen zum Erlernen neuer Elemente und Verbindungen verwendet werden.

Partnerübungen sollten nicht zu Beginn der Galopparbeit stehen, da auch die Belastung des Pferdes allmählich zu steigern ist. Ebenso sind Übungen im Stand unmittelbar nach dem Galopp aus physiologischen Gründen für das Pferd in der Unterrichtsplanung zu vermeiden. Sie gehören schwerpunktmäßig sowieso auf das Faßpferd.

Ausklang

Um eine Beruhigung auch auf Seiten des Pferdes zu erreichen, sollte die Stunde mit einer Schrittphase ausklingen. Sehr beliebt ist hier bei den Voltigierern das Ausführen von Übungen nach freier Wahl.

4.3 Zur Unterrichtsorganisation im Voltigieren

4.3.1 Ordnungsrahmen während der Einleitung

Für den Ordnungsrahmen während der Einleitung gibt es zwei Möglichkeiten:

a) Erwärmung von Voltigierern und Pferd auf einem Zirkel	
➕	➖
- **guter Überblick für den Ausbilder** - **Anweisungen an die Voltigierer sind überprüfbar** - **Korrekturen leichter möglich**	- **Unruhe für das Pferd** - **Organisationsrahmen muß den Voltigierern bekannt sein**

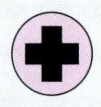

Mögliche Übungsbeispiele:

— Voltigierer laufen in einer Reihe hinter dem Pferd her, schließen sich der Gangart des Pferdes an.

— Voltigierer erhalten dabei Zusatzaufgaben (Armkreisen vorwärts und rückwärts, Knielauf, Anfersen usw.).

— Jeweils der letzte Voltigierer läuft zum Longenführer, von dort an der Longe

zum Pferd, läuft neben dem Pferd mit (klopft es) und reiht sich als erster wieder in die Reihe ein.
Hierbei kann gleich das korrekte Anlaufen zum Pferd und das für den Aufsprung so wichtige rhythmuskonforme Mitlaufen geübt werden.
– Voltigierer laufen auf einem größeren Zirkel außen und erhalten Zusatzaufgaben.

b) räumlich getrenntes Erwärmen

➕	➖
- volle Konzentration auf das Lösen des Pferdes möglich	- geringer Kontakt zu den Voltigierern - Problem der Aufsichtspflicht

Mögliche Übungsformen:

– kleine Laufspiele
– Bockhüpfen
– Übungen an Cavalettis (Springen, Kriechen, Balancieren)
– Übungen an der Bande (Spreiz-, Stütz-, Dehnübungen).

Hinweis:
Sind ältere und erfahrene Jugendliche in der Gruppe, so kann man ihnen allmählich die Aufwärmarbeit übertragen.

Falls in der Übungsstunde zwei Ausbilder zur Verfügung stehen, ist diese Organisationsform zu bevorzugen.

4.3.2 Ordnungsrahmen beim Üben am sich bewegenden Pferd

Die Voltigierer stellen sich in genügend großem Abstand vom Hufschlag des Pferdes entfernt an der offenen Zirkelseite auf, oder setzen sich auf Cavalettis. Ein Hinsetzen auf den Hallenboden ist wegen der Bodenfeuchtigkeit nicht zu empfehlen. Aus Sicherheitsgründen erfolgt das Einlaufen in den Zirkel grundsätzlich, nachdem das Pferd die Gruppe passiert hat (Abb. 4a). Der Ausbilder sollte außerdem darauf achten, daß nie mehr als drei Voltigierer in der Zirkelmitte stehen, da er sonst in seiner Longiertätigkeit behindert werden kann (Abb. 4b). Nach dem Abgang wird in der Bewegungsrichtung zur Gruppe zurückgelaufen (Abb. 4c). (Abb. siehe nächste Seite)

Abb. 4: Ordnungsrahmen beim Üben am sich bewegenden Pferd

4a:
Position des Pferdes beim Einlaufen in den Zirkel

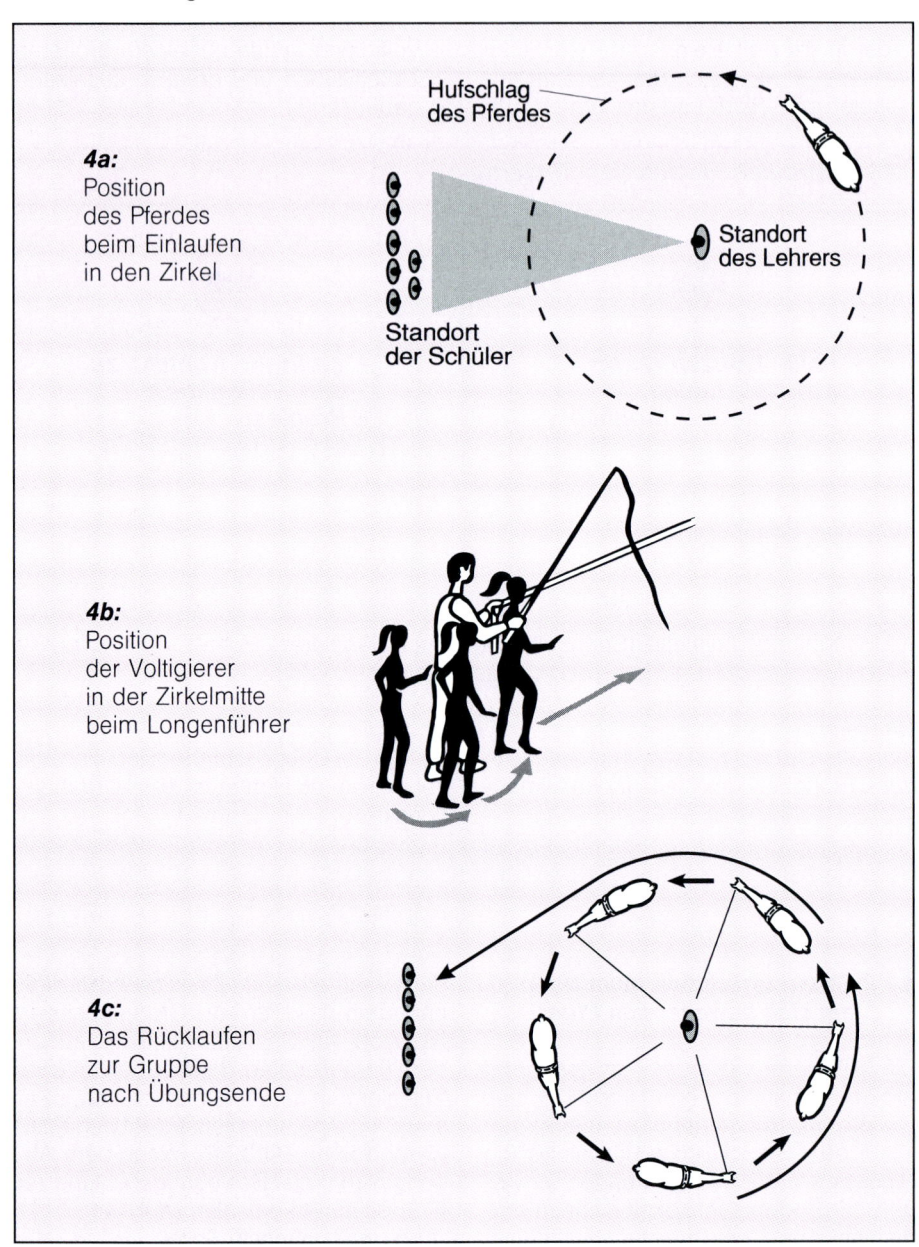

Hufschlag des Pferdes

Standort des Lehrers

Standort der Schüler

4b:
Position der Voltigierer in der Zirkelmitte beim Longenführer

4c:
Das Rücklaufen zur Gruppe nach Übungsende

4.3.3 Ordnungsrahmen beim Üben am stehenden Pferd

Damit jeder den Bewegungsablauf beobachten kann, stellen sich die Voltigierer links vom Pferd bogenförmig auf, wobei auf den Sicherheitsabstand vor allem zur Hinterhand des Pferdes zu achten ist (Abb. 5).

Abb. 5: Standort von Voltigierer und Ausbilder beim stehenden Pferd

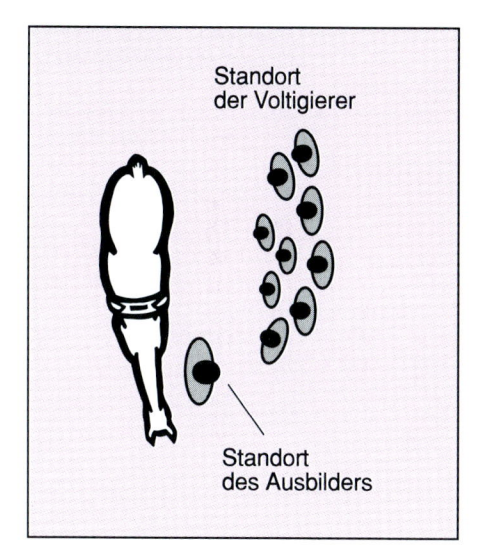

4.3.4 Möglichkeiten zur Intensivierung des Unterrichts

Der Voltigiergruppe steht meistens nur ein Pferd zur Verfügung, auf dem maximal drei Voltigierer gleichzeitig üben können, während die übrigen außerhalb des Zirkels warten müssen. Sowohl bei Anfängern als auch bei Fortgeschrittenen ergibt sich daraus die Frage nach einer möglichen Intensivierung des Unterrichts.

Hierbei bietet sich folgendes an:

1. Die Gruppen dürfen zahlenmäßig nicht zu groß sein. Es muß ein gutes Mittelmaß zwischen finanzieller Rentabilität und nötiger Übungsintensität gefunden werden. 15 Voltigierer pro Stunde gelten hier als Richtmaß.

2. Anfangs nötige Hilfestellung beim Aufgang leistet immer der nächstfolgende Voltigierer, um einen fließenden Übergang zu gewährleisten. Der selbständige Aufsprung im Galopp ist daher aus Gründen der Zeitersparnis möglichst bald zu erlernen.

3. Die Reihenfolge der Voltigierer wird leistungsmäßig festgelegt, so daß durch unterschiedliches Können bedingte Schritt- und Galopphasen zusammengelegt werden können.

4. Einfachere Elemente sollten möglichst bald partnerweise durchgeführt werden, da somit die Übungszeit für den einzelnen gleichsam verdoppelt werden kann und gleichzeitig eine Hinführung zu Kürübungen erfolgt.

5. Gymnastische Zusatzaufgaben, sowie Übungsaufgaben auf dem Faßpferd wären die beste Möglichkeit der Intensivierung. Das wirft jedoch von der Organisation her wiederum erhebliche Probleme auf. Durch die Konzentration auf die Zusatzaufgaben können leicht Unklarheiten hinsichtlich der Reihenfolge beim Üben am Pferd auftreten, was sich zeitverzögernd auswirkt.

Eine Lösung dieses Problems ist die Teilung der Gruppe, setzt aber wiederum eine gewisse Selbständigkeit der Voltigierer voraus.

4.4 Anregungen für einen möglichen Lehrplan Voltigieren

Feinziele, Lerninhalte und Unterrichtsverfahren der einzelnen Abschnitte

Abschnitt I:
Übergeordnete Lernziele:
- Schaffen von motorischen Grundvoraussetzungen für das Voltigieren
- Beherrschung motorischer Grundfertigkeiten des Voltigierens
- Überblick über den korrekten Umgang mit dem Pferd
- Sammeln von Bewegungserfahrungen auf dem Pferd

Lernziel	Lerninhalt	Unterrichtverfahren/ -Hilfsmittel (Medien)
• Fähigkeit, sich in den drei Grundgangarten Schritt, Trab und Galopp neben dem Pferd zu bewegen	• Anlaufen an der Longe freies Gehen, Laufen, Galoppieren neben dem schreitenden, trabenden und galoppierenden Pferd • wie oben, nur mit Händen an den Griffen	• Galoppieren ohne Pferd während der vorbereitenden Gymnastik • Kreislauf zwischen Ausbilder und Pferd bei stehendem Pferd, bei sich in den drei Grundgangarten bewegendem Pferd
• einfache dynamische und statische Grundformen des Voltigierens im Schritt und Galopp ausführen	• Aufsprung im Stand und Schritt mit Hilfestellung • Schwingen des rechten bzw. linken Beines über den Hals im Schritt und Galopp • Abgang nach innen und außen im Stand, Schritt und Galopp • korrekter, losgelassener Sitz im Schritt und Galopp, Hände an den Griffen • Bankstellung (Stand, Schritt und Galopp) • Fahne ohne Arm (Stand, Schritt und Galopp) • Knien, Liegen, Rollen auf dem Pferd	• partnerweises Üben, A und B helfen und üben im Wechsel • Lehrerdemonstration im Stand • Bildreihe • Bildreihe, partnerweises Üben, A und B sitzen hintereinander • Lehrerdemonstration, Üben der einzelnen Elemente zunächst am Boden, dann im Stand, Schritt und eventuell Galopp
• Überblick über Pflege und Ausrüstung eines Voltigierpferdes	• Umgang mit Striegel und Kardätsche • Trense (Hannoversches Reithalfter) • Gurt, Longe, Peitsche, Ausbinder, Gurtunterlage, Bandagen, Gamaschen	• Lehrer-Schüler Gespräch • Demonstration des Putzens, Auftrensens und Sattelns des Voltigierpferdes

Abschnitt II:

Übergeordnete Lernziele:
- Fertigkeit im Darstellen von voltigierspezifischen Bewegungsformen leichter Schwierigkeit
- Fähigkeit, korrekt mit dem Pferd umzugehen

Lernziel	*Lerninhalt*	*Unterrichtverfahren/ -Hilfsmittel (Medien)*
• Fähigkeit, die ersten drei Pflichtübungen in der Grobform auszuführen und zu variieren	• Grundsitz vorwärts, rückwärts, auf dem Hals • Fahne ohne Arm (li und re) • Fahne rückwärts auf dem Hals (im Schritt) • Mühle	• Bildreihen
• Fertigkeit, selbständig auf- und abzuspringen	• Aufsprung in den Sitz • Absprung (Wende) nach innen	• Bildreihen
• Finden von Verbindungen und Übungskombinationen	• Kombinationen der ersten drei Pflichtübungen, z.B.: Fahne – Durchstrecken des rechten Beines nach innen zum Sitz rückwärts – 3. und 4. Phase der Mühle – Abgang nach innen 1. und 2. Phase der Mühle- Grundsitz rückwärts – Abgang nach außen	• Stellen von Bewegungsaufgaben
• Grundformen partnerweise voltigieren und damit festigen	• doppelter Grundsitz • doppelte Fahne ohne Arm • doppelt Knien „Umsteiger" • Sitzen, Knien	• partnerweises Üben
• Einblick in die Pferdekunde	• Körperbau des Pferdes: Vorhand, Hinterhand, Widerrist, Hufaufbau, Ganaschen, Nüstern, Kopfformen (Hecht-, Ramskopf) • Pferderassen • Pferdekrankheiten und ihre Verhütung	• Lehrer-Schüler Gespräch Voltigierpferd als Demonstrationsobjekt
• Fertigkeit im korrekten Umgang mit dem Pferd	• Auftrensen, Aufgurten, Hufpflege	• Übertragen von bestimmten Aufgaben an einzelne Schüler

Abschnitt III:

Übergeordnete Lernziele:
- Fertigkeit im Ausführen von voltigierspezifischen Bewegungsformen im erweiterten Bereich der D/C-Anforderungen
- Sicherheit im Umgang mit dem Pferd
- Hinführung zum Wettkampfvoltigieren

Lernziel	Lerninhalt	Unterrichtverfahren/ -Hilfsmittel (Medien)
• Fähigkeit, komplexere Bewegungsformen auszuführen (Grobform) und mit einfacheren zu kombinieren	• Stützschwung • Flanke • Schere, 1. Teil • Stehen	• Bildreihen • Lehrerdemonstration
• Verbesserung des Bewegungsgedächtnisses	• Kombinationen der „Pflichtübungen": Schere vorwärts – Mühle zurück in den Grundsitz – Absprung nach innen Stehen – Einleiten zum Rückwärtssitz – Knien rückwärts – Abgang nach außen Aufsprung in den Innensitz – Mühle zum Grundsitz rückwärts – Absprung nach außen usw.	• Stellen von Bewegungsaufgaben
• Fertigkeit im Darstellen von Partnerübungen unterschiedlicher Struktur bis zu einem mittleren Schwierigkeitsgrad	• Schultersitz • Sitzen, Standwaage • Schubkarren • Knien, Stehen • Liegestütz auf der Schulter • Kosakenhang, Fahne • doppelte Standwaage in den Schlaufen • Flieger auf der Schulter • Pistole, Fahne • Schneidersitz, Stehen • Sitzen, Knien, Stehen • Standwaage, Fahne, usw.	

Lernziel	Lerninhalt	Unterrichtverfahren/ -Hilfsmittel (Medien)
• Hinführung zu selbständigem Handeln und Verantwortungsbewußtsein	• fachgerechte Vorbereitung des Voltigierpferdes für die Stunde (Putzen, Auftrensen, Aufgurten) • Versorgung des Pferdes nach der Stunde (Trockenführen, Sattellage abwaschen, Hufe auskratzen, Voltigierausrüstung wegräumen)	• Gruppenarbeit mit unterschiedlicher Aufgabenstellung

Abschnitt IV:

Übergeordnete Lernziele:
- Festigung und Ausbau der erworbenen Fähigkeiten bis zur wettkampfmäßigen Form
- Einblick in die Wettkampfbestimmungen

Lernziel	Lerninhalt	Unterrichtverfahren/ -Hilfsmittel (Medien)
• Ausführung der sechs Pflichtübungen in wettkampfmäßiger Form (Anforderungen von D und/ oder C)	• Aushalten der 4 Galoppsprünge bei Grundsitz, Fahne, Knien/Stehen • Mühle im 4er-Takt • zügiger Auf- und Abbau der Übungen	• lautes Mitzählen der Galoppsprünge
• Erarbeitung von Küraufsprüngen	• Scherenaufsprung • Aufsprung ins Knien • Aufsprung von außen • Aufsprung im Damensitz innen/außen	
• Fähigkeit, eine Kür zusammenzustellen und auszuarbeiten	• Kürübungen bis zur mittleren Schwierigkeit • Übergänge und Verbindungen	• Stellen von Bewegungsaufgaben
• Einblick in die Bewertungskriterien beim Voltigieren	• Abzüge, Notenskala • Untergliederung der Kürübungen nach Schwierigkeitsgraden	• Ausfüllen eines Bewertungsbogens • Veranstaltung eines kleinen „Turniers"

Zusammenfassung

- Eine von den Vereinen zu leistende Basisarbeit ist ein Voltigier-Unterricht im Anfängerbereich mit der Zielsetzung, Kinder und Jugendliche an das Pferd heranzuführen.

- Das Voltigierpferd muß folgende Merkmale erfüllen:
  - einwandfreier Charakter,
  - unempfindlicher, möglichst breiter Rücken,
  - gute Galoppade,
  - gutes, gesundes Fundament.

- Der Neueinstieg von Anfängern in eine bestehende Voltigiergruppe muß speziell organisiert sein.

- Voltigierer sollten an den Arbeiten im Pferdebetrieb beteiligt werden.

- Ein Faßpferd darf in keinem Verein fehlen.

- Problematik des Voltigierunterrichts:
  a) Standortbindung des Lehrers
  b) Unterrichtsintensität.

- Bei der Planung der Stundeninhalte und deren Durchführung sollten folgende **methodischen Grundsätze** Leitlinien sein:
  - vom Bekannten zum Unbekannten
  - vom Leichten zum Schweren
  - vom Einfachen zum Komplexen.

- Aufbau einer Voltigierstunde
  1. Einleitung als Vorbereitung und Hinführung zum Hauptteil
  2. Hauptteil mit Erarbeitung des gesetzten Lernzieles
  3. Ausklang mit Beruhigung des Pferdes.

- Ordnungsrahmen während der Einleitung
  a) Erwärmung von Voltigierer und Pferd auf einem Zirkel
  b) räumlich getrenntes Erwärmen.

Praktische Hinweise für den Ausbilder

Eckart Meyners und Michael Putz

5

5.1 Einstimmung des Schülers auf den Umgang mit dem Pferd

Schon mit dem ersten Unterricht auf dem Pferd, sei es beim Voltigieren oder bei Sitzübungen, muß der Schüler auf den Umgang mit dem Pferd eingestimmt werden.

5.1.1 Im Stall

Der angehende Reiter muß im Stallbereich unter Aufsicht und Anleitung einer dafür fachlich und menschlich geeigneten Person Erfahrungen im Umgang mit dem Pferd oder Pony sammeln. Sie ermöglichen ihm, sich einigermaßen sicher und ohne allzu große Hemmungen dem Tier zu nähern.

Dabei gilt es, einerseits übermäßigen Respekt vor dem "großen Tier" abzubauen, andererseits aber unvorsichtigem, leichtsinnigem Verhalten vorzubeugen; beide müssen Vertrauen zueinander bekommen. Der Ausbilder sollte immer wieder Gelegenheit finden, auf typische Eigenschaften und Wesensmerkmale der Pferde hinzuweisen und diese zu erklären. So zum Beispiel die entwicklungsgeschichtlich begründete Ausbildung der Sinnesorgane und die natürlichen artgemäßen Bedürfnisse des Pferdes (siehe Richtlinien Band 1, Band 4). Denn alle Anordnungen oder Anweisungen werden besser verstanden und sicherer umgesetzt, wenn sie vernünftig begründet werden.

Für diese Phase der Ausbildung eignen sich nur gut erzogene, unverdorbene Pferde, die ein eher ruhiges Temperament haben (siehe Kapitel 3.2). An ihnen kann der Schüler lernen, wie er sich beim Aufhalftern oder Auftrensen und Satteln richtig zu verhalten hat.

Hierzu im folgenden einige wichtige Regeln:

— Wer sich einem Pferd nähert, muß vermeiden, dieses zu erschrecken; deshalb muß er es stets dabei ansprechen.
— Die Stimme und der Tonfall müssen vertrauenerweckend und ruhig, aber auch so bestimmt wie nötig sein.
— Hastige Bewegungen, vor allem im Kopfbereich des Pferdes, können es erschrecken.
— Alle Handhabungen sollten in immer wiederkehrender gleicher Weise durchgeführt werden; zum Beispiel das Auflegen des Halfters oder der Trense von der linken Halsseite.
— Boxentüren, vor allem Schiebetüren, müssen nur ganz geöffnet oder geschlossen sein.
— Das Herausführen aus der Box muß auf möglichst großem Bogen geschehen.
— Pferde dürfen nur an unbeweglichen Teilen, wie Boxengittern oder geeigneten Ringen, niemals aber an Türen oder ähnlichem, angebunden werden. Dazu darf nur ein Halfter benutzt werden; die Trense sollte erst später aufgelegt werden.
— Der Knoten muß stabil, aber auch wieder gut lösbar sein. Die Anbindelänge darf weder zu kurz sein, weil das Pferd sich sonst hineinhängt, noch zu lang sein, da sonst die Gefahr des Hineintretens besteht.
— Ein ausreichender Sicherheitsabstand zu anderen Pferden muß beachtet werden.
— Beim Putzen ist eine umfassende genaue Einweisung der Schüler besonders wichtig, damit nicht durch Fehlverhalten Kopfscheuheit oder Schlagen provoziert wird.

– Beim Führen soll der Reiter links vom Pferd auf Kopfhöhe gehen; außerhalb des Stalles sollte dazu eine Trense benutzt werden, um das Pferd sicherer an der Hand zu haben.
– Dem Reiter muß es bald zur Routine werden, auf Unregelmäßigkeiten, die auf Krankheit hindeuten können, zu achten; so zum Beispiel die Sattellage, die Sehnen und die Hufe abzutasten und zu kontrollieren.

5.1.2 In der Reitbahn

Beim Zäumen und Satteln sowie vor, während und nach der Reitstunde können Unfälle vermieden werden, wenn die wichtigsten Regeln gelehrt und selbstverständlich dann auch beachtet werden:

– So muß sich der Ausbilder immer wieder überzeugen, auch wenn der Reiter das richtige Aufzäumen und Satteln genau gelernt hat, ob alles richtig verschnallt ist. Er muß den Reitschüler gegebenenfalls daran erinnern, daß die Gesundheit und Einsatzfähigkeit des Pferdes davon abhängen können.
– Vor Beginn der Reitstunde muß auch die Ausrüstung der Reiter in Augenschein genommen werden. Eine passende Reitkappe, gut sitzende Kleidung (weite Hemden oder Pullover verhindern eine Beurteilung des Sitzes – ähnliches gilt auch für lange offene Haare) und entsprechendes Schuhwerk (keine Turn-oder Halbschuhe) sind unabdingbar.
– Wenn die Reiter ihre Pferde zum Aufsitzen führen, müssen ausreichende Sicherheitsabstände beachtet werden. Die Zügel sollten unbedingt vom Hals herunter genommen und entsprechend zusammengelegt gehalten werden.

– Das Betreten der Reitbahn oder des Platzes, sowie das Aufmarschieren vor dem Aufsitzen, muß durch den Ausbilder den lokalen Verhältnissen entsprechend organisiert sein. So sollte zum Beispiel die Aufstellung der Pferde jeweils so erfolgen, daß ein Erschrecken durch irgendwelche Vorgänge hinter ihnen auszuschließen ist.
– Bei einer Anfängergruppe ist es für den zügigen Beginn und Fortgang der Stunde von Vorteil, wenn ein kundiger Helfer den Ausbilder bei der Überwachung des Nachgurtens, des Bügelverschnallens, des Aufsitzens sowie des Verpassens entsprechender Hilfszügel (Ausbinde- oder Dreieckszügel) unterstützt. Er sollte solange dabei bleiben, bis bei allen Pferden die Gurte nachgezogen worden sind.
– Die Reiter müssen dahingehend unterwiesen werden, beim Nachgurten oder Verschnallen der Bügel vom Pferd aus den Fuß im Bügel zu belassen. Andernfalls kann es passieren, daß ein in diesem Moment scheuendes Pferd sich durch den herumschlagenden Bügel noch mehr erschrickt. Auch der Reiter kann mit beiden Füßen im Bügel leichter Herr der Situation bleiben.
– Die wichtigsten Reitbahnregeln (siehe Richtlinien Band 1) müssen gelehrt und erklärt werden.
– Am Ende der Stunde darf erst zum Absitzen aufmarschiert werden, wenn alle Pferde verpustet haben, d.h. wenn die Atemfrequenz wieder annähernd normal ist. Vor allem in der kalten, feuchten Jahreszeit sollte darauf geachtet werden, daß ein ungeschorenes Pferd, welches sehr stark verschwitzt ist, noch im Stall trockengerieben werden muß. Bei zu langem Schrittreiten würde es nur unnötig auskühlen.
– Für das Aufmarschieren, Absitzen und

Einrücken nach dem Unterricht gilt entsprechendes wie vor Beginn der Stunde.
- Das Abwarten der Pferde muß stets genau eingeteilt und beaufsichtigt werden, besonders auch, wenn die Pferde gewaschen oder abgespritzt werden sollen. Wichtig ist auch, daß die Reiter sofort im Stall die Zaumzeuge abnehmen, weil sich jedes Pferd nach dem Reiten am Kopf scheuern will und es sonst zu Verletzungen kommen kann.
- Zu umsichtigem Umgang mit allem Sattel- und Zaumzeug sollte immer wieder ermuntert und angehalten werden; es kann dadurch viel Ärger und Geld gespart werden.

5.1.3 Im Gelände

Hinweise für die Vorbereitung und Durchführung der ersten Ausritte mit "jungen" Reitern:

- Genau wie bei den Stunden in der Reitbahn oder auf dem Platz ist die wichtigste Forderung, die wohl auch am schwersten zu erfüllen ist, eine möglichst optimale Berittmachung. Die Pferde müssen sowohl vom Exterieur, aber vor allem auch vom Interieur her für den Anfänger geeignet sein. Das bedeutet auch, daß sie regelmäßig im Gelände waren und nicht gerade einen Stehtag hinter sich haben.
- Der ordnungsgemäße Zustand der Pferde (besonders Hufe und Beschlag) sowie aller Ausrüstungsgegenstände hat noch größere Bedeutung als beim Reiten in der Halle oder auf dem Platz.
- Der Ausbilder hat eine Strecke auszusuchen, die auch vom schwächsten Teilnehmer der Gruppe zu bewältigen ist, sowohl hinsichtlich der Länge als auch der Boden- und Geländeverhältnisse. Belebte Straßen werden selbstverständlich gemieden.
- Es hat sich sehr bewährt, vor einem Ausritt mit wenig geübten Reitern solange auf dem Reitplatz zu bleiben, bis Pferde und Reiter losgelassen sind und alle Gurte ausreichend fest angezogen sind. In dieser Zeit kann der Reitlehrer auch noch einmal die wichtigsten Regeln für den Ausritt, die vorher im theoretischen Unterricht besprochen sein sollten, wiederholen:

> Abstände und Spur einhalten!
> Nicht überholen oder zurückbleiben!
> Auf die Zeichen für Gangartwechsel achten!
> Unbedingt auf den Wegen bleiben!
> Pferde nicht fressen lassen!
> Gegenüber Fußgängern und anderen Reitern höflich sein!

Mit Anfängern darf bergab, auch bei nur leichtem Gefälle, nur Schritt geritten werden, da die Pferde sonst zu eilig werden und leichter stolpern.
- Auf dem Heimweg sollte nur im Schritt oder Trab geritten werden, um den Stalldrang der Pferde unter Kontrolle zu halten.
- Beim Verpusten-lassen im Schritt am Ende des Ausrittes sind die Reiter häufig etwas unaufmerksam. Deshalb müssen sie ermahnt werden, die Zügel in der Hand zu behalten, um gegenseitiges Kneifen und evtl. darauffolgendes Schlagen der Pferde verhindern zu können.
- Das Abwarten (s.o.) und Nachkontrollieren der Pferde nach einem Ausritt verdient besondere Beachtung und muß deshalb genau eingeteilt und beaufsichtigt werden.

Da das Ausreiten für viele Reitschüler das heißersehnte Ziel ihrer Grundausbildung ist, fällt es dem Ausbilder zu, ein zu frühes erstes Ausreiten ohne genügende reiterliche Sicherheit nicht nur zu verhindern, sondern den Anfänger immer wieder zu motivieren, sich zunächst noch in der Halle und auf dem Platz zu vervollkommnen. Dabei gilt es mit Fantasie für Abwechslung zu sorgen, denn kaum ein Reiter kann sich vor der ersten Reitstunde vorstellen, wie lang und beschwerlich der Weg bis zum ersten sicheren Ausritt sein kann.

Doch nur wer sein Pferd einigermaßen zu beherrschen gelernt hat, wird im Gelände Freude haben und auf Dauer dabei bleiben.

Schon während dieser ganzen Grundausbildung im Stall, in der Reitbahn und im Gelände, muß für den Schüler der rote Faden erkennbar sein:

Für den Pferdefreund hat das Wohlbefinden und die Gesundheit des Pferdes Vorrang vor den eigenen Wünschen und Bedürfnissen.

5.2 Hinweise für die Unterrichtung in den Grundlagen des Sitzes

5.2.1 Sitzschulung

Der korrekte Sitz (siehe Richtlinien Band 1) ist nach unserer Reitlehre die unbedingte Voraussetzung für gutes, effektives und angenehmes Reiten. Deshalb muß der Schulung in diesem Bereich gerade beim Anfänger, aber auch zur Korrektur beim schon fortgeschrittenen Reiter, größte Aufmerksamkeit gewidmet werden.

Dafür eignen sich sehr gut Sitzübungen an der Longe, da der Schüler sich dann völlig auf seine Haltung und auf das geschmeidige Mitgehen mit den Bewegungen des Pferdes konzentrieren kann. Bei muskulären Problemen reichen Sitzübungen allerdings nicht aus, diese, in erster Linie Gewohnheitsfehler, zu korrigieren. Es müssen spezielle Funktionsgymnastikübungen hinzugenommen werden (siehe Kapitel 5.3 und 5.8).

Nicht jedes Pferd ist für Sitzübungen gleich gut geeignet. Je besser das Exterieur des Pferdes zum Körperbau des Reiters paßt, desto erfolgreicher wird der Unterricht sein. Dazu nur zwei Beispiele:

— Ein großer, langbeiniger Reiter kann nur auf einem statiösen Pferd mit ausreichender Gurttiefe die richtige Schenkellage erlernen;
— ein etwas schmaler gebauter Reiter kann nur auf einem Pferd mit nicht zu breit gewölbtem Brustkorb den gestreckten Sitz einnehmen.

Für alle Reiter sind Sitzübungen besonders wertvoll, wenn dazu ein Pferd zur Verfügung steht, das von seinem Bewegungsablauf her gut sitzen läßt, also im Rücken schwingt und dadurch elastische Hüftbewegungen zuläßt. Deshalb muß ggf. das Pferd auch erst ohne Reiter ablongiert bzw. gelöst werden. Als Grundsitz wird stets zuerst der Dressursitz gelehrt, weil bei dieser Sitzart der Anfänger am leichtesten zur Losgelassenheit und Balance auf dem Pferd findet. Darauf basierend kann der leichte Sitz besser erlernt werden. Diese Tatsache muß auch bei der Ausbildung reiner Freizeit- und Spazierreiter beachtet werden. Auf keinen Fall darf bei der Sitzschulung nur die äußere Form im Vordergrund stehen und korrigiert werden.

Wichtigstes Ausbildungsziel muß vielmehr sein, daß sich der Schüler unverkrampft und ausbalanciert den Bewegungen des Pferdes anpaßt (siehe 5.3.1). Auch bei Tempi- und Gangartwechseln muß er sich im Gleichgewicht mit dem Pferd befinden, denn das ist die Voraussetzung für richtige, unabhängige Einwirkung mit den Gewichts-, Schenkel- und Zügelhilfen. Ein für Pferd und Reiter gut passender Sattel, dessen tiefster Punkt in der Mitte liegt, ist Voraussetzung für die Schulung oder Verbesserung des Sitzes.

5.2.2 Sitzfehler und deren Korrektur

Fehler im Sitz lassen sich am leichtesten korrigieren oder abstellen, wenn sie frühzeitig erkannt werden, noch bevor sie sich zu sehr festgesetzt haben. Das bedeutet für den Ausbilder, genau aufzupassen und seinen Standort während des Unterrichts so zu wählen, daß er evtl. Sitzfehler genau erkennen kann.

Beispiel:

— Beim Durcheinanderreiten einer Gruppe während der lösenden Arbeit wird auch auf Zirkeln geritten. Den dabei typischen Fehler des Einknickens in der inneren Hüfte kann der Ausbilder am besten erkennen, wenn er auf Höhe des HB-Punktes neben dem Hufschlag steht. So kann er die Reiter sowohl von der Seite (von innen und außen) als auch von vorne bzw. hinten sehen.

Es gilt also immer wieder, sich zu überlegen, welche Fehler bei der jeweiligen Übung und dem jeweiligen Reiter zu erwarten sind, und sich dementsprechend aufzustellen.

Ausreichender Abstand, auch bei Einzelunterricht, verhilft zu besserem Überblick und Sicherheit, dies gilt ebenso beim Springunterricht.

Um für die Vermeidung oder das Abstellen von Sitzfehlern genügend motiviert zu sein, ist es für Schüler und Ausbilder wichtig, sich über die Konsequenzen des betreffenden Fehlers Gedanken zu machen.
In den folgenden Abschnitten wird hierauf näher eingegangen.

5.3 Die Bedeutung der Muskulatur für den korrekten (Dressur) -Sitz

Die Reitschüler sind manchmal nicht in der Lage, die vom Reitlehrer geforderte Sitzposition einzunehmen. Dabei fällt auf, daß trotz intensiver Bemühungen von Reitlehrer und Reiter Fehler in diesem Zusammenhang nicht entsprechend konsequent verbessert werden können.

Diese könnte auch auf Schwächen im Körperbau und der Muskulatur des Reitschülers zurückzuführen sein. Deshalb ist es für den Ausbilder wichtig, die Zusammenhänge von Körperkonstruktion und Muskelaufbau des Reiters zu kennen, um dem Reiter gezielte Hilfestellung leisten zu können.

Nebenstehend ist die Muskulatur des Menschen abgebildet.

Abb. 1: Muskulatur des Menschen (nach KUHN, 1981)

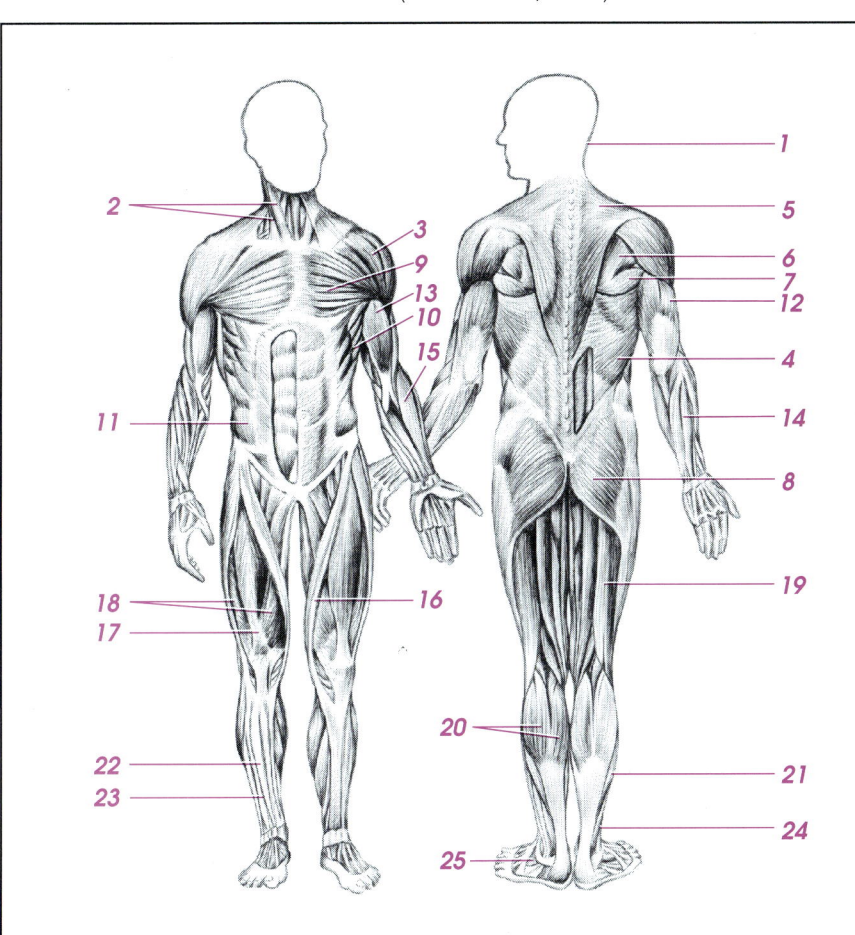

1 = Nackenmuskeln; *2* = Kopfnicker; *3* = Deltamuskel; *4* = Breiter Rückenmuskel; *5* = Trapezförmiger Muskel; *6* = Untergrätenmuskel; *7* = Großer runder Muskel; *8* = Großer Gesäßmuskel; *9* = Großer Brustmuskel; *10* = Vorderer Sägemuskel; *11* = Äußerer schräger Bauchmuskel; *12* = Dreiköpfiger Oberarmmuskel; *13* = Zweiköpfiger Oberarmmuskel; *14* = Streckmuskulatur von Hand und Fingern; *15* = Beugemuskulatur von Hand und Fingern; *16* = Schneidermuskel; *17* = Gerader Oberschenkelmuskel; *18* = Breiter Oberschenkelmuskel (*17* und *18* bilden zusammen den vierköpfigen Oberschenkelmuskel); *19* = Zweiköpfiger Oberschenkelmuskel; *20* = Zweiköpfiger Wadenmuskel; *21* = Schollenmuskel; *22* = Vorderer Schienbeinmuskel; *23* = Streckmuskulatur am Unterschenkel; *24* = Wadenbeinmuskel; *25* = Streckmuskulatur von Fuß und Zehen.

Schnitt von vorne = gerader Bauchmuskel; **Schnitt von hinten** = langer Rückenmuskel

Nur über die Hintergrundkenntnisse von körperlichen Bewegungszusammenhängen vermag der Reitlehrer Schwächen im Muskelsystem bzw. der Koordination nachzuweisen. Danach muß er sich bemühen, durch Zusatzaufgaben funktionsgymnastischer Art, elementare Schwächen abzustellen. Sind grundsätzliche körperliche Schwächen vorhanden, verstärken sie sich noch auf dem Pferd, so daß der Reitlehrer selbst mit dem besten Unterricht nicht weiterkommen kann.

Im folgenden wird nun die Funktionsweise der Muskulatur des Menschen beschrieben und gleichzeitig die Bedeutung für den Sitz des Reiters herausgestellt.

Merke:
Nur ein innerlich gelöster und muskulär gleichmäßig ausgebildeter Reiter kann entspannt und losgelassen sitzen.

Gewohnheitsfehler, die besonders bei Reitern auftreten, die wenig unter Aufsicht reiten, müssen nicht unbedingt auf mangelnde muskuläre Voraussetzungen zurückzuführen sein. Diese Art von Fehlern ist oftmals schwer korrigierbar, weil sie sich über Jahre "eingeschliffen" haben. Man kann sie verändern, nur benötigen Reiter und Ausbilder oft einen langen Zeitraum und viel Energie, um diese Angewohnheiten umzustellen. Deshalb gilt besonders für den Anfänger, daß er einen guten Ausbilder benötigt, um von vornherein korrekt reiten zu lernen.

5.3.1 Die Beweglichkeit im Beckenbereich

Der Reiter hat das Ziel, elastisch mit den Bewegungen des Pferdes mitzugehen. Dieses nennen wir auch "Mitschwingen der Mittelpositur".

Der erfahrene und losgelassen sitzende Reiter erreicht das Eingehen in die Bewegungen des Pferdes weniger über eine "aktive" Muskelbewegung, sondern mehr über das in der Tendenz "passive" Mitschwingen, Mitschwingen-lassen oder Sich-mitnehmen-lassen.
Beweglichkeitsübungen für die Hüfte finden Sie bei Übungen unter 1 und 2 in Kapitel 5.8.

5.3.2 Die Oberschenkelmuskulatur

Der Oberschenkel des Reiters soll flach am Sattel liegen. Kräftige vordere Oberschenkelmuskeln (Oberschenkelstrecker) sind ein Zeichen unserer Zeit, während die hintere Seite des Oberschenkels in unserem Alltagsleben kaum noch gefordert ist. Die starke Vorderseite der Muskulatur wird verkürzt und bringt den Oberschenkel des Reiters nach oben, weil die untere Seite des Oberschenkels kein Gegengewicht bilden kann. Daher kann das hohe Knie auch u.a. seine Ursache in einer starken Oberschenkelmuskulatur haben.

Abbildung 2 zeigt weitere Konsequenzen, die sich negativ auf den Sitz auswirken. Durch die starken Oberschenkelmuskeln wird das Becken nach vorne gekippt. Dabei werden die Bauchmuskeln gedehnt, bei gleichzeitiger Verkürzung der unteren Rückenmuskeln. Es entsteht ein Hohlkreuz, was sich beim Reiten negativ auswirkt.

Abb. 2: Muskuläre Probleme, die sich negativ auf den Sitz auswirken

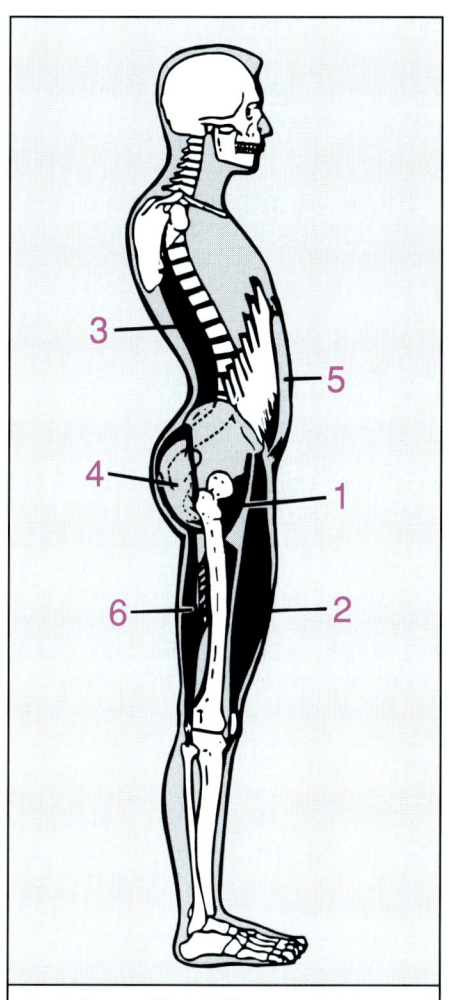

1 = stark ausgebildete Hüftbeugemuskulatur
2 = starker gerader Oberschenkelmuskel
  (1+2 lassen das Becken nach vorne kippen)
3 = stark ausgebildete, verkürzte Rückenmuskulatur als Folge von 1+2
4 = Gesäßmuskulatur schwach ausgebildet
5 = Bauchmuskulatur schwach ausgebildet
6 = rückwärtige Oberschenkelmuskulatur schwach

Für den Reiter ergeben sich folgende Konsequenzen: Stärkung und Dehnung der hinteren Seite der Oberschenkelmuskulatur, Stärkung der geraden Bauchmuskeln (besonders im Bereich des Beckens) bei gleichzeitiger Dehnung der unteren Rückenmuskeln im Bereich der Lendenwirbelsäule (siehe Übungen unter 3 in Kapitel 5.8). Das heißt, der Reitlehrer stellt bei diesen Reitern neben dem hohen Knie auch eine leichte Vorneigung des Oberkörpers fest, die mit entsprechenden Übungen verbessert werden kann.

Außerdem ist die hintere Seite des Oberschenkels für das Treiben, die Winkelung des Oberschenkels (Beugen des Knies) für eine natürliche Spannung der Wade und korrekte Haltung der Fußspitze zuständig, so daß ständig zweckgymnastische Übungen für diesen Teil des Oberschenkels wichtig sind. Fast alle Fehler in den genannten Bereichen des Unterschenkels lassen sich auf die Schwächen in dem Bereich des Kniebeugers (untere Seite des Oberschenkels) zurückführen.

5.3.3 Unterschenkel (Waden- und Schienbeinmuskeln)

Eine Ausgewogenheit von Schienbein- und Wadenmuskeln ist die Voraussetzung für die korrekte Fußhaltung. Viele Reiter ziehen beim Treiben den Absatz hoch (diese Bewegung läuft oft parallel zum hochgezogenen Knie).

Zu starkes Austreten des Bügels hat einen zu tiefen Absatz zur Folge, der starr ist. Durch die Übungen unter 4 in Kapitel 5.8 können Schwächen festgestellt und durch oftmaliges Wiederholen abgebaut werden.

5.3.4 Klemmer/Gesäßmuskulatur

Die Gesäßmuskeln sind für das Öffnen des Knies zuständig, während die Klemmer das Knie schließen bzw. das Bein an den Sattel bringen.

Das korrekt liegende Bein wird durch eine Ausgewogenheit der Klemmer und der Gesäßmuskeln erreicht.
Mit Übungen unter 1 in Kapitel 5.8 kann die ungleichmäßige Ausbildung festgestellt werden, bzw. können die entsprechenden Muskelgruppen systematisch verbessert werden.

5.3.5 Fußhaltung

Die falsche Vorstellung vieler Reiter, daß die Füße parallel zum Pferd oder gar mit der Spitze in Richtung Pferdemaul gehalten werden müssen, führt häufig zu Verkrampfungen im Schenkel- und Fußbereich.

Der Reitschüler versucht, die Haltung der Fußspitzen aus dem Unterschenkel heraus zu verändern. Dadurch gerät die Wade weg vom Pferd (gleichzeitig sind die Klemmer angespannt). Somit kann der Reiter nicht mehr gefühlvoll einwirken.

Deshalb muß der Ausbilder — evtl. auch durch Handanlegen (taktile Hilfen) — die natürliche, im Fußgelenk losgelassene Haltung erklären. Ein Reiter, der sowohl in der Mittelpositur als auch in der Lage von Oberschenkel und Knie einen korrekten Sitz hat, dürfte keine Probleme mit einer natürlichen Haltung der Füße haben. Der Reitlehrer muß das eigentliche Problem erkennen.

Dies ist wichtig, da der Ausbilder wissen muß, daß Hinweise wie "Absatz tief", "Fußspitzen ran an's Pferd", die Probleme nicht allein lösen. Es werden sich im Gegenteil weitere Verkrampfungen im Schenkel- und Fußbereich einstellen.

5.3.6 Bauch- und Rückenmuskulatur

Durch die Ausgewogenheit von Bauch und Rückenmuskulatur ist ein natürlicher aufrechter Sitz leichter zu erreichen. Verkürzte Brustmuskeln oder schwach ausgebildete Bauchmuskeln wirken sich negativ auf den gestreckten Sitz des Reiters aus. Die untere, tiefe Bauchmuskulatur wird beim sogenannten "Kreuzanspannen" benutzt. Das "Kreuzanspannen" ist eine intensivere Gewichtshilfe, die beim Reiten von Übergängen und Paraden für kurze Impulse in der Bewegung angewandt wird. Der Begriff ist sportphysiologisch nicht korrekt, da der Mensch zwar Rückenmuskeln, aber keine Kreuzmuskulatur besitzt. Da der Ausdruck in der reitsportlichen Sprache fest verankert ist, wird er als Synonym weiterhin verwendet. Beim Anspannen des Kreuzes wird der untere Beckenring durch das Anspannen der Bauchmuskulatur nach vorne gekippt. Da dies jedoch eine kurze, befristete Einwirkung darstellt, ist die Anweisung des "Kreuzanspannens" keine gute Hilfe für die Aufrichtung des Oberkörpers. Sonst treten unnötige Verspannungen auf und das Pferd wird durch ein andauerndes Kreuzanspannen abstumpfen.

Um einen natürlichen aufrechten Sitz zu erreichen, sollte der Hinweis des "sich groß machen" oder "strecken" gegeben werden.

Die innere, schräge Bauchmuskulatur ist von Bedeutung, wenn einseitige Gewichtshilfen gegeben werden (zum Beispiel im Galopp oder bei Seitengängen). Sie wird so eingesetzt, daß sich der Beckenring senken kann. Dabei kann es oft passieren, daß die gegenüberliegende Schulter des Reiters nach hinten ausweicht. Ein in sich geschlossener Sitz ist dann nicht mehr möglich.

Der obere Teil der Bauchmuskulatur (unter den Rippenbögen) ist für den Vorgang "das Aufrichten im Oberkörper" zuständig, während der untere Teil (im Bereich des Beckens) die Aufrechtstellung des Beckens garantiert. Somit ist die Hüfte so gestellt, daß sie sich den Rückenbewegungen des Pferdes anpassen kann.
Ist der untere Teil der geraden Bauchmuskulatur und die mittlere und kleine Gesäßmuskulatur zu schwach, so neigen Reiter dazu, die langen Rückenmuskeln einzusetzen und hinter die Senkrechte zu kommen. Eine effektive Einwirkung mit den Gewichtshilfen ist dann nicht mehr möglich.

Durch Übungen unter 5 in Kapitel 5.8 kann die Stärke von Bauch- und Rückenmuskulatur festgestellt werden bzw. können diese Übungen als Zusatzaufgaben genutzt werden.

5.3.7 Brust und Schultermuskulatur

Viele Reiter fallen im Schulterbereich nach vorne über. Dieser Haltungsfehler führt dazu, daß der Reiter nicht optimal aufrecht im Pferd sitzen kann und die beidseitig belastenden Gewichtshilfen teilweise ausgeschaltet werden. In der Reitbahn ist diesbezüglich die Korrektur "Schulterblätter zusammen" zu hören.

Gemeint ist damit eine Aufrichtung im oberen Teil des Oberkörpers, also im Bereich der Brustwirbelsäule. Würde der Reiter die Korrekturanweisung ernst nehmen und die Schulterblätter zusammendrücken, so würde eine Verspannung im Oberkörper entstehen. Daraus ergeben sich zwei Probleme:

a) Die Verspannungen würden sich negativ auf die Arme auswirken, so daß ein feines Führen des Pferdes im Maul nicht mehr möglich ist.
b) Außerdem könnten die Bewegungsübertragungen vom Becken des Reiters über die Wirbelsäule bis zum Kopf nicht mehr ablaufen. Ein starres Sitzen wäre die Folge. Der gesamte Bereich von der Hüfte wäre starr, und Wurfbewegungen würden zu einer Unruhe des Reiters auf dem Pferd führen.

In vielen Fällen des runden Rückens ist ein Ungleichgewicht von Brust- und Schultermuskulatur vorhanden. Ist die Brustmuskulatur stärker und nicht dehnungsfähig wie die Schultermuskulatur, so wird der Reiter nach vorne gezogen, ohne Gegenwehr über längere Zeit leisten zu können.

Über Übungen unter 6 in Kapitel 5.8 kann der Reitlehrer ein Ungleichgewicht feststellen.

Daneben kann beim Reiten auch die Aufforderung "Blicke um dich, schau nicht nur auf das Pferd" oder "Sitze stolz zu Pferde (und ziehe den Bauch nicht ein)" diese Schwäche auf Dauer verbessern.

5.3.8 Oberarm- und Unterarmmuskulatur

Fehler im Arm- und Handbereich können sich beim Reiten schwerwiegend auswirken. Muskuläre Schwächen sind im Armbereich seltener als in den anderen Körperteilen; man trifft aber auch hier auf für das Reiten zu stark ausgebildete Muskeln.

Im Armbereich ist eine gleichmäßig ausgebildete Muskulatur wichtig, wobei der Oberarm senkrecht herunterhängen soll und der Unterarm eine gerade Verbindungslinie zum Zügel darstellen soll.

Der so häufig verbreitete Fehler einer zu hohen Hand kann auch eine Folge eines zu starken Unterarmbeugers sein. Durch zu starke Unterarmbeuger (vordere Seite des Oberarms) wird der Unterarm nach oben geführt, so daß durch die hohe Hand des Reiters das Pferd zum Entziehen nach unten neigt. Bei einer zu tiefen Hand überwiegt der Unterarmstrecker, also der hintere Teil des Oberarms. Auch der untere Arm muß muskulär ausgeglichen sein, damit ein weiches Annehmen und Nachgeben möglich ist.

Verdeckte Hände können entstehen, wenn eine schwache Muskulatur des Unterarms der Handinnenflächenseite vorhanden ist, ein Nachgeben-Annehmen schwerfällt, und die fehlende Muskulatur durch Entziehen aus dem Unterarm heraus erfolgt. Weiches Annehmen und Nachgeben ist nicht möglich. Der Reiter kann kein Gefühl für das Pferdemaul entwickeln. Übungen unter 7 können Schwächen herausfinden bzw. zum Ausgleichen dienen.

5.3.9 Die Nackenmuskulatur/Haltung des Kopfes

Eine gut ausgebildete Nackenmuskulatur ist für das aufrechte Tragen des Kopfes zuständig. Anatomisch ist unser Kopf für die vorhandene Muskulatur des Menschen an sich zu schwer. Daraus ergeben sich bereits im täglichen Leben Probleme wie Verspannungen, Kopfschmerzen und Austrahlungen in den Bereich der Brust und der Schultern. Der Reiter muß dafür Sorge tragen, daß seine Muskulatur verstärkt wird und trotzdem keine Verspannungen entstehen.

Das Nicken des Kopfes kann verschiedene Ursachen haben. Einerseits kann es eine Angewohnheit sein, die nur durch ständige Korrektur zu beheben ist. Andererseits kann diese unerwünschte Bewegung auf Schwächen im Nackenbereich zurückzuführen sein. Oft gleichen Reiter die Nackenschwäche mit einem nach vorne gestreckten Kopf aus.

Die häufigste Ursache ist jedoch in einer Steifheit des Hüftbereiches zu suchen. Reiter, die die Bewegungen des Pferdes nicht elastisch durch die Mittelpositur abfangen können, werden die Auf- und Abbewegungen durch ein Nicken im Kopf ausgleichen. Hier sollte man sowohl durch funktionsgymnastische Übungen als auch durch Sitzschulung auf geeigneten, elastischen Pferden die Beweglichkeit des Beckenbereichs verbessern. Derartige Probleme lassen sich u.a. durch Übungen unter 8 in Kapitel 5.8 feststellen bzw. ausgleichen.

5.4 Weitere Haltungsprobleme beim Reiten

5.4.1 Stuhlsitz

Im Stuhlsitz sitzt der Reiter mit hochgezogenen Knien und zu weit vorne liegenden Unterschenkeln zu sehr hinten über (siehe Abb. 3). Er hängt dabei meistens in den Zügeln und kann wegen der fehlerhaften Schenkellage das Pferd nicht vor die treibenden Hilfen bekommen. Häufig geben ein Sattel, dessen tiefster Punkt zu weit hinten liegt, ständiges Reiten mit Springsattel oder zu kurz geschnallte Steigbügel Anlaß zu diesem Fehler.

In anderen Fällen kann ein zu triebiges Pferd, welches der Reiter zu sehr "schieben" möchte, oder auch ein zu gehfreudiges Pferd, das der Reiter fälschlicherweise mit weggestreckten Unterschenkeln und Ziehen "bremsen" möchte, Ursache sein. Sobald der Lehrer den Grund für den Stuhlsitz erkannt hat, ergibt sich die Korrektur gewissermaßen von selbst: Die Ausrüstung muß korrigiert werden, bzw. bei der Berittmachung muß ein entsprechender Wechsel vorgenommen werden. Hilfreich kann auch das Reiten ohne Bügel und entsprechende Gymnastik sein.

wegung sitzt (siehe Abb. 4). Ein unabhängiges Vorsichhertragen der Zügelfäuste ist unmöglich. Auch hierfür kann ein falsch liegender Sattel (tiefster Punkt zu weit vorne) oder falsch geschnallte Steigbügel (zu lang) verantwortlich sein. Gelegentlich provoziert auch ein übereifriges, im Rücken nicht genügend schwingendes Pferd diese Fehlhaltung. Die Korrektur muß entsprechend angesetzt werden, d.h. Sattel und Steigbügel müssen richtig gewählt werden, evtl. muß ein Pferd zugeteilt werden, bei dem der Reiter besser zum Treiben und Sitzen kommt.

Abb. 3: Stuhlsitz

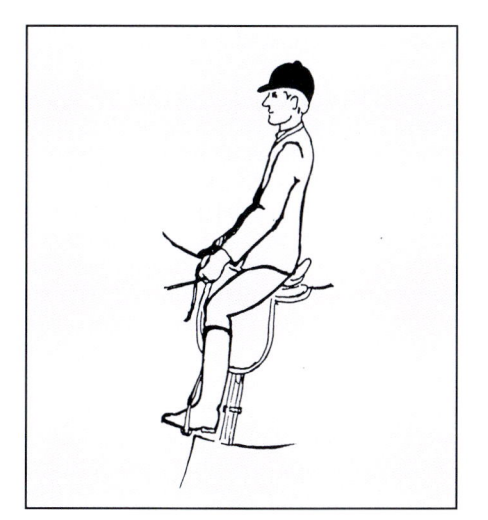

Abb. 4: Spaltsitz

5.4.2 Spaltsitz

Der Spaltsitz, bei dem das Gewicht fast ausschließlich auf den Oberschenkeln lagert, und der Oberkörper bei zu weit zurückliegenden Unterschenkeln vorne überfällt, ermöglicht kaum treibende Gewichtshilfen, weil der Reiter vor der Be-

5.5 Haltungsschäden und Folgen für den Sitz

Beim Menschen können unterschiedliche Haltungsschäden vorliegen, die für den korrekten Sitz Probleme bereiten können. Von Haltungsschäden sprechen wir, wenn die entsprechenden Veränderungen irreparabel sind. Haltungsschwächen, als Vorform von Haltungsschäden, stellen sich bereits in der Pubertät ein, also in der Zeit des Gestaltwandels. In Ausnahmefällen muß hierzu der Rat des Orthopäden eingeholt werden. Durch eine krankengymnastische Behandlung können Haltungsschwächen abgestellt werden, damit sie nicht zu Schäden führen.

Folgende Haltungschäden gibt es, die für den Reitlehrer von Bedeutung sind:

a) Flachrücken
Der Reiter mit dem Flachrücken sitzt korrekt auf dem Pferd, so daß sein Sitz über die mangelnden Einwirkungsmöglichkeiten hinwegtäuscht. Durch die zu steile Wirbelsäule kann sie nicht wie bei einer natürlich gekrümmten (leicht geschwungene S-Form) puffermäßig wirken, so daß dieser Reiter die Bewegungen des Pferdes schwer ausgleichen kann. Besonders beim Aussitzen wird er stark geworfen. Insgesamt kann sich dieser Reiter wenig den Bewegungen des Pferdes anpassen („passives" Mitschwingen, Mitschwingen-lassen, sich-mitnehmen-lassen).

b) Hohlkreuz
Der Reiter mit dem Hohlkreuz wirkt generell nach hinten und sitzt leicht vor der Bewegung. Er kann eventuell Probleme mit den Gewichtshilfen haben, weil der Freiraum vor dem Kreuzbein eingeschränkt wird. Wird er senkrecht hingesetzt, so ist dieser Zwischenraum Kreuzbein/5. Lendenwirbel nicht mehr frei, und ein Eingehen in die Bewegung des Pferdes ist gar nicht mehr gegeben. Er sitzt zwar korrekt, ist jedoch im Rücken so verspannt, daß ein losgelassener Sitz ausgeschlossen ist. Für diese Reiter ist spezieller Ausgleichssport (zum Beispiel Rückenschwimmen) und spezielle Gymnastik angezeigt, um sie zur Losgelassenheit zu bringen.

c) Rundrücken
Der Rundrücken macht eine ständige Einwirkung über die Gewichtshilfe kaum möglich, weil — wie beim Hohlkreuz — durch den Haltungsschaden bereits der natürliche Zwischenraum 5. Lendenwirbel/Kreuzbein beeinträchtigt ist. Der Reiter wird immer leicht vor der Bewegung sitzen.

d) seitliche Verkrümmung
Seitliche Verkrümmungen zeigen sich dem Reitlehrer besonders auf gebogenen Linien, wenn sich eine entsprechende seitliche "Ausbuchtung" durch auftretende Zentrifugalkräfte verstärkt.

Sitzt der Reiter zum Beispiel auf der rechten Hand durch eine seitliche Verkrümmung der Lendenwirbelsäule nach links - deutlich nach außen, so muß langfristig zum einen die linksseitige Rumpfmuskulatur verstärkt werden, zum anderen kann durch eine Kräftigung der rechten schrägen Bauchmuskulatur dem Ausweichen entgegengewirkt werden. Um einen aufrechten Sitz zu erreichen, muß er muskulär so umgepolt werden, daß er ein neues Gefühl für einen seinem Körperbau zuträglichen Sitz entwickelt. Dieser Weg ist langwierig, denn dieser Reiter hat zunächst bei einem veränderten Sitz immer das Gefühl, er würde schief sitzen.

Merke: Reiter mit Haltungsschäden können diese oftmals nicht durch ständige Korrekturen verbessern. Gezielte Gymnastik, optimale Berittmachung und auch die Möglichkeit andere, besser funktionierende Einwirkungen verstärkt auszunutzen, können hilfreich sein.

5.6 Sitzfehler und deren Korrektur im leichten Sitz

Abb. 5: Der leichte Sitz

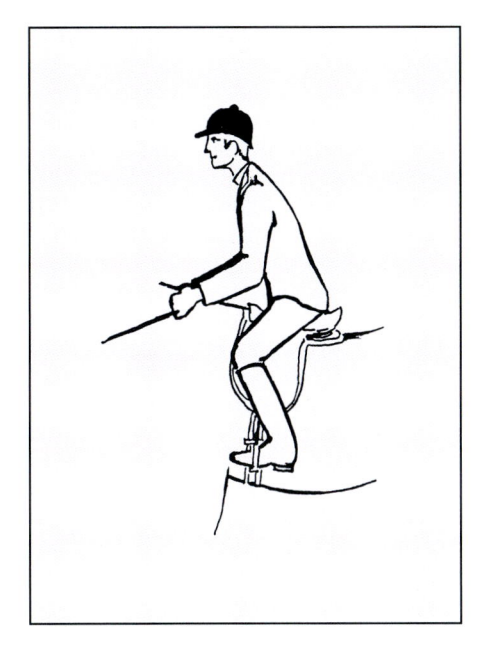

Um den leichten Sitz entwickeln zu können, muß der Reiter in bezug auf Gleichgewicht und Geschmeidigkeit gut gefestigt sein, da das Gewicht von der Rückenmuskulatur getragen werden muß. Wer das gleichgewichts- oder kräftemäßig noch nicht kann, wird sich notwendigerweise mit den Händen aufstützen oder festhalten müssen, und somit nicht in der Lage sein, richtige Gewichts- und vor allem Zügelhilfen zu geben.
Deshalb muß der Reiter allmählich an diese Art des Sitzes herangeführt werden. Er wird ihn zunächst nur in kürzeren Reprisen üben und dabei die Bügel auch nur allmählich auf das endgültig kurze Maß verschnallen.

Bei den meisten ehrgeizigen und eifrigen Schülern besteht ohnehin die Tendenz, alles etwas zu übertreiben.
Beim leichten Sitz bedeutet das häufig ein zu starkes Entlasten durch *übermäßiges Abknicken in der Hüfte* und zu hohes *Aufstehen.* Das führt beim unroutinierten Reiter dazu, daß er im entscheidenden Moment das Pferd nicht mehr vor den treibenden Hilfen hat und durch den höher wandernden Schwerpunkt sich nicht mehr im Gleichgewicht mit dem Pferd befindet.
Um diesen Fehlern vorzubeugen, ist es vorteilhaft, bei der Arbeit über Trabcavalettis und über kleine Sprünge aus dem Trab die Reiter zwar im Aussitzen, aber durch leichtes Vornüberneigen des Oberkörpers entlastend anreiten zu lassen. Dem Reiter wird empfohlen, am Sprung die Vorstellung zu haben, daß das Pferd sich mit seinem Widerrist und seiner Schulter dem Reiter nähert und nicht umgekehrt. So wird von vornherein ein übertriebenes, störendes "Herumturnen" des Reiters am und über dem Sprung vermieden.
Fehlerhaft ist es auch, wenn der Reiter im Bestreben, nicht hinter der Bewegung zu sitzen, den ganzen Körper aus dem Kniegelenk heraus nach vorne über den Hals wirft. Dabei rutschen dann meistens die Unterschenkel zurück, der Reiter muß sich in der Landephase aus Gleichgewichtsproblemen zu früh wieder aufrichten und fällt damit dem Pferd in den Rücken.
Da der weniger erfahrene Reiter hierzu besonders neigt, wenn er vorher zu schwer ausgesessen hat, hilft auch hier häufiges Anreiten von Trabsprüngen und Gymnastikreihen im nur leicht entlastenden Sitz bei gutem Druck im Absatz, um die Schenkelposition zu sichern.

Reiter, die in der Mittelpositur etwas steifer sind, knicken häufig *in der Hüfte zu wenig* nach vorne ein und sitzen dadurch hinter der Bewegung. Sie können durch Gymnastik (auch auf dem Pferd), durch Üben des Zulegens und Einfangens im leichten Sitz, ja einfach durch Üben dieses Einknickens verbessert werden. Hervorragende Möglichkeiten bietet hier das Reiten in coupiertem (unebenen) Gelände, über eine Wellenbahn, oder auch das Klettern.

Auch der oben erwähnte Druck im Absatz zur Sicherung der Schenkelposition kann *übertrieben* werden, was dazu führt, daß der Unterschenkel zu weit nach vorn, das Gesäß zu weit nach hinten rutscht und der Reiter leicht hinter der Bewegung sitzt. Das kann zwar bei Tiefsprüngen im Gelände, nicht aber im Parcours richtig sein. Um das abzustellen, muß der Reiter angehalten werden, auch beim Anreiten der Sprünge das Pferd mehr am Schenkel zu behalten, vermehrt in den Galopprhythmus einzusitzen und auch am und über dem Sprung an das Weitergaloppieren zu denken. Eine schlechte Angewohnheit, ist der leichte Sitz mit *rundem Rücken*. Sie geht meist auch mit *ständigem Heruntersehen*, womöglich sogar mit Umsehen nach dem Sprung, einher. Der Reiter kann dann im entscheidenden Moment nicht mit dem Gesäß zum Treiben kommen und, was das Herunter- bzw. Umsehen angeht, auch im Parcours keine korrekten, präzisen Wege reiten. Deshalb muß er immer wieder aufgefordert werden, an die Steuerungsfunktion des Kopfes zu denken und den Blick zum nächsten Sprung bzw. dorthin gerichtet zu haben, wo er hinreiten will. Die Erziehung dazu muß schon bei Einzelsprüngen oder Gymnastikreihen, ja schon beim Üben des leichten Sitzes konsequent erfolgen. Wer nach einem Einzelsprung stets geradeaus weiterreitet, bzw. den verabredeten Weg einschlägt, wird auch im Parcours dazu in der Lage sein.

Zur Handhaltung im leichten Sitz wurde oben schon angemerkt, daß durch das mehr oder weniger starke Vornüberbeugen aus der Hüfte heraus die Hand weiter nach vorne kommt, die Zügel also verkürzt werden müssen. Da in dieser Sitzposition das unabhängige, ruhige Tragen der Hand anders als im Dressursitz ist, wäre es durchaus sinnvoll, wenn der Reiter die Zügelfäuste am Hals etwas anlehnt. Dies sollte von Anfang an so gelehrt werden, daß die Hand stets auf der Geraden Ellbogen-Hand-Pferdemaul verbleibt, also seitlich neben dem Mähnenkamm angelehnt wird und nicht auf dem Mähnenkamm aufgestützt wird. Dann bleibt die Hand elastischer und hat für das notwendige Nachgeben am Sprung gleich die richtige Richtung. Sie muß nur sehr wenig in Richtung Maul vorgeschoben werden, zumal die Anlehnung möglichst nicht verloren gehen soll. Geht die Hand dagegen entlang des Mähnenkammes nach vorn, muß dies um ein deutlich größeres Stück geschehen, damit für das Pferd die gleiche Dehnung möglich ist. Wer die korrekte Hand- und Zügelführung gelernt hat, kann am und über dem Sprung insgesamt viel ruhiger sitzen.

5.7 Grundlagen in der Hilfengebung und Fehler

Bevor auf einzelne konkrete Fehler in der Hilfegebung eingegangen wird, werden vorweg ein paar wichtige Punkte ausgeführt, deren Bewußtmachung sinnvoll ist.

Ziel und somit auch Kriterium korrekter Hilfengebung ist es, die Pferde für immer feinere, dezentere Einwirkungen des Reiters zu sensibilisieren. Da wir die Pferde nicht abrichten wollen, sondern für unsere Hilfen natürliche Reaktionen und Reflexe auszunützen versuchen, kann die **Bedeutung des Gefühls** für den Reiter gar nicht hoch genug eingeschätzt werden. Nur wer fühlt, wie das Pferd jeweils auf die Hilfe reagiert, kann die Dosierung und die zeitliche Abstimmung seiner Einwirkungen verbessern und verfeinern. Dies kann der Reitlehrer fördern, indem er nicht immer sofort Übungen und Lektionen kritisiert und korrigiert, sondern häufig den Schüler befragt: "Was hat Du jetzt gefühlt? Wie war diese Übung?" Gefühlvolles Reiten ist effektiver und damit für alle Beteiligten angenehmer: Der Reiter wird zum Mitdenken, Analysieren und zur Selbstkorrektur angeregt und das Pferd wird oder bleibt gehfreudiger. Dies gilt ganz besonders für das **Rhythmusgefühl** beim Treiben, speziell auch im leichten Sitz.

Eine andere Frage in diesem Zusammenhang wäre z.B.: "Hast Du das Pferd vor Dir — Kommst Du zum Treiben?"

Man kann es so definieren, daß in jeder Situation, bei jeder Übung, die vortreibenden Hilfen, Gewicht und Schenkel dominieren sollen.

Beispiel:

Nur wer beim Aufnehmen nach einer Galoppverstärkung vermehrt treibt — ohne blockierende Zügelhilfen — kann ein echtes Verkürzen bzw. Versammeln des Galoppsprunges erreichen. Wer die verhaltenden Hilfen vorherrschen läßt, dessen Pferd kommt auf die Vorhand oder fällt aus.

Die richtige Abstimmung der Hilfen, vor allem bei Paraden, wird dem Reiter leichter fallen, wenn er seine innere Einstellung verbessert: Wenn er zum Beispiel weniger der Vorstellung nachhängt, "gegen die Hand" treiben zu müssen, sondern versucht, "zur Hand hin" oder "an die Hand heran" zu treiben. Oder wenn er bei einem Übergang vom Galopp zum Trab die Intention hat, den Trab zu beginnen, nicht aber den Galopp zu beenden. In diese Richtung kann der Ausbilder allein schon durch entsprechende Ausdrucksweise Zeichen setzen.

5.7.1 Die Gewichtshilfen

Um die Gewichtshilfen besser, richtiger einsetzen zu können, ist es gut, sich deren Wirkungsweise zu verdeutlichen. Dazu stelle man sich vor, selbst einen "Reiter" auf den Schultern zu tragen, und sich mit ihm bewegen zu müssen. Schnell begreift man dann das Prinzip: Wenn der Obermann sein Gewicht verlagert, zum Beispiel nach rechts, so ist der Untermann geradezu gezwungen, ebenfalls sich nach rechts, nämlich unter den Schwerpunkt des "Reiters" zu bewegen, um wieder Stabilität herzustellen. Und genauso funktioniert das zwischen Reiter und Pferd. Wer das begriffen hat und es sich immer wieder vergegenwärtigt, wird auch grobe Fehler besser vermeiden:

— *Das Einknicken in der Hüfte* (siehe auch Kapitel 5.3) entsteht dadurch, daß der Reiter in Wendungen, beim Angaloppieren oder auch sonst, wenn er eine einseitig belastende Gewichtshilfe geben will, übertreibt und den Oberkörper zu weit verlagert. Dann rutscht er mit dem Gesäß nach der entgegengesetzten Seite und gibt die Hilfe genau verkehrt. Diese Neigung, in der Hilfengebung zu übertreiben, muß ständig bekämpft werden. Beim noch nicht so fein ausgebildeten Pferd sind zwar gelegentlich deutlichere Hilfen notwendig, aber übertriebene Einwirkungen erschrecken oder verwirren in der Regel nur.

Abb. 6: Einknicken in der Hüfte

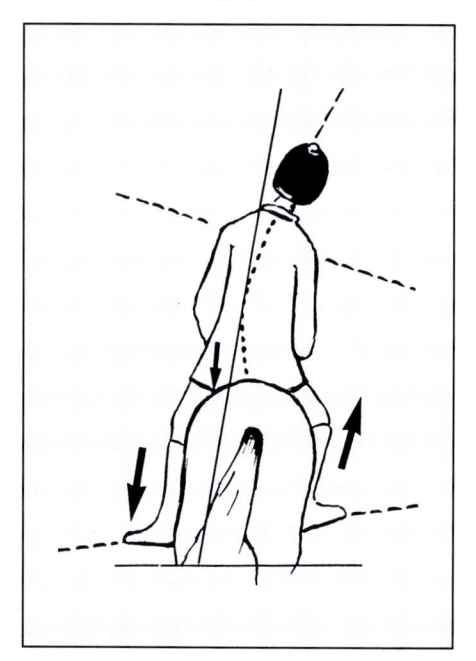

Besonders gilt dies auch für zu abruptes Einwirken. Wie unter 5.2.2 schon angesprochen, erkennt der Ausbilder diesen Fehler am besten von hinten, wenn zum Beispiel auf dem Zirkel die Längsachse des Reiters und das Pferd in einem gewissen Winkel zueinander sind. Da das Pferd sich in Wendungen vor allem im Trab und Galopp entsprechend "in die Kurve legt", braucht der Reiter eigentlich nur gerade zu sitzen, seine einseitig belastende Gewichts-hilfe darf also nur ganz leicht erfolgen. Zur Verdeutlichung kann man dem Schüler das einmal in Zahlen ausdrükken:

Anstatt je Gesäßknochen etwa 35 kg Belastung auszuüben, ergibt eine leichte Verlagerung von nur 5 kg schon ein Verhältnis von 30 : 40, und das ist vollkommen ausreichend. Beim fein ausgebildeten Pferd genügt es sogar, nur die Bauchmuskulatur einseitig innen vermehrt anzuspannen.

— Ein *falsches Nachaußensitzen* beobachtet der Ausbilder häufig bei versammelnden Lektionen mit Längsbiegung wie Kurzkehrt oder Hinterhandwendung sowie bei Seitengängen, besonders bei Travers, Renvers oder Traversalen. Dieser Fehler beruht meistens auf einer falschen Vorstellung des Reiters. Man muß ihm klarmachen, daß auch bei diesen Übungen das oben beschriebene Wirkungsprinzip der Gewichtshilfen gilt: Er muß nach rechts sitzen, wenn das Pferd nach rechts treten soll. Es ist aber falsch, durch vermehrtes nach links Sitzen das Pferd gewissermaßen nach rechts vor sich herschieben zu wollen.

— Auch die von der Seite zu erkennenden Fehler, wie der deutlich **vor oder hinter der Senkrechten** befindliche Oberkörper, können dem Reiter durch diese Gedankengänge bewußt gemacht werden. Denn die Vorstellung, jemanden auf den Schultern zu tragen, der sich im Moment der Beschleunigung des Schrittes nach hinten und beim Verlangsamen der Vorwärtsbewegung nach vorne lehnt, ist wohl sehr unangenehm.

Diesen "Rücklage- oder Schiebesitz" kann man leider gerade bei sehr aktiven und ehrgeizigen Reitern häufig sehen.

Er ermöglicht vielleicht dem in der Mittelpositur weniger elastischen Reiter, Trabverstärkungen besser aussitzen zu können, wirkt aber nicht direkt treibend. Im Gegenteil:

Meist rutschen dabei die Schenkel zu weit nach vorne und die Hand wirkt vermehrt verhaltend, so daß beim Pferd die Aktivität in der Hinterhand eher reduziert wird. Die *scheinbar* treibende Wirkung dieser Einwirkung beruht eher auf einem Abrichtungseffekt; die Pferde nehmen diese "Hilfe" an, weil sie andernfalls Strafe zu befürchten haben.

— Bei der beiderseitig belastenden Gewichtshilfe wird häufig vom "Kreuz anspannen" gesprochen. Um hiermit effektiv einwirken zu können, muß der Reiter die Funktion dieser Hilfe verstehen, wie sie in 5.3.6 erläutert ist.

— Für das Reiten im leichten Sitz ist die Beachtung des gemeinsamen Gleichgewichtes zwischen Reiter und Pferd besonders wichtig. Vor allem am und über dem Sprung ist ein gutes Gefühl dafür und eine sichere Körperbeherrschung von größter Wichtigkeit (siehe Kapitel 5.6).

Auf jeden Fall muß das Ziel sein, die Schwerpunkte von Pferd und Reiter mit möglichst geringen Gewichtsverlagerungen in Übereinstimmung zu bringen, um das Pferd nicht zu stören, sondern es vielmehr zu unterstützen.

5.7.2 Die Schenkelhilfen

Nur ein Pferd, welches schenkelgehorsam ist, läßt sich leicht, sicher und angenehm reiten; das heißt, es muß den Schenkel respektieren, ohne ihm auszuweichen oder gar Angst vor ihm zu haben. Diese Schenkelempfindlichkeit zu erhalten oder zu verbessern, ist deshalb für den Reiter von höchstem Interesse; Fehler müssen möglichst schon im Ansatz korrigiert werden.

So, wie durch die richtige Auswahl des Lehrpferdes (siehe Kapitel 5.2), die Erlernung des korrekten Grundsitzes, insbesondere auch hinsichtlich der Schenkellage, erleichtert wird, kann ein entsprechender Wechsel in der Berittmachung beim Auftreten von Fehlern hilfreich sein.

— Der *unruhige, klopfende Schenkel* stumpft das Pferd sehr schnell ab oder hindert sensible Pferde daran, sich zu lösen, und führt stattdessen zu starker Unruhe und Spannung. Der Reiter muß lernen, ruhiger und tiefer im Sattel zu sitzen, was ihm natürlich auf einem gut schwingenden, leicht zu sitzenden Pferd leichter fällt.

Dieser Fehler taucht besonders häufig bei Schülern auf, die kürzere Beine und dabei evtl. auch noch runde Oberschenkel haben. Sie sollten, wie schon in Kapitel 3.3 beschrieben, mit etwas kleineren, nicht zu rumpfigen Pferden beritten gemacht werden. Häufiges Reiten ohne Bügel kann vorteilhaft sein.

Genau umgekehrt verhält es sich bei großgewachsenen Reitern mit sehr langen Beinen: Sie müssen, um diesen Fehler zu vermeiden oder abzustellen, auf Pferde mit entsprechender Gurtentiefe gesetzt werden (siehe Kapitel 3.3).

Zu frühes und/oder zu ausgedehntes Reiten ohne Bügel bei noch zu wenig ausgebildetem Gleichgewichtssitz kann vor allem bei älteren Anfängern zu einem *"klammernden Schenkel"* führen. Bei Ponykindern dagegen stellt das Reiten ohne Bügel oder ohne Sattel in der Regel kein Problem dar. Der klammernde Schenkel stumpft das Pferd ab oder führt bei sensibleren, gehfreudigen Pferden zu einem Fliehen vor dem Schenkel und zum Weglaufen.

Wenn der Reiter mit seinen Schenkelhilfen nicht genügend durchkommt, darf er nicht versuchen, durch stärkeres Drücken und Pressen besser verstanden zu werden. Er muß versuchen, präziser, mehr impulsartig einzuwirken, da zu kraftvolle und zu ausdauernde Schenkelhilfen nur zu einem Gegenangehen führen. Das Pferd wird sich eventuell sogar gegen die Hilfen stecken (d.h. es verhält sich beim Einsatz des treibenden Schenkels und geht nicht vorwärts); das gilt sowohl für die vortreibende als auch seitwärtstreibende Hilfe.

Auch der verwahrende Schenkel, der normalerweise nur mehr oder weniger passiv anliegen soll, muß, wenn er nicht genügend respektiert wird, einmal kurz und präzise eingesetzt werden. Wenn zum Beispiel bei der Kurzkehrtwendung die Hinterhand nach außen ausweicht, nützt es wenig, den äußeren Schenkel stärker anzupressen oder ihn weiter zurückzulegen, sondern man muß ihn dann einmal aktiv einsetzen, um ihm als Begrenzung Respekt zu verschaffen.

– Besonders bei jüngeren oder weniger fein ausgebildeten Pferden neigt der Reiter dazu, die seitwärtstreibenden und verwahrenden Schenkel jeweils zu weit umzulegen. Es ist zwar notwendig, bei solchen Pferden die Hilfen etwas deutlicher zu geben, wenn der Schenkel aber beim Seitwärtstreiben oder Verwahren zu hoch rutscht oder beim groß gewachsenen Reiter bis an die Flanke zurückgelegt wird, wirkt er nur erschreckend oder erzeugt sogar Widerstand.

– Wird der vortreibende Schenkel zu weit vorne, knapp hinter dem Ellbogen eingesetzt, kann er nicht über die entsprechende Muskulatur auf das jeweilige Hinterbein richtig einwirken. Vor allem Reiter mit überlangen Zügeln bei gleichzeitig kaum gewinkeltem Kniegelenk oder zu kurzen Bügeln bei hochgezogenem Knie (Stuhlsitz) neigen zu diesem Fehler.

Selbstverständlich muß jeweils die Bügellänge korrigiert werden. Zusätzlich sollte der Ausbilder Handanlegen die Schüler mit der richtigen Schenkellage vertraut machen und ihnen empfehlen, sich vorzustellen, das Pferd mehr vor die treibenden Schenkel bekommen zu wollen.

5.7.3 Die Zügelhilfen

Da ein Großteil aller reiterlichen Probleme auf zu starken und fehlerhaften Einsatz der Hand zurückzuführen ist, muß der Ausbilder in diesem Bereich besonders aufmerksam und kritisch unterweisen und korrigieren.

Voraussetzung für richtige und wohldosierte Zügelhilfen ist in ganz besonders hohem Maße, daß der Reiter gelernt hat, losgelassen und ausbalanciert im Gleichgewicht mit dem Pferd zu sitzen. Nur dann ist es ihm möglich, die Zügelhilfen unabhängig von den Bewegungen seines Rumpfes einzusetzen. Die Hand muß möglichst ruhig stehen, um dem Pferd eine weiche, elastische und doch konstante Anlehnung bieten zu können.

Wenn das Pferd nicht voll gelöst ist und den Reiter nicht so gut sitzen läßt, darf die Zügelfaust nicht die Bewegungen des Reiters mitmachen (Das gleiche gilt auch für das Leichttraben). Aus einer mitschwingenden Mittelpositur (Hüfte) heraus muß der Arm im Schulter- und Ellbogengelenk, ähnlich wie ein Stoßdämpfer, alle Unebenheiten auffangen, so daß der Reiter in der Lage wäre, ein Glas Wasser gefüllt vor sich herzutragen. Auch im Handgelenk dürfen keinerlei Versteifungen vorhanden sein, da es besonders für die aktiven Zügeleinwirkungen verantwortlich ist. Dies kann man als Ausbilder auch gelegentlich durch Betasten überprüfen. Eine nach innen oder außen abgewinkelte Handwurzel kann nicht locker sein. Voraussetzung ist, daß Unterarm und Handrücken in etwa eine Gerade bilden.

Die vom Sitz unabhängigen Zügelhilfen sind im leichten Sitz besonders schwierig. Es bedarf hierzu ausgiebiger Übung, da der Reiter nur bei ausreichend trainierter Rückenmuskulatur die Hände frei bewegen kann und sich nicht etwa am Hals abstützen muß.

Die *richtige Position der Hand* muß immer in Abhängigkeit von der jeweiligen Haltung des Pferdes gesehen werden. Die Höhe der Hand muß so gewählt werden, daß Ellbogen, Faust und Pferdemaul eine gerade Linie bilden (das gilt auch im leichten Sitz oder beim Springen). Insbesondere in diesem Punkt müssen die meisten Reiter Fehler abstellen und versuchen, die Hilfen bewußter und damit richtig zu geben. Es wird häufig — mehr instinktiv denn überlegt — versucht, ein zu tief kommendes Pferd durch eine steigende Hand zu heben, bzw. ein sich heraushebendes oder nicht durchs Genick gehendes Pferd mit sehr tiefer Hand herunterzudrücken. In beiden Fällen wird der Fehler nicht abgestellt, sondern erst recht provoziert oder gar verstärkt.

Die Gründe dafür sind folgende: Die höhere oder sogar aufwärts wirkende Hand wirkt vermehrt auf die Maulwinkel. Das heißt, sie ist schärfer und somit noch mehr beizäumend, so daß das Pferd allmählich nicht nur zu tief kommt, sondern auch zu eng wird, sich eventuell sogar "hinter den Zügel verkriecht". Besonders negativ wirkt sich die zu hoch führende Hand bei Zäumung auf Kandare aus wegen der Hebelwirkung des Stangengebisses.

Der besonders tief geführte oder heruntergedrückte Zügel bewirkt ähnlich wie ein Stoßzügel ein Gegenangehen des Pferdes und verursacht auf Dauer sogar eine Verstärkung der Unterhalsmuskulatur.

Merke: "Hoher Zügel zäumt, tiefer Zügel bäumt."

Auch die seitliche Position der Hand jeweils rechts und links des Mähnenkammes ist unbedingt zu beachten und gegebenenfalls zu korrigieren. Die innere Faust darf sich eventuell etwas vom Hals entfernen, um eine seitwärtsweisende Zügelhilfe, zum Beispiel bei der Hinterhandswendung, zu geben. Niemals aber darf die **Faust über den Mähnenkamm gedrückt** werden. Wenn die innere Hand dies tut, um für eine deutlichere Stellung zu sorgen, so wird das Pferd eng, und es wird sich im Genick verwerfen; außerdem wird das innere Hinterbein blockiert und somit Taktfehler provoziert.

Mit der äußeren Zügelfaust lassen sich die Schüler gelegentlich zu diesem Fehler verleiten, um der verwahrenden Hilfe mehr Nachdruck zu verleihen, oder um zum Beispiel im Schulterherein die Vorhand herüberzudrücken. Die Wirkung ist genau gegenteilig: Die Längsbiegung im Hals wird beeinträchtigt und ein Verwerfen im Genick wird verursacht.

Zu dem verwahrenden Zügel ist anzumerken, daß er stets betont tief geführt werden muß, um nicht nur die Längsbiegung, sondern auch die Abstellung des Halses aus der Schulter heraus begrenzen zu können.

Merke:
"Langer Zügel zieht."

— Warum? Je länger der Zügel, desto weniger direkt ist die Einwirkung auf das Maul. Geht dann auch noch die Stetigkeit der Verbindung verloren (springender Zügel), provoziert dies Anlehnungsfehler wie über oder hinter dem Zügel gehen. Hinzu kommt, daß bei längerem Zügelmaß vermehrt mit Kraft aus der Schulter und dem Oberarm mit stärker angespanntem Bizeps geritten wird — weniger Elastizität ist die Folge.
Daß manche Spitzenreiter — vor allem im Springsport — auch mit zu langen Zügeln erfolgreich sind, beweist nur, daß sie trotz dieses Fehlers — dank ihres überdurchschnittlichen Gefühls — in der Lage sind, fein genug einzuwirken.
Selbstverständlich ist auch der *zu kurze Zügel* von Nachteil, da der dann fast gestreckte Arm mangels Beweglichkeit eine weiche Anlehnung unmöglich macht. Eine leicht stumpfe Winkelung des Ellbogens muß deshalb angestrebt werden.

Der *Abstand der Fäuste* voneinander richtet sich nach der Stärke des Pferdehalses, da auch von oben gesehen, also aus Reitersicht, die Linie vom Ellbogen über die Hand zum Maul annähernd eine Gerade sein soll. Werden die Fäuste enger geführt, werden die Zügel durch den Hals teilweise umgelenkt. Sie können nicht mehr direkt einwirken. Es entsteht eine ähnliche Wirkung wie bei der über den Mähnenkamm drückenden Hand. Der häufig genannte Abstand von einer Handbreite ist nur beim Kandarereiten und hier bei "angefaßter Trense" (3 : 1) korrekt, da dann die linke Hand über dem Mähnenkamm zu stehen hat.

Die aufrechte Haltung der Zügelfäuste wird im großen Sport teilweise nicht sehr vorbildlich praktiziert. Und auch hier gilt: Nicht wegen der verdeckten, sondern trotz der *verdeckten Fäuste* können diese Reiter erfolgreich sein. Aber nur eine aufrechte Faust, bei der in Grundhaltung die kleinen Finger eher sogar etwas dichter zusammen sind als die Daumen, er92möglicht feines, gefühlvolles Annehmen und Nachgeben aus dem Handgelenk heraus. Bei verdeckter Faust, also fast waagerechter Haltung der Hand dagegen, ist dies nur mit dem ganzen Oberkörper aus der Schulter heraus möglich. Dies sollte jeder Ausbilder seine Schüler ausprobieren lassen, denn viele glauben, diesbezügliche Korrekturen dienten nur einer Verbesserung des äußeren Bildes.

Besonders was die Zügelhilfen angeht, muß es Ziel eines jeden Ausbilders sein, daß "seine" Schüler mit immer weniger Kraft, dafür aber mehr Gefühl, einwirken. Der Mensch ist seiner Natur nach ein "Handarbeiter" — im Zweifel wird er Schwierigkeiten vornehmlich mit den Zügeln zu beheben versuchen. Dieser Fehler muß korrigiert werden.

Es gibt viele weitere individuelle Handfehler, die durch den Reitlehrer korrigiert

werden müssen:
Zum Beispiel die ständig **offene Faust**, die nur schwerlich eine kontrollierte, stete Verbindung gewährleistet; oder der Versuch, besonders auch im Halten, durch ständig leichtes Vibrieren mit der Hand für bessere Maultätigkeit zu sorgen, womit aber nur das Gegenteil erreicht wird.

Insgesamt zeigt sich immer wieder, daß nur der Reiter eine "gute Hand" hat, der mit korrekten Zügelhilfen reitet und sich nicht zu irgendwelchen Fehlern oder sogenannten Tricks verleiten läßt. Pferde, die so ausgebildet und geritten werden, sind weich und tätig im Maul und behalten dann auch Zeit ihres Lebens ihre natürliche Gehfreude und Leistungsbereitschaft.

Beim Reitunterricht mit auf Kandare gezäumten Pferden muß den Zügelhilfen ein besonderes Augenmerk gelten, da sich alle Fehler verstärkt auswirken. Die Hebelwirkung und die Tatsache, daß das Gebiß ungebrochen ist, verlangen, daß der Reiter ganz präzise und bewußt einwirkt. Dazu zwei **Beispiele:**

— Wenn bei Verstärkungen dem Pferd eine Rahmenerweiterung mit leicht vor der Senkrechten stehender Stirnlinie tatsächlich möglich sein soll, muß die Hand unbedingt auf der Linie Unterarm — Zügel Richtung Pferdemaul, also nach vorne, mitgehen.

— Soll das Pferd bei einem Erholungsintervall während der Arbeit oder zur Überprüfung, Entspannung und Belohnung am Schluß der Stunde vermehrt in Dehnungshaltung geritten werden (Zügel aus der Hand kauen), so muß auch hier die Hand mitgehen und zusätzlich müssen die Kandarenzügel länger gelassen werden, da sonst die Stange sofort mehr einwirkt und das Pferd sich wahrscheinlich aufrollen oder wehren würde.

5.7.4 Hilfsmittel

Der Einsatz der Hilfsmittel Stimme, Gerte und Sporen muß ebenso bewußt und kontrolliert vorgenommen werden, wie die Hilfen selbst. Der Erfolg sollte daran gemessen werden, wie die Pferde danach gehen und ob die Hilfen besser verstanden und angenommen werden. Die **Stimme** ist im Umgang mit Pferden, vor allem auch beim Anreiten junger Pferde, unentbehrlich. Bei ausgebildeten Pferden sollte sie immer sparsamer verwendet werden, um andere Mitreiter nicht zu stören; auch ist der hörbare Gebrauch der Stimme in Dressurprüfungen untersagt. Da Pferde aber ein sehr feines Gehör haben, kann auch bei solchen Gelegenheiten, wenn auch dezent, stimmlich geholfen werden.

So kann man dem Schüler durchaus anraten, in Momenten, in denen sich beim Pferd Spannung oder Erregung aufbaut, zum Beispiel durch ein fast unhörbares "Ho, ho" beruhigend einzuwirken, oder in anderen Situationen durch einen fast nur zu erahnenden Zungenschnalzer Aufforderung oder Ermunterung zu signalisieren.

Die **Gerte** dient in erster Linie zur Verstärkung der treibenden Hilfen. Sie kann gelegentlich aber auch zur Unterstützung der verwahrenden Schenkel- oder Zügelhilfen benutzt werden.
Ihr Gebrauch darf niemals dazu führen, daß die Hand im Maul stört.
Deshalb muß bei einem ausnahmsweise stärkeren Einsatz der Gerte der Reiter die Zügel in einer Hand führen, um mit der

anderen Hand unabhängig einwirken zu können.
Soll mit der Gerte der treibenden Schenkelhilfe mehr Nachdruck verliehen werden, muß sie knapp hinter dem Unterschenkel den Pferdeleib berühren, nicht aber im Kruppen- oder Flankenbereich. Um sie wirklich genau einsetzen zu können, sollte die Dressurgerte nahe ihrem Schwerpunkt, also ca. zwei bis drei Handbreit unterhalb des Knopfes, angefaßt werden.

Die Springgerte kann wegen der geringen Länge am Griff angefaßt werden und sollte hauptsächlich ermunternd und auffordernd an der Schulter des Pferdes eingesetzt werden.

Der **Sporen** sollte weniger als Verstärkung des Schenkels angesehen werden, sondern bei seinem Gebrauch sollte mehr der Gedanke vorherrschen, mit seiner Hilfe durch noch präziseres Einwirken das Pferd für die Schenkelhilfen zu sensibilisieren. Scharfe Sporen sind allenfalls für den weit fortgeschrittenen Reiter bei der Dressurarbeit zu gestatten. Allerdings darf nicht übersehen werden, daß mit stumpfen Sporen bei ständigem oder zu groben Einsatz Blutergüsse verursacht werden, die zwar nicht sichtbar sind, die aber umso länger Schmerzen verursachen. Nur bei langen Bügeln darf eventuell ein langbeiniger Reiter Sporen mit längerem Hals benutzen.

5.7.5 Strafen

Auch bei noch so konsequenter Hilfengebung und Ausbildung wird es gelegentlich nötig sein, das Pferd zu ermahnen oder gar zu strafen. Dabei muß der Schüler lernen, folgende Punkte genau zu beachten:

— Nur wenn sicher ist, daß nicht der Reiter den Fehler verursacht hat, darf ein Pferd strafend angefaßt werden. Bei einer Verweigerung beim Springen zum Beispiel kann falsches Anreiten oder störende reiterliche Einwirkung Anlaß für das Stehenbleiben gewesen sein. Dann muß das Pferd eventuell sogar gelobt werden, weil es dadurch vielleicht sogar einen groben Springfehler vermieden hat.
Ungerechtes Strafen stört das Vertrauensverhältnis zwischen Reiter und Pferd, es beeinträchtigt die Leistungsbereitschaft und Gehfreude.

— Nur eine Strafe, die sofort im richtigen Augenblick mit entschiedener Bestimmtheit gegeben wird, ist für das Pferd verständlich und wird respektiert. Ein Sporenstich, der erst mit Verzögerung nach dem Ungehorsam und dann nur halbherzig gegeben wird, verfehlt seine Wirkung.

— Nur wer dabei einen kühlen Kopf behält, nicht aber emotionsgeladen reagiert, kann gerecht und angemessen strafen.

— Bei einem Menschen kann man sich für falsches Verhalten entschuldigen, beim Pferd kann es lange dauern, bis das durch ungerechte und unverständliche Behandlung gestörte, Vertrauensverhältnis wieder hergestellt ist.

5.8 Gymnastikübungen

Erläuterungen

a) Dynamische Bewegungsvollzüge (schnellkräftig)

Darunter ist das so schnell wie mögliche Vollziehen einer Übung zu verstehen. Der Muskel wird vor allem im Zentrum gekräftigt, die Ansätze an den Gelenken werden weniger gestärkt.

b) Dynamische Bewegungsvollzüge (langsam)

Darunter verstehen wir den von Beginn an langsamen Vollzug einer muskulären Belastung. Somit wird nicht nur das Zentrum des Muskels gestärkt, sondern alle Bereiche gleichmäßig. Der Muskel reagiert verlangsamt.

c) Statische Bewegungsvollzüge

Bei dieser Art der Belastung werden Körperteile in eine bestimmte Stellung gebracht und gehalten. Dabei muß der Ausbilder darauf achten, daß trotz des Haltevorgangs der Reiter rhythmisch weiteratmet.

d) Isometrische Bewegungsvollzüge

Bei Übungen dieser Belastungsform wirkt ein Partner oder ein Gegenstand so gegen den vom Vollziehenden belasteten Muskel, daß dieser sich nicht verkürzen kann. Es wird also keine überwindende Arbeit geleistet, sondern der Muskel wird in eine Spannung gebracht, ohne sich zu verkürzen. Dabei muß beim Ausbilder noch stärker als bei statischen Belastungen auf ein Weiteratmen trotz 100%-iger Anstrengung geachtet werden.

Grundsätze beim Üben:

1. Immer Beuger und Strecker nacheinander belasten, weil somit nach Kräftigung des einen Muskels dieser in der nächsten Übung wieder gedehnt wird.

2. Nach verkürzenden Muskelbelastungen immer dehnen, d.h. den verkürzten Muskel in eine Dehnhaltung bringen und zwischen 10 bis 60 Sekunden dehnen (je nach eigenem Empfinden).

3. Beim Dehnen nie wippen oder federn, weil sonst kein Dehneffekt erzeugt wird.

4. Bei statischen Belastungen 3 - 10 und mehr Sekunden halten (je nach konditionellem Zustand), dreimal und öfter wiederholen. Zwischen den Haltephasen ca. 20 Sekunden Pause.

5. Bei dynamischen Belastungen 10 - 15 Wiederholungen (Serie); danach 10 - 20 Sekunden Pause bis zur nächsten Serie von 10 - 15 Wiederholungen. Die Anzahl der Serien hängt vom konditionellen Zustand ab.

6. Insgesamt folgende Reihenfolge wählen: Allgemeines Aufwärmen, kräftigen, dehnen, lockern (das Ausschütteln ist der Überprüfungsaspekt).

7. Nie mit Kräftigung aufhören; immer zum Abschluß dehnen.

8. Nie eine Belastungsform ausschließlich wählen, sondern von Training zu Training verändern, damit die Muskulatur unterschiedlichen Belastungen auch auf dem Pferd gerecht werden kann.

5

Übungen unter 1)

1) Rückenlage; Beine gebeugt; Partner versucht Beine auseinanderzuziehen (rhythmisch); danach umgekehrt: Beine leicht geöffnet; Partner drückt Beine zusammen.
   Ziel: Kräftigung der Klemmer (Adduktoren) und Öffner (Gesäßmuskulatur)

2) Aufrechter Sitz; Hände drücken Knie nach unten; in Endposition halten.
   Ziel: Dehnung der Klemmer (Adduktoren)

3) Rückenlage; Bein 90 Grad beugen und auf Gegenseite legen.
   Ziel: Dehnung der Gesäßmuskulatur und tiefen Rückenmuskeln; Beweglichmachen der Lendenwirbelsäule.

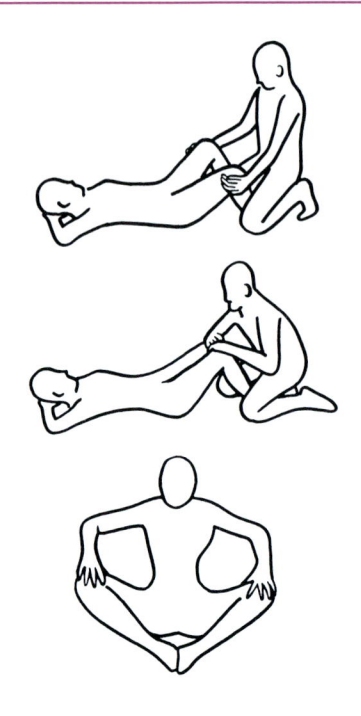

Übungen unter 2)

1) Seitgrätschstellung; die Arme schwingen locker um den Körper; Fersen nicht vom Boden heben.
   Ziel: Beweglichkeit der Wirbelsäule im Hüft-/Lendenbereich

2) Hopserlauf; dabei abwechselnd das rechte/linke Bein weit entgegengesetzt zu den Armen führen.
Ziel: Beweglichkeit des Beckengürtels

3) Achterkreisen; Achterbewegungen mit jedem Bein mehrmals ausführen.
Ziel: Beweglichkeit des Beckengürtels

Übungen unter 3)

1) Stand auf einem Bein; halbe Kniebeuge und strecken; Ferse möglichst leicht erhöhen.
Ziel: Kräftigung des Kniestreckers

2) Auf dem Boden sitzen; Oberkörper aufrecht; Gesäß bis zu den Fersen ziehen.
Ziel: Kräftigung des Kniegelenkbeugers

3) Rückenlage; ein Bein mit beiden Händen umfassen und bis zur Brust ziehen; dann Bein strecken; Gegenbein ebenfalls strecken.
Ziel: Dehnung des Kniegelenkbeugers

4) Aufrechter Stand; an einem Gegenstand Gleichgewicht halten; Fuß nach hinten ziehen und Hüfte vorbringen.
Ziel: Dehnung des Oberschenkelstreckers und der Hüftbeuger

Übungen unter 4)

1) Sitz mit leicht angezogenen Knien; Partner drückt auf Fußrücken, der Sitzende zieht Fußspitzen in Richtung Schienbein gegen Druck des Partners.
Ziel: Kräftigung der Schienbeinmuskulatur

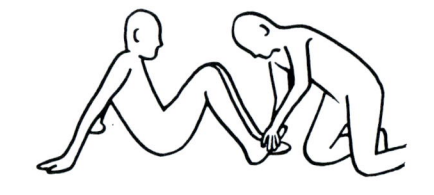

2) Sitz wie 1); Sitzender hält Fußspitze in Richtung Schienbein gegen den Druck des Partners, der den Fuß zu Boden drückt.
Ziel: Kräftigung der Schienbeinmuskulatur
Insgesamt mehr für die Schienbeinmuskulatur arbeiten, weil sie bei den meisten Reitern schwächer ist.

Übungen unter 5)

1) Rückenlage; rechter Winkel Oberkörper/Oberschenkel; rechter Winkel Oberschenkel/Unterschenkel; nur so weit aufrichten, bis oberer Beckenkamm gerade noch Bodenkontakt hat; Hände gerade durchschieben.
Ziel: Kräftigung der geraden Bauchmuskeln

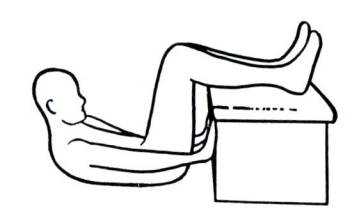

2) Rückenlage; Becken anheben und senken.
Ziel: Kräftigung der geraden Bauchmuskeln

3) Rückenlage, wobei rechter Winkel Oberkörper/Oberschenkel und Oberschenkel/Unterschenkel; Hände gefaltet und Arme gestreckt; Aufrichten, so daß Hände nach links/rechts ziehen.
Ziel: Kräftigung der schrägen Bauchmuskeln

4) Seitenlage; oberer Fuß liegt vor dem unteren; Füße fixieren; Hände vor dem Körper halten und seitlich aufrichten.
Ziel: Kräftigung der seitlichen Rumpfmuskulatur

5) Seitenlage; Becken heben und spreizen.
Ziel: Kräftigung der Rumpfmuskulatur und der gesamten Muskelkette der Beine

Übungen unter 6)

1) Rückenlage; Knie angezogen; Arme über dem Kopf verschränken und eigene Ellenbogen fassen; Arme gegen den Widerstand des Partners bis in die Senkrechte ziehen; Partner darf nur den Ellenbogen stützen, nicht den Unterarm.
Ziel: Kräftigung der Brustmuskulatur

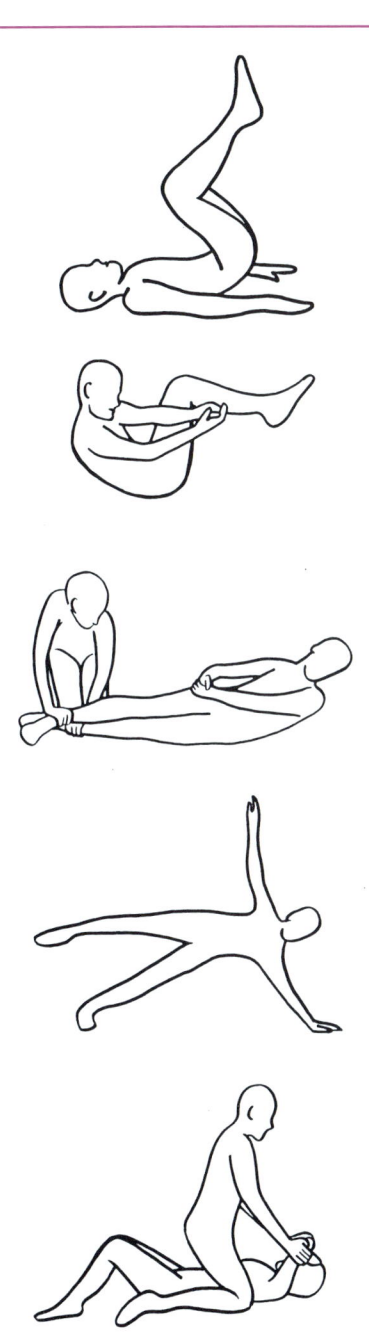

2) Gewinkelter Arm gegen Widerstand des Partners von unten – vorn nach hinten – oben führen; stabiler aufrechter Stand.
Ziel: Kräftigung der breiten Rückenmuskeln; Festigung des Schultergürtels

3) Aufrechter Schneidersitz; Partner zieht Arme nach hinten oben bis in Endposition; halten.
Ziel: Dehnung des unteren Teils der Brustmuskulatur; Aufrichtung der Wirbelsäule

Übungen unter 7)

1) Liegestütz im Knien; Fingerspitzen leicht nach innen; Schulterblätter zusammenziehen; Lendenwirbelsäule stabilisieren; Arme beugen und strecken.
Ziel: Kräftigung der Ellenbogenstrecker und Schulterblätterstabilisatoren

2) Hände fassen einen Gegenstand; Arme beugen und strecken; ganzes Körpergewicht wirken lassen; Schulterblätter zusammenziehen.
Ziel: Kräftigung des Ellenbogenstreckers und Deltamuskels

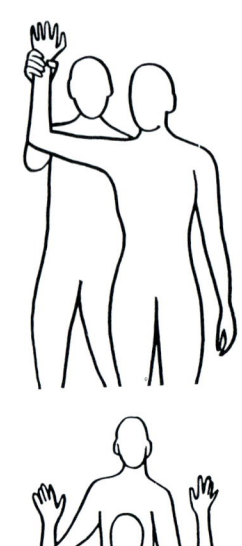

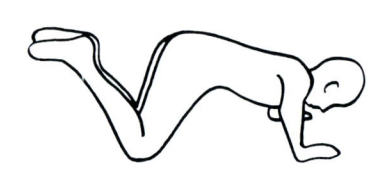

3) Hand in Mittelstellung; Hand beugen; in Endposition halten.
   Ziel: Dehnung des Handgelenkstreckers

4) Hand in Mittelstellung; Hand strecken.
   Ziel: Dehnung des Handgelenkbeugers

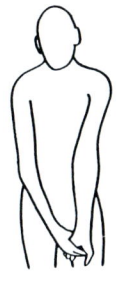

Übungen unter 8)

1) Hand rechts/links am Hals Nähe Kiefernbogen halten; ohne Bewegung; Anspannung der seitlichen Halsmuskulatur gegen den Widerstand der Hand (isometrische Anspannung). Kopf nicht zur Seite neigen.
   Ziel: Kräftigung der seitlichen Halsmuskulatur

2) Leichte Seitgrätschstellung; leichtes Absenken in den Knien; ohne Bewegung; isometrische Anspannung der hinteren Nackenmuskulatur gegen den Widerstand der Hände. Kopf nicht nach vorn oder hinten neigen.
   Ziel: Kräftigung der tiefen Nackenmuskulatur

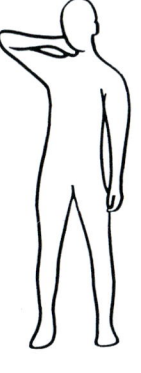

3) Leichte Seitgrätschstellung: Hand dehnt Kopf in maximaler Seitneigung rechts/links; in Endstellung 10 und mehr Sekunden halten. Der entgegengestrecke Arm wird zum Boden gestreckt.
Ziel: Dehnung der seitlichen Hals-/Nackenmuskulatur

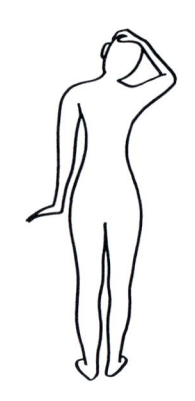

4) Rückenlage, Hände ziehen Kopf nach vorne in maximale Position; halten.
Ziel: Dehnung der tiefen Nackenmuskulatur

Zusammenfassung

Merke:
- Der angehende Reiter muß im Stallbereich unter Aufsicht und Anleitung einer dafür fachlich und menschlich geeigneten Person Erfahrungen im Umgang mit dem Pferd oder Pony sammeln.

- Für den Pferdefreund hat das Wohlbefinden und die Gesundheit des Pferdes Vorrang vor den eigenen Wünschen und Bedürfnissen.

- Nur ein innerlich gelöster und muskulär gleichmäßig ausgebildeter Reiter kann entspannt und losgelassen sitzen.

Der Reitlehrer muß zur Optimierung seiner ausbilderischen Tätigkeit versuchen,
- seine Vorstellungen und Kenntnisse bezüglich Sitz und Hilfengebung im Zusammenhang mit den zu reitenden Übungen und Lektionen weiter zu verbessern und zu vertiefen,
- die Bedeutung der Muskulatur für den Sitz des Reiters zu erkennen und ggf. durch Zusatzaufgaben funktionsgymnastischer Art Schwächen im Muskelsystem bzw. der Koordination des Reiters abzubauen,
- Fehler mit ihren Ursachen früher zu erkennen,
- Sicherheit in der Beherrschung der Fachsprache zu erlangen, um noch präziser unterrichten und korrigieren zu können.

6

Grundlagen der Trainingslehre

*Björn Ahsbahs (6.1 – 6.8)
und Claus Chmiel (6.9 – 6.10)*

6

Die Trainingslehre befaßt sich mit der **Theorie des sportlichen Trainings.** Sie beschreibt und erklärt das sportliche Training und soll helfen das Training systematisch zu planen, zu steuern, auszuwerten und gegebenenfalls zu korrigieren. Das setzt voraus, daß der Ausbilder, Trainer und auch der Sportler selbst mit den wissenschaftlichen Grundlagen vertraut ist und die Gesetzmäßigkeiten kennt, die ein Training bestimmen.

Hierfür ist die Definition und Verwendung einiger Begriffe aus der Fachsprache unumgänglich.

In Kapitel 6.1 und 6.2 werden einige grundlegende Informationen und Erklärungen zum **sportlichen Training** und zur **sportlichen Leistung** gegeben. Kapitel 6.3 dient in erster Linie der Vertiefung von **sportbiologischen** Kenntnissen (damit der Trainer/Sportler z.B. eine Vorstellung davon hat, warum es bei bestimmten Trainingsreizen zu einer Ermüdung der Muskulatur, ja sogar zu Muskelkater kommen kann). In den darauffolgenden Kapiteln werden Kenntnisse vermittelt und Anregungen gegeben, die sowohl beim Training von **Reitern, Fahrern** und **Voltigierern,** als auch beim Training und der Ausbildung unserer **Pferde** berücksichtigt werden müssen. Abschließend (Kapitel 6.10) werden praktische Anleitungen zum **Ausgleichssport** und Konditionstraining für Reiter gegeben.

6.1 Das sportliche Training

Der Begriff **Training** ist übergeordnet zu sehen und betrifft nicht nur den Sport, sondern auch andere Aspekte des menschlichen Lebens. Alle organisierten Übungsprozesse, die eine Veränderung des bisherigen Zustandes bewirken, können dem Begriff Training zugeordnet werden. Im weiteren wird deshalb von dem sportlichen Training gesprochen, das etwas eingeengter und präziser beschrieben werden kann und auch im Pferdesport seine Gültigkeit hat. An Stelle einer weiteren Definition werden hier die wichtigsten dem Begriff **sportlichem Training** zuzuordnenden Komponenten genannt:

– Entfaltung der Persönlichkeit
  (Individuum ⟨=⟩ Leistung ⟨=⟩ Persönlichkeit)

– zielgerechtes Handeln

– planmäßige Durchführung

– ökonomischer Ablauf
  (Optimierung des Verhältnisses von Aufwand und Effekt)

– Leistungssteigerung als Zielsetzung

– Wissenschaftlichkeit

– komplexer Prozeß

> **Sportliches Training bewirkt Veränderungen im physischen (körperlichen), psychischen und sozialem Bereich auf erzieherischer und inhaltlicher Ebene**

Das übergeordnete Ziel jedes langfristigen sportlichen Trainingsprozesses ist die Steigerung und Stabilisierung **sportlicher Leistung** (bzw. Leistungsfähigkeit).

> Als sportliche Leistung bezeichnet man eine erkennbare, nach quantitativen und qualitativen Normen meß- bzw. bewertbare Bewegungshandlung.

Spezielle **Trainingsziele** können im Sport u.a. Meisterschaften (Erreichen von Qualifikationen), Titelgewinne, persönliche Bestleistungen und das Erlernen neuer Fertigkeiten sein. Es sind immer zuvor festgelegte normative Vorgaben, an denen sich das Training orientiert.

Die individuelle Umsetzung der aus der Trainingslehre abgeleiteten Handlungstheorien ist geprägt von der Persönlichkeit, dem theoretischen Wissen und den praktischen Erfahrungen von Trainern und Aktiven. Hiermit läßt sich nun erklären, daß trotz gleicher Zielsetzung und Ausgangslage der Trainingsprozeß unterschiedlich gestaltet sein kann. Die Trainierbarkeit und Leistungsfähigkeit ist also auch von vielen inneren (endogenen) und äußeren (exogenen) Faktoren abhängig.

6.2 Die sportliche Leistung beeinflussende Faktoren

Die sportliche Leistung wird durch eine Vielzahl von Faktoren beeinflußt, die im folgenden aufgezeigt und in Abb. 3 nochmal zusammenfassend dargestellt werden.

6.2.1 Die motorischen (körperlichen) Fähigkeiten

Diese häufig auch als **Kondition** bezeichneten Fähigkeiten setzen sich aus folgenden drei Untergruppierungen zusammen:

(1) motorisch konditionelle Fähigkeiten
(2) motorisch koordinative Fähigkeiten
(3) Beweglichkeit

(1) Zu den **motorisch konditionellen Fähigkeiten** zählen:

— Kraft
— Ausdauer
— Schnelligkeit

und ihre Zwischenformen (siehe Abb. 1).

Abb. 1: Motorisch konditionelle Fähigkeiten

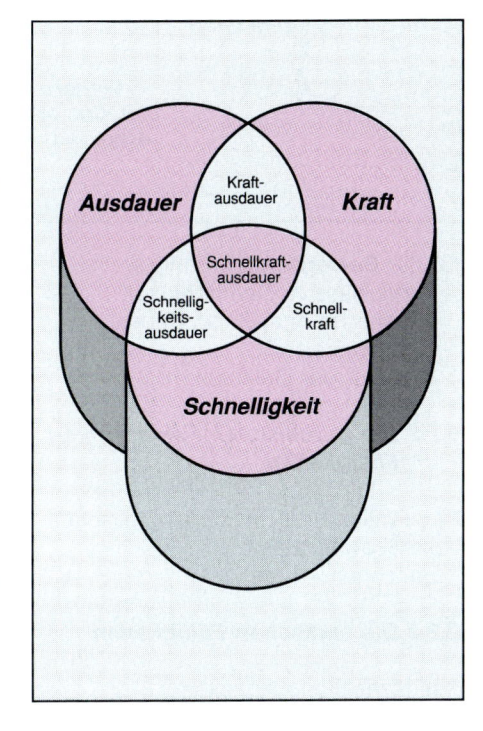

(2) Die **motorisch koordinative Fähigkeiten** sind bedeutend für das Erlernen sportlicher Techniken (dargestellt in Abb. 2).

Abb. 2: Offenes Schema koordinativer Fähigkeiten (nach RIEDER, 1987)

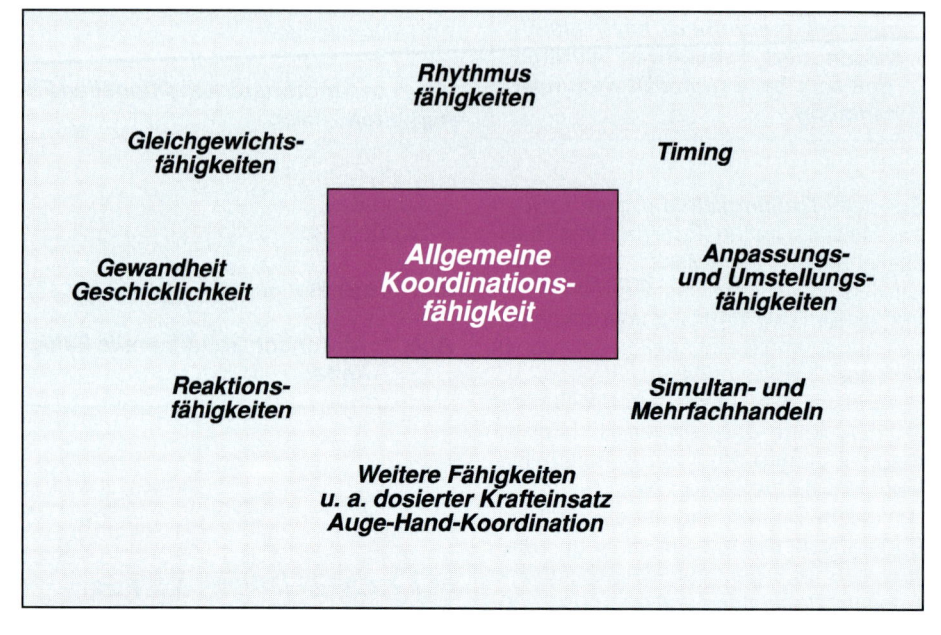

```
                        Rhythmus
                        fähigkeiten
    Gleichgewichts-
    fähigkeiten                                  Timing

    Gewandheit          Allgemeine         Anpassungs-
    Geschicklichkeit    Koordinations-     und Umstellungs-
                        fähigkeit          fähigkeiten

    Reaktions-                             Simultan- und
    fähigkeiten                            Mehrfachhandeln

                    Weitere Fähigkeiten
                    u. a. dosierter Krafteinsatz
                    Auge-Hand-Koordination
```

(3) Zur **Beweglichkeit** gehören:
– aktive/passive *Dehnfähigkeit*
  (Muskel, Sehne, Band, Kapsel)
– *Gelenkigkeit*
  (Struktur der Gelenke).

6.2.2 Die psychischen Faktoren und Fähigkeiten

* Motivation und Leistungsbereitschaft
* Streßbewältigung
* Emotionen

6.2.3 Die taktischen Fähigkeiten

* sensorische Fähigkeiten
– Beobachtungsfähigkeit
– Orientierungsfähigkeit

* kognitive Fähigkeiten
– Wissen über Wettkampfregeln
– Wissen über strategische bzw. taktische Regeln
– Wissen über situationsgebundene Verhaltensweisen

* intellektuelle Fähigkeiten
– Entscheidungsfähigkeit
– strategisch-taktische Denkfähigkeit

6.2.4 Die Umweltfaktoren

* soziales Umfeld
– Familie
– Freunde
– Beruf/Schule

* Trainer und Trainingsmöglichkeiten
– Ausbildung und Persönlichkeit des Trainers
– Sportstätten, Ausrüstung und zur Verfügung stehende Zeit

– Gesundheit und Ausbildungsstand der Pferde
* Ernährung und sportmedizinische Betreuung.

6.2.5 Weitere grundlegende Faktoren

* reifungs- und entwicklungsbedingte Faktoren
– sensitive, für die sportmotorische Entwicklung bedeutende Phasen
– Belastbarkeit

Abb. 3: Faktoren und Fähigkeiten, die die sportliche Leistung beeinflussen

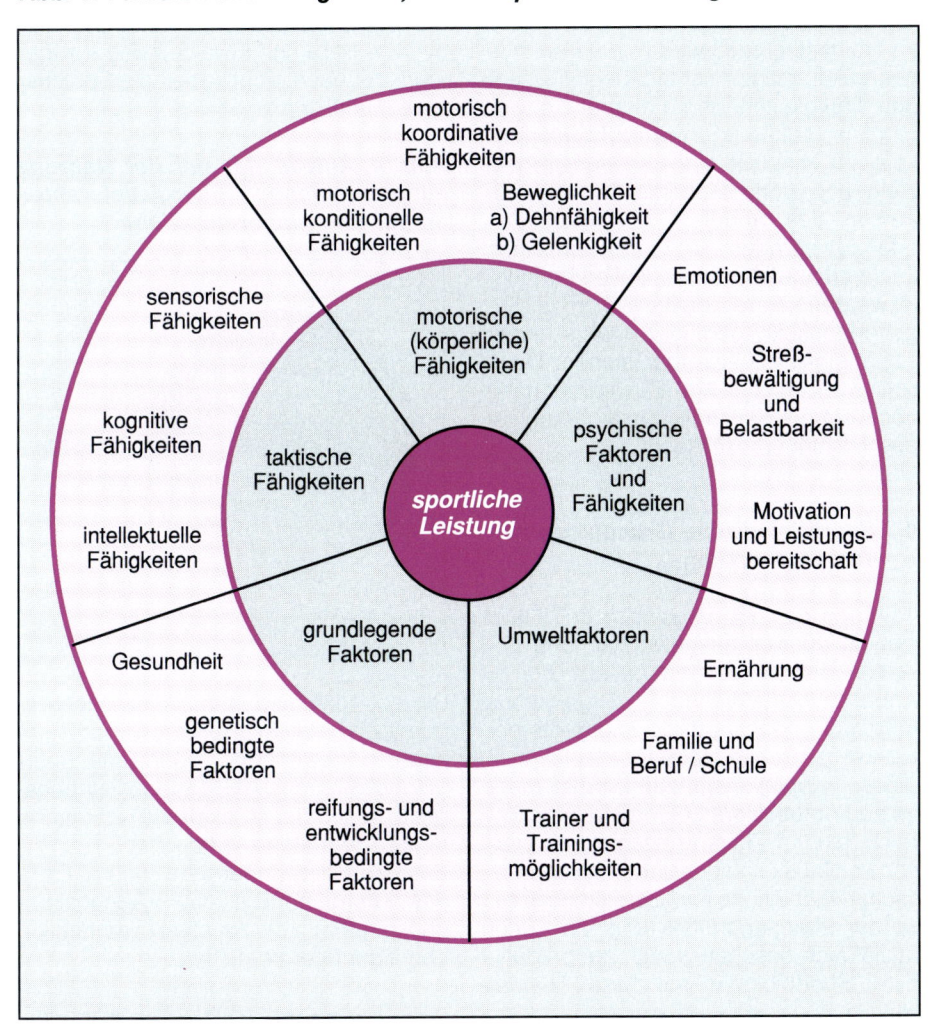

* genetisch bedingte Faktoren
  - Konstitution
  - Talent
  - Lernfähigkeit
  - intellektuelle Fähigkeiten

* Gesundheit
  - Anfälligkeit und chronische Krankheiten

Im Trainingsprozeß wird nun darauf hingearbeitet, diese leistungsbeeinflussenden Fähigkeiten und Faktoren, soweit möglich, (abhängig von ihrer Trainierbarkeit), im Hinblick auf die angestrebten Ziele und unter Berücksichtigung der Person des Sportlers herauszubilden oder zu verändern. Wobei die einzelnen Faktoren aber nur selten isoliert betrachtet werden können, da sie sich in der Regel gegenseitig bedingen oder in enger Abhängigkeit zueinander stehen. Deutlich wird in diesem Zusammenhang noch einmal der individuelle Charakter des Trainingsprozesses.

6.3 Sportbiologische Grundlagen zur Trainingswirkung

Während des Trainings wird der Athlet ständig speziell ausgewählten und dosierten Belastungen ausgesetzt, die zu Anpassungsreaktionen des Organismus führen. Je nach Anforderungsprofil der unterschiedlichen Sportarten spielt sich dieser Adaptationsprozeß einmal mehr im neuromuskulären (koordinativen) Bereich, d.h. im Zusammenspiel von Nerven und Muskeln oder stärker im energetischen (konditionellen) Bereich (Prozesse der Energiebereitstellung) ab. (Sehr ausführlich beschäftigt sich auch WEINECK "Sportbiologie" mit dieser Thematik.)

6.3.1 Die Energiebereitstellung

Um Bewegungen ausführen zu können, wird Energie benötigt. Die in den körpereigenen Speichern gelagerte chemische Energie wird für die Bewegungshandlung in den Muskelzellen zu mechanischer Energie umgewandelt. Über die Nahrung werden dem Organismus die wichtigsten Energielieferanten (Kohlenhydrate, Fette und Eiweiße) wieder zugeführt, um nach jeder Arbeit die Speicher erneut auffüllen zu können.

Abb. 4: Anteile der mit der Nahrung aufgenommenen Energielieferanten an der Energiebereitstellung

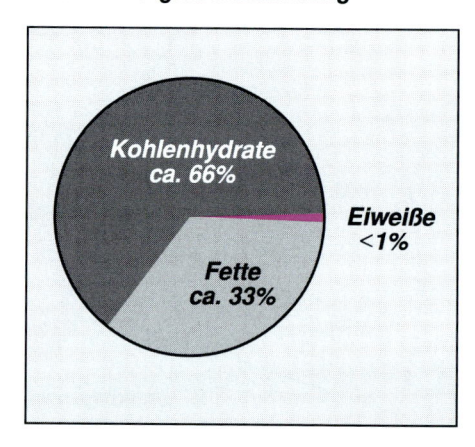

Die auf verschiedenen Stoffwechselwegen (siehe Abb. 5) aus diesen Energielieferanten gewonnene eigentliche Energiequelle ist das ATP (Adenosintriphosphat), das in der Muskelzelle aber nur in begrenztem Maße vorrätig ist.
Beim Zerfall des energiereichen ATP's in das energieärmere ADP (Adenosindiphosphat) wird die zur Muskelkontraktion benötigte Energie (E) frei.

$$ATP \longrightarrow ADP + E + Wärme$$

Der geringe ATP-Vorrat in der Muskelzelle reicht nur für ca. 3 Sek. Arbeit mit maximaler Intensität aus. Daher begrenzt die Fähigkeit zur Wiederherstellung (Resynthese) von ATP die Leistung des Muskels.

Die Bereitstellung der Energiequelle ATP kann unter Sauerstoffverbrauch *(aerob)* oder ohne Sauerstoffverbrauch *(anaerob)* erfolgen:

Abb. 5: Stoffwechselwege der Energielieferanten (angelehnt an WEINECK, 1990)

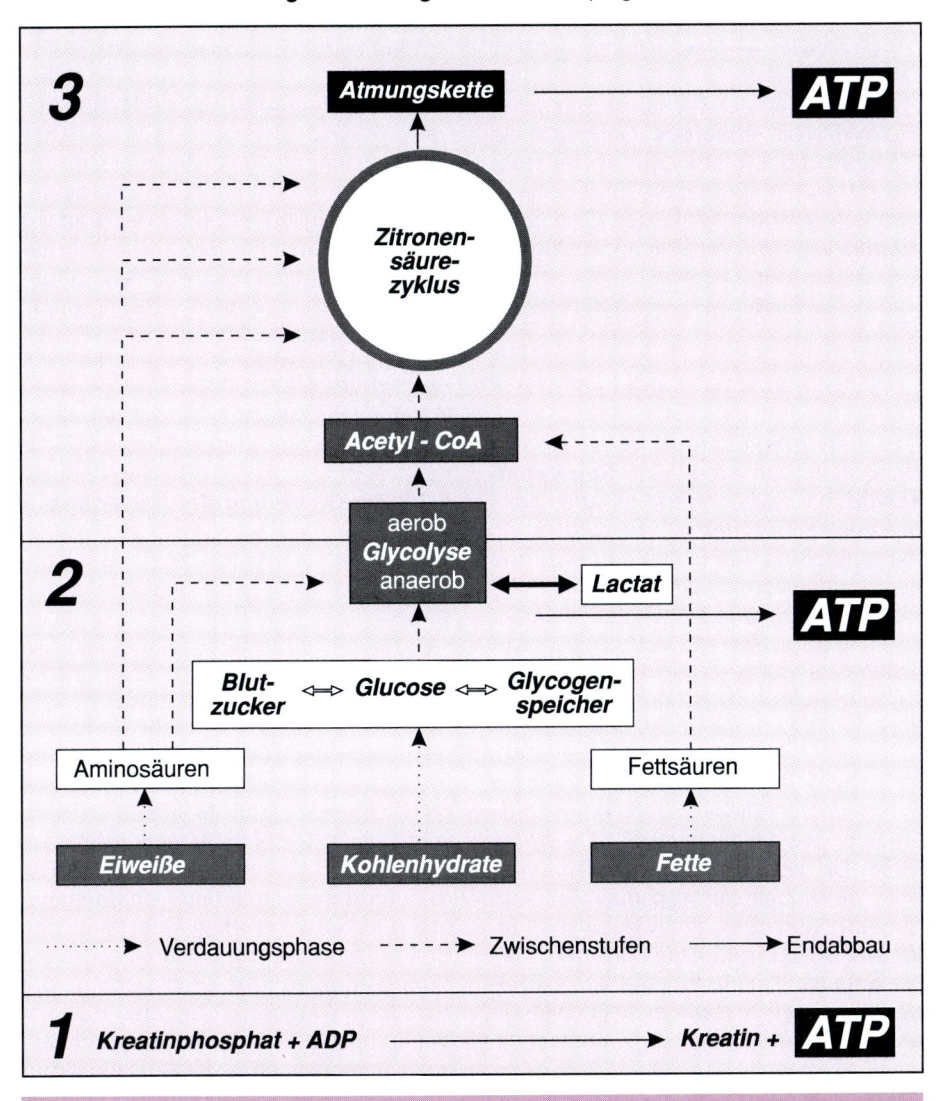

3
Atmungskette → **ATP**

Zitronensäurezyklus

Acetyl - CoA

2
aerob **Glycolyse** anaerob ↔ Lactat → **ATP**

Blutzucker ⇔ Glucose ⇔ Glycogenspeicher

Aminosäuren — *Eiweiße*

Kohlenhydrate

Fettsäuren — *Fette*

······▶ Verdauungsphase   ----▶ Zwischenstufen   ──▶ Endabbau

1
Kreatinphosphat + ADP → Kreatin + **ATP**

a) anaerobe Energiebereitstellung

– Für die ersten 5 - 10 Sekunden intensiver Arbeit liefert der Zerfall des in der Muskulatur gespeicherten **Kreatinphosphats (KP)** das benötigte ATP (siehe Abb. 5/1).

$$KP + ADP \longrightarrow Kreatin + ATP$$

– Bei andauernder intensiver Belastung gewinnt die **anaerobe Glycolyse** an Bedeutung. Die aus den mit der Nahrung aufgenommenen Energielieferanten gewonnene, in den Glycogenspeichern der Muskulatur gelagerte Glucose (siehe Abb. 5/2) wird zu ATP und Milchsäure (---→ *Lactat*) abgebaut.

$$Glucose \longrightarrow Lactat + 2\ ATP$$

Der Organismus geht schon zu Beginn einer intensiven Arbeit eine **Sauerstoffschuld** ein. Dieser Kredit ist aber nicht grenzenlos überziehbar. Er wird durch die Anhäufung von Lactat begrenzt und hängt stark vom Trainingszustand und Alter des Sportlers ab. Diese Lactatanhäufung trägt dazu bei, daß bei höchster Kraftanstrengung die Muskeln schmerzen und aufhören ordnungsgemäß, d.h. koordiniert zu arbeiten. Es treten Ermüdungserscheinungen auf, die vor allem für unsere Pferde sehr gefährlich sind (siehe auch "Hinweise zum Konditionstraining der Militarypferde", FN-Verlag 1986). Die starke Belastung muß nach einem individuell bemessenen Zeitraum abgebrochen oder zumindest in ihrer Intensität soweit gedrosselt werden, daß die Sauerstoffzufuhr für eine aerobe Resynthese des ATP's ausreicht (individuelle anaerobe Schwelle).

b) aerobe Energiebereitstellung

– Während der **aeroben Glycolyse** kann Glucose und im Gegensatz zur anaeroben Glycolyse auch Fett und bei ganz extremer Belastung sogar Eiweiß in Anwesenheit von Sauerstoff und ohne Produktion von Lactat verbrannt werden (siehe Abb. 5/3).

$$Glucose \longrightarrow CO_2 + H_2O + ATP$$

Dauerleistungen der Muskulatur sind nur mit dieser aeroben Form der Energiegewinnung möglich. Atmung, Herzleistung und Durchblutung müssen den Anforderungen des Muskelstoffwechsels angeglichen werden. Dieses Gleichgewicht ("steady state") muß nach oder zwischen mehreren Phasen anaerober Arbeit angestrebt werden, um über einen längeren Zeitraum die Aktionsfähigkeit des Muskels zu erhalten.

6.3.2 Zur Steuerung der Bewegung

Im Sport haben wir es in der Regel mit gewollten und bewußten Bewegungen zu tun (Reflexe und unwillkürliche Muskeltätigkeit werden hier nicht berücksichtigt). Die Aktionen der Muskeln müssen hierfür durch differenzierte Reize gesteuert werden. Diese Aufgabe des "Steuermanns" übernimmt das aus Gehirn und Rückenmark bestehende **Zentralnervensystem** (ZNS). Durch einen Bewegungsantrieb kommt es im Großhirn zu einer auf bereits Erlerntem (im Kleinhirn gespeicherten Bewegungserfahrungen und -programmen) und äußeren Informationen aufbauenden Bewegungsvorstellung. Hieraus wird ein Bewegungsplan zur Realisierung der Handlung entwickelt. Über das Rückenmark und die herausführenden (efferenten) Nervenbahnen gelangen dann die für

Abb. 6: Steuerung der Bewegungshandlung (angelehnt an GATTERMANN, 1985)

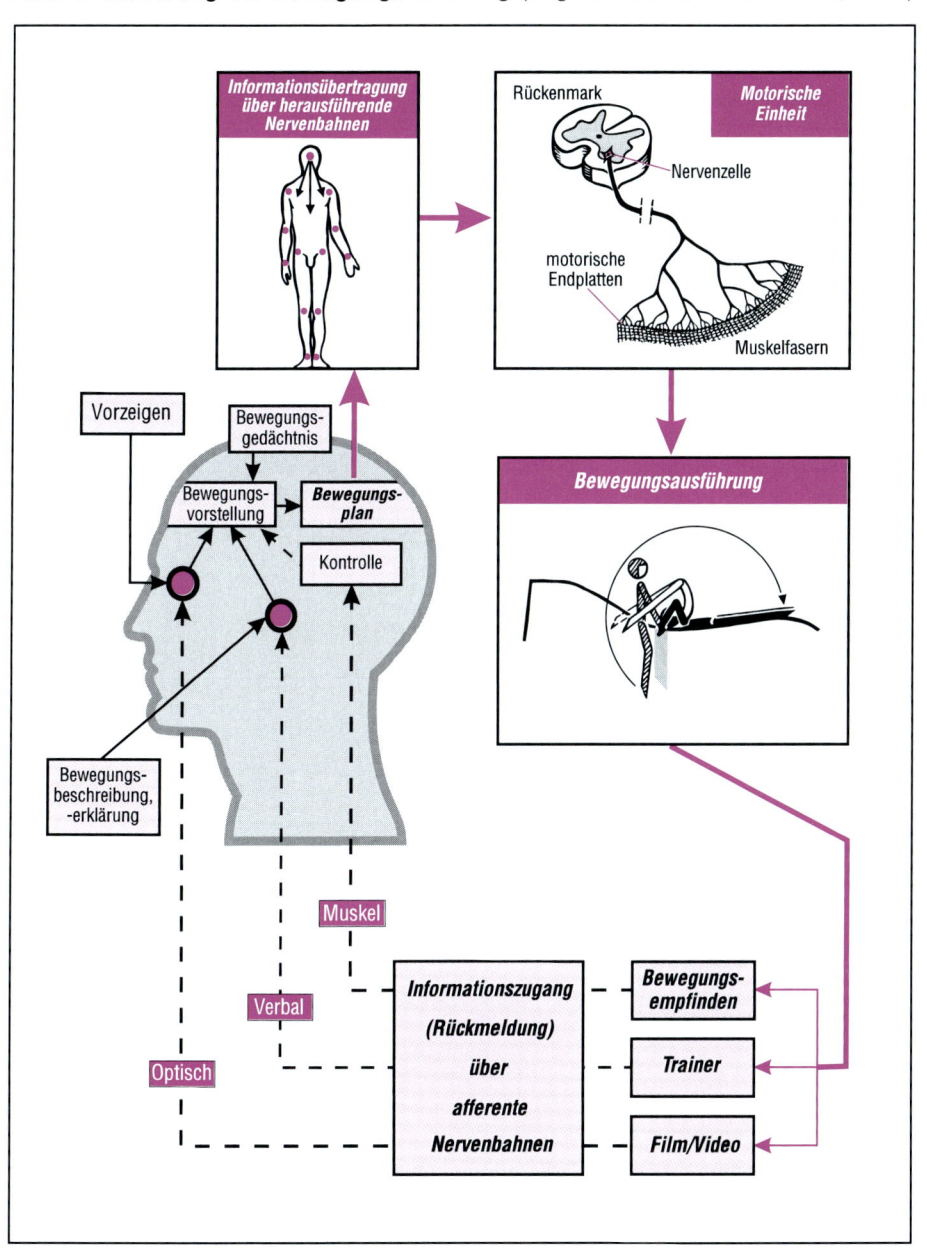

die Bewegungsführung bestimmten Impulse zu den betreffenden, für die Ausführung zuständigen **motorischen Einheiten**. Eine motorische Einheit besteht aus einer speziellen Nervenzelle (Motoneuron) und den von ihren Nervenfasern versorgten Muskelfasern (siehe Abb. 6). Das Zusammenspiel der einzelnen motorischen Einheiten (zum Beispiel gleichzeitige Kontraktion mehrerer Muskelfasergruppen) innerhalb eines Muskels bezeichnet man als **intra(-inner-)muskuläre Koordination**. Das Zusammenspiel mehrerer entgegengesetzt handelnder (agonistisch und antagonistisch tätiger) Muskeln oder Muskelgruppen bei komplexen Bewegungen nennt man **inter(-zwischen-)muskuläre Koordination**. Über die von den Sinnesorganen zum ZNS führenden (afferenten) Nervenbahnen gelangt eine Rückmeldung über die Übungsausführung zurück zum Gehirn, mit der die Bewegung korrigiert und neugeplant werden kann.

Bei komplexen Übungen kann die Ausführung nicht bis ins Detail bewußt ausgeführt werden. Das Großhirn ist für die bewußte Steuerung der Bewegung verantwortlich. Es hat nur eine begrenzte Kapazität und greift auf im Kleinhirn gespeicherte, bereits erlernte Bewegungsmuster zurück. Je mehr Teile einer Bewegungshandlung im Kleinhirn deponiert und von dort unbewußt gesteuert werden können, um so ökonomisierter und automatisierter wird eine Bewegung. Die bewußte Kontrolle des Großhirns entfällt und es entstehen neue Freiräume für (detaillierte) Verbesserungen und für neue Aufgaben.

6.3.3 Die Trainingswirkung

Abb. 7: Die Superkompensation (nach WEINECK, 1990)

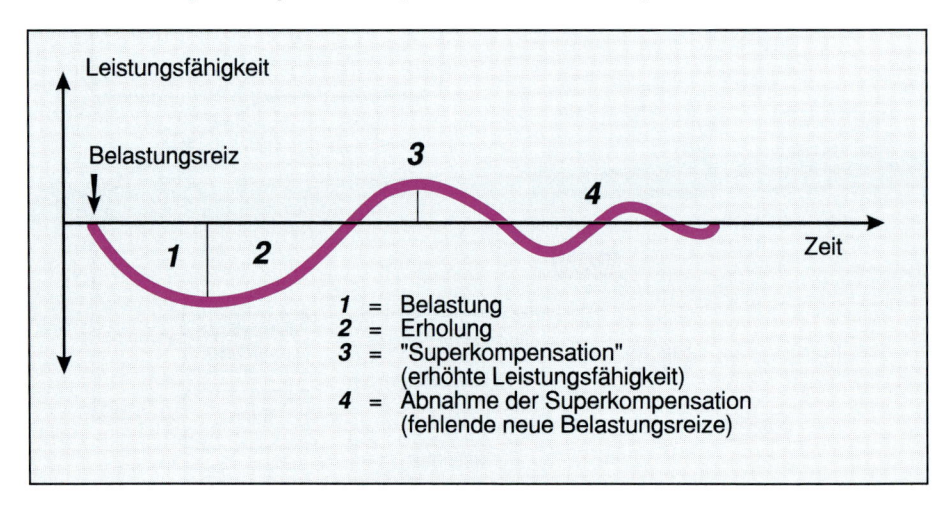

Wird der Körper im Laufe des Trainings Belastungen ausgesetzt, so kommt es zur Ermüdung (Abnahme der Leistungsfähigkeit) des Organismus (vergleiche 6.3.1 Energieverbrauch, Sauerstoffmangel). Nach Abbruch der Arbeit beginnt die Phase der Erholung zur Wiederherstellung des Ausgangsniveaus. Besonders hohen Belastungen paßt sich der Organismus mit der sogenannten **Superkompensation** (siehe Abb. 7) an. Unter solchen, durch das Training bewirkte Bedingungen endet die Wiederherstellungsphase nicht mit dem Erreichen des Ausgangsniveaus, sondern führt zu einer erhöhten Leistungsbereitschaft.

Das so erreichte erhöhte Ausgangsniveau (Trainingswirkung) wird wieder abgebaut, wenn keine weiteren trainingswirksamen Reize gesetzt werden. Der Erfolg des Trainings ist also im wesentlichen von der Art und Höhe einer Belastung und ihrer zeitlichen Abfolge abhängig und basiert auf biologischen Gesetzmäßigkeiten.

Aber auch der Superkompensation sind Grenzen gesetzt. Die Leistung steigt nicht linear (Abb. 8), sondern nähert sich mit immer kleiner werdenden Schritten der genetisch und entwicklungsbedingten Leistungsgrenze. Ein untrainierter Sportler wird zu Beginn eines langfristigen Trainingsprozesses mit relativ wenig Aufwand recht große Erfolge erzielen können, muß sich aber mit steigendem Leistungsniveau auch wesentlich mehr anstrengen, um sich immer noch weiter zu verbessern.

Abb. 8: Entwicklung des Trainingszustandes (nach WEINECK, 1990)

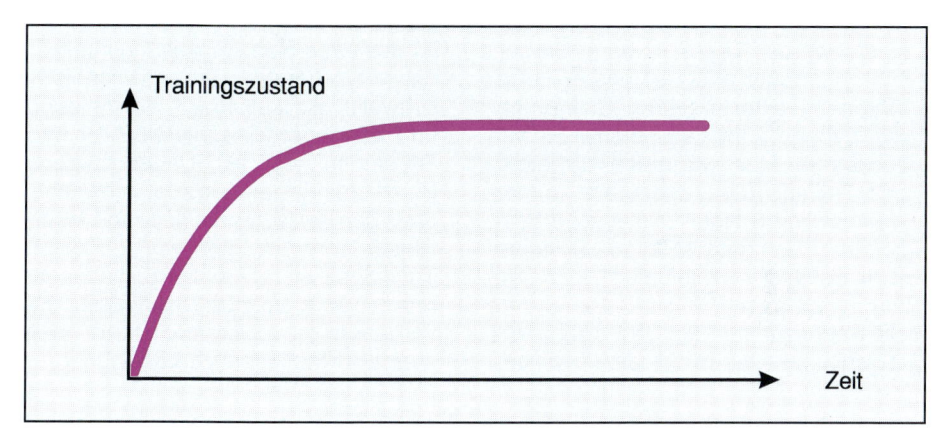

Im folgenden wird dargestellt, wie sich der Organismus an Trainingsreize anpaßt (nach WEINECK):

* im neuromuskulären (koordinativen) Bereich:
Wiederholtes Üben führt zur Verbesserung der Bewegungssteuerung (gezieltere, schnellere und effektivere Reizung der Muskelfasern) und damit zur Ökonomisierung und Automatisierung der Bewegung. Die Verbesserung der intramuskulären Koordination ermöglicht das gleichzeitige Zusammenziehen (Kontrahieren) vieler Muskelfasern und steigert damit automatisch die Kraft des Muskels.

* im konditionellen Bereich:
Die Muskeln erhalten eine größere

Kontraktionskraft, da sich durch die Verbesserung der intra- und intermuskulären Koordination auch der Querschnitt der Muskelfasern und damit auch des gesamten Muskels vergrößert. Bei Maximal- und Schnellkraftbelastungen (starke Belastungen von kurzer Dauer) wird hauptsächlich die anaerobe Energiebereitstellung aus dem Kreatinphosphat der Arbeitsmuskulatur angesprochen (vergleiche 6.3.1). In diesem Fall erfolgt die Anpassung des Organismus in der Erweiterung bzw. "Überfüllung" der intramuskulären Kreatinphosphatspeicher. Entsprechend kommt es bei Kraft- und Schnelligkeitsausdauerbelastungen zur Anpassung im Bereich der anaeroben Glycolyse (vergleiche 6.3.1), d.h. die Glycogenspeicher der Arbeitsmuskulatur werden besser versorgt. Die aerobe Ausdauer ansprechenden Reize führen zu einer weiteren Steigerung der Glycogen-und Fettspeicher. Ein auf bestimmte Muskelgruppen abzielendes Training führt aber auch immer gleichzeitig zu einer Leistungsverbesserung der mitbeteiligten Systeme (zum Beispiel Durchblutung, Herz- und Atmungsleistung).

Die Anpassungen des Organismus erfolgen nicht isoliert in nur einem der angesprochenen Bereiche, sondern sind je nach Belastung (sportartspezifisch) nur unterschiedlich gewichtet.

6.4 Die wichtigsten Trainingsprinzipien

Trainingsprinzipien gelten als oberste Leitlinien für das Training. Die hierin berücksichtigten Gesetzmäßigkeiten (vergleiche auch 6.3) sowie pädagogischen und psychologischen Erkenntnisse müssen in die Gestaltung des Trainingsprozesses einfließen.

* Prinzip der trainingswirksamen Reize

Eine Trainigswirkung kann nur dann erzielt werden, wenn durch einen richtig dosierten Reiz Anpassungsreaktionen hervorgerufen werden. Diese Reizschwelle ist individuell verschieden und hängt von Geschlecht, Alter und Trainingsniveau ab. Unterschwellige Reize bleiben wirkungslos; schwache, über der Reizschwelle liegende Reize wirken anregend und können einen Trainingszustand erhalten (Erhaltungsreize); starke, spezifische Anpassungsvorgänge provozierende Reize kann man als Trainingsreize bezeichnen.

unterschwellige Reize	➡	sind wirkungslos und führen zum Leistungsabfall
Erhaltungsreize	➡	wirken anregend und erhalten den Leistungsstand
Trainingsreize	➡	übersteigen die Reizschwelle und steigern die Leistungsfähigkeit
Überreizung	➡	schädigt den Organismus und kann irreparabel sein

* **Prinzip der optimalen Relation von Belastung und Erholung**
Die Superkompensation kann durch einmalige Belastung und darauffolgende Erholung und Anpassung erfolgen (vergleiche Abb. 7), oder durch eine Summation der Trainingseffekte, indem die neue Belastung noch während der Erholungsphase (unvollständige Erholung) beginnt (Abb. 9).

Abb. 9: Summation der Trainingseffekte (nach WEINECK, 1990)

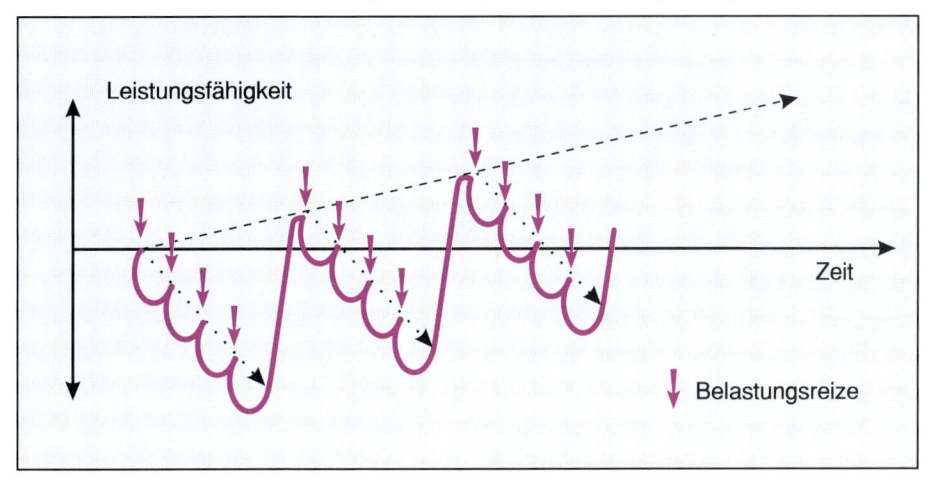

Nach erfolgter Superkompensation muß der nächste trainingswirksame Reiz vor der Rückkehr zum alten Ausgangsniveau (vergl. 6.3.3) erfolgen (Abb. 10).

Abb. 10: Optimale Reizsetzung (nach WEINECK, 1990)

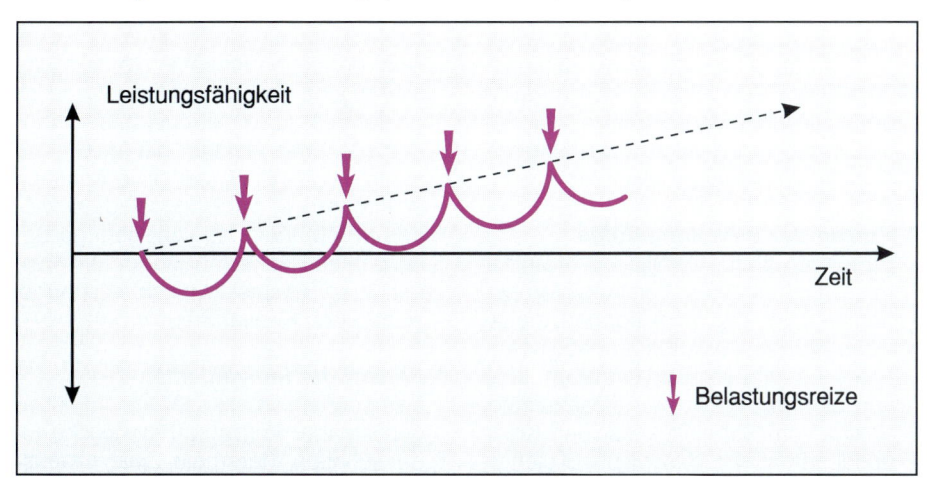

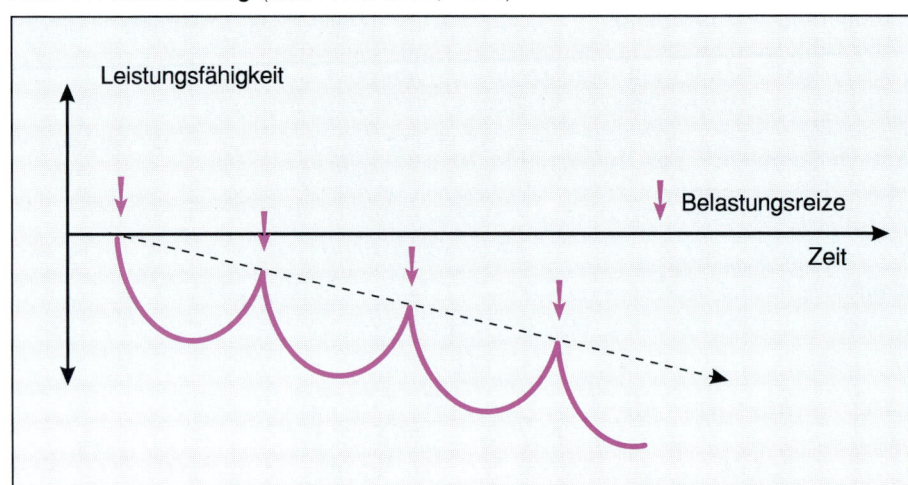

Abb. 11: Übertraining (nach WEINECK, 1990)

Zu früh gesetzte Reize führen zu einem "Übertraining" und reduzieren die Leistungsfähigkeit (Abb. 11).

* **Prinzip der ansteigenden (progressiven) Belastung**
Die Belastung muß dem jeweiligen Trainingsstand (Leistungsfähigkeit) angepaßt werden. Mit erreichtem höheren Ausgangsniveau (Superkompensation) muß auch die Belastung gesteigert werden, damit wieder trainingswirksame Reize gesetzt werden können. Gleichbleibende Reize würden nur zum Erhalt der Leistungsfähigkeit, nicht zu ihrer Steigerung führen.

* **Prinzip der Belastungsfolge**
Begonnen werden sollte ein Training, das verschiedene Leistungskomponenten anspricht, mit Aufgaben, die eine vollständige Erholungsphase benötigen. Es gilt: Koordinationsschulung vor Schnelligkeits-, vor Krafttraining, gefolgt vom Schnelligkeits- und Kraftausdauertraining, das mit unvollständigen Erholungsphasen arbeitet, und erst am Ende der Trainingseinheit steht das reine (allgemeine) Ausdauertraining.

* **Prinzip der Entwicklungsgemäßheit**
Training mit Kindern und Jugendlichen ist zum Beispiel kein Training mit "kleinen Erwachsenen". Der jeweilige Entwicklungsstand des Sportlers muß unbedingt berücksichtigt werden, wobei nicht das kalendarische, sondern das biologische Alter ausschlaggebend ist. Bestimmte Entwicklungsphasen eignen sich besonders für die Aneignung neuer Fertigkeiten (sensitive Phasen). In anderen Entwicklungsstadien wiederum muß auf eine sehr geringe Belastbarkeit Rücksicht genommen werden (zum Beispiel Wachstumsschübe; siehe auch Kapitel 3.7).

* **Prinzip der Individualität**
Das Training ist ein sehr individuell zu gestaltender Vorgang. Persönliche Eigenschaften, Merkmale, Ziele, Voraus-

setzungen, Anschauungen und Stärken müssen in den Trainingsprozeß eingegliedert oder genutzt werden.

* **Prinzip des langfristigen Trainingsaufbaus und der Periodisierung**
Ein Trainingsprozeß verläuft nach entsprechender Zielsetzung in der Regel über mehrere Jahre und unterteilt sich in das Grundlagentraining (mehr allgemeines als sportartbezogenes Training), das Aufbautraining (allgemeines und spezielles Training werden gleichmäßig berücksichtigt) und das Leistungstraining (das sportartspezifische Training tritt in den Vordergrund). Die Gestaltung eines Trainingsjahres (Periodisierung) unterliegt ebenfalls einer genauen Planung, die von Zwischenzielen und Wettkampfterminen abhängt (vergleiche Kapitel 6.6).

6.5 Trainingsmethoden

In den Trainingsmethoden spiegeln sich die gesammelten Erkenntnisse und Erfahrungen wieder, die dann in der Form eines planmäßigen Verfahrens den Rahmen für die Umsetzung in die Praxis geben. Die Trainingsmethode legt also fest, wie man auf welchem Weg das angestrebte Trainingsziel erreicht.

* **Trainingsinhalte** müssen vorher bestimmt werden:
Sie betreffen die Tätigkeit während des Trainings, d.h. vor allem die Auswahl der Trainingsübungen und ihre Ausrichtung auf das vorgegebene Trainingsziel.

* **Trainingsmittel** werden ausgewählt:
Sie umfassen die möglichen Hilfsmittel:
  – materielle (Geräte usw.),
  – informelle (Korrektur, Übungsbeschreibung, Video usw.),
  – organisatorische (Geräteaufbau, Gruppen-/Partnerarbeit),
die das Erreichen der Trainingsziele erleichtern.

* **Belastungsmerkmale** sind zuzuordnen:
Zeitliche Abfolge, Häufigkeit, Länge und Stärke der Belastungen im Training müssen je nach Trainingsziel festgelegt werden (vergleiche Kapitel 6.3.3 Trainingswirkung hängt von der Dosierung der Reize ab). Die unterschiedlichen Trainingsmethoden geben jeweils Richtwerte für diese auch Belastungskomponenten genannten Merkmale an *(weitere Bezeichnungen: Belastungsanforderungen oder -normative).*

  – *Reizstärke*
  (weitere Bez.: Reizhöhe, Reiz-, Belastungs- oder Trainingsintensität)
  Die Stärke der Belastung während der Ausführung einer Übung, zum Beispiel Höhe eines Gewichts oder Geschwindigkeit des Laufs, gemessen an der persönlichen Maximalleistung (= 100 %).

  – *Reizumfang*
  (weitere Bez.: Belastungs- oder Trainingsumfang)
  Dauer und Anzahl der Belastungen pro Trainingseinheit, zum Beispiel Streckenlänge oder Häufigkeit an Wiederholungen.

  – *Reizdichte*
  (weitere Bez.: Belastungsdichte)
  Zeitliche Abfolge von Belastung und Erholung, d.h. die Gestaltung der Pause. Vollständige Erholungsphase (Pause) oder unvollständige, aber

lohnende Pause (vergleiche Kapitel 6.4, Abb. 9) zwischen den einzelnen Belastungen.

— *Reizdauer*
(weitere Bez.: Belastungsdauer)
Bezeichnet die Länge einer Belastung, zum Beispiel die Zeit zum Absolvieren einer Strecke oder die Länge einer Serie im Zirkeltraining bzw. Dauer einer Übungsfolge.

6.5.1 Methoden im Ausdauertraining

Ziel des Ausdauertrainings ist es, möglichst über einen längeren Zeitraum einer Belastung standzuhalten. Dies kann je nach Anforderung der Sportart mehr den **aeroben** Bereich bei längerer (Dauer-)Belastung oder stärker den **anaeroben** Bereich bei kurzer intensiver Belastung betreffen (vergl. auch Kap. 6.3.1). Desweiteren wird häufig noch zwischen *lokaler* (meist die anaerobe Kapazität ansprechende Schnelligkeits-, Kraft- und Schnellkraftausdauer einzelner Muskel[gruppe]n) und der **allgemeinen** (hauptsächlich das Herz-Kreislauf-Atmungssystem ansprechenden) Ausdauer unterschieden. Ausdauer ist also eine umfassende Fähigkeit, die sowohl von den verschiedenen Formen der Energiebereitstellung, den sportartspezifischen Anforderungen und auch den anderen motorisch-konditionellen Fähigkeiten Kraft und Schnelligkeit (vergl. Kap. 6.2.1, Abb. 1) geprägt ist. Je nach Trainingsziel kommen folgende Trainingsmethoden zum Einsatz (die jeweiligen Belastungsmerkmale sind in Abb. 12 aufgeführt):

* **Dauermethoden**
  — kontinuierliche Methode (hauptsächlich aerobe Arbeit)
  — Tempowechselmethode (Wechsel zwischen aerober und anaerober Arbeit)
* **Intervallmethoden**
  — **extensive** Intervallmethode (Arbeit nahe der aneroben Schwelle)
  — **intensive** Intervallmethode (Verbesserung anaerober Kapazitäten)
* **Wiederholungsmethode**
  Aufgrund vollständiger Erholung zwischen den Belastungsreizen werden jedesmal alle drei Formen der Energiebereitstellung durchlaufen.

6.5.2 Methoden im Krafttraining

Kraft ist das Resultat von Muskelarbeit und tritt als dynamische und/oder statische Kraft in den folgenden Arten in Erscheinung:

— *Maximalkraft*
(die höchste willkürlich entwickelbare Kraft)
— *Schnellkraft*
(die Höhe der schnellstmöglich einsetzbaren Kraft)
— *Schnellkraftausdauer*
(Wiederholbarkeit von Schnellkrafteinsätzen/schnelle Erholungsfähigkeit)
— *Kraftausdauer*
(Erhalt der Muskelleistung über einen längeren Zeitraum).

Der Muskel kann je nach Anforderung der Sportart überwindend (konzentrisch), nachgebend (exzentrisch) oder verharrend (isometrisch) arbeiten. Es können also Widerstände überwunden (Sprünge), Kräfte abgefangen (Landungen) und Positionen oder Körper gehalten werden. Kraft tritt nie isoliert in nur einer der Erscheinungsformen auf, sondern diese stehen immer in unterschiedlich gewichteten (von der Übung abhängigen)

Abb. 12: Trainingsziele mit Trainingsmethoden und Belastungsmerkmalen

Trainings-methode	Belastungsmerkmale				Trainingsziele
	Reizstärke	Reizumfang	Reizdichte	Reizdauer	
Dauer-methode	30- 70 %	sehr groß	ohne Pause	sehr lang	allgemeine Ausdauer Kraftausdauer
extensive Intervall-methode	60- 80 %	hoch (15-35 Wieder-holungen)	"lohnende Pause" (> 3 Min.)	mittel	allgemeine Ausdauer
intensive Intervall-methode	80- 90 %	mittel (ca. 10 Wieder-holungen)	"lohnende Pause" (> 5 Min.)	mittel bis 60 Sek.	lokale Ausdauer Schnelligkeits-ausdauer Schnellkraft Schnellkraft-ausdauer Kraftausdauer
Wieder-holungs-methode	85-100 %	gering (1 - 6 Wieder-holungen)	lange Pause (bis zu 15 und mehr Min.)	kurz bis 10 Sek.	Maximalkraft Schnellkraft Schnelligkeits-ausdauer Beschleunigungs-leistung max. Schnellig-keit
Pyramiden-training	steigend 80-85-90-95-100 %	abnehmend (7-5-3-2-1 Wieder-holungen)	10 - 15 Sek.	kurz	Maximalkraft Schnellkraft

Wechselbeziehungen zueinander. Ob statische oder dynamische bzw. konzentrische, exzentrische oder isometrische Kraft trainiert wird, muß mit der Auswahl der Übungen (Trainingsinhalte) festgelegt werden. Die Belastungsmerkmale für das Maximalkraft-, Schnellkraftausdauer-, Schnellkraft- und Kraftausdauertraining können der Abbildung 12 entnommen werden. Zu den schon unter 6.5.1 erwähnten Trainingsmethoden kommt speziell für das Krafttraining noch das
* *Pyramidentraining* hinzu.

Abb. 13: Pyramidentraining

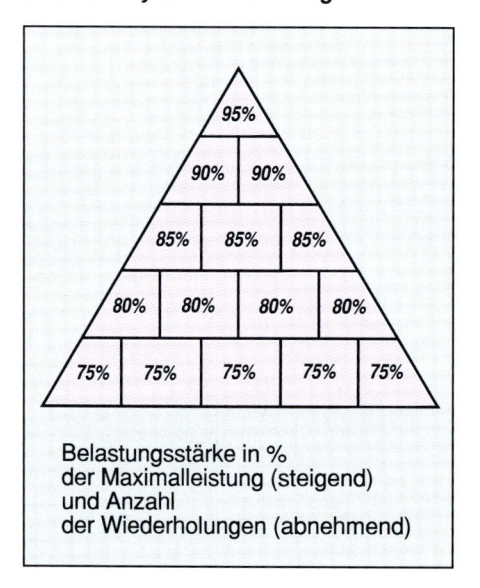

```
                    95%
                90%    90%
            85%    85%    85%
         80%    80%    80%    80%
      75%    75%    75%    75%    75%
```

Belastungsstärke in % der Maximalleistung (steigend) und Anzahl der Wiederholungen (abnehmend)

6.5.3 Methoden im Schnelligkeitstraining

Eine Bewegung in höchstmöglicher Geschwindigkeit ausführen zu können, ist das Ziel des Schnelligkeitstrainings (Aktionsschnelligkeit). Da dieses Bewegungstempo normalerweise über einen gewissen Zeitraum gehalten werden soll, ist eine Abgrenzung zur Schnelligkeitsausdauer kaum zu vollziehen (kurze schnelle Bewegungen werden im Sport in der Regel nur im Zusammenhang mit der Schnellkraft gefordert). Um in möglichst kurzer Zeit diese eigentliche Schnelligkeitsleistung zu erreichen, müssen auch Reaktions- und Beschleunigungsschnelligkeit geschult werden. Das Zusammenspiel von ZNS und Muskeln (neuromuskuläres System, vergl. Kap. 6.3.2) muß soweit optimiert werden (intra- und intermuskuläre Koordination), daß eine hohe Kontraktionsgeschwindigkeit der Muskel(faser)n erreicht wird. Neben Übungen zur Reaktionsschulung werden im Schnelligkeitstraining noch folgende Methoden eingesetzt:

* *intensive Intervallmethode*
* *Wiederholungsmethode.*

6.5.4 Methoden im Beweglichkeitstraining

Der Grad der Beweglichkeit *(weitere Bez.: Flexibilität/Biegsamkeit)* hängt zum einen von der Gelenkigkeit (dem genetisch und anatomisch bedingtem Bau des Gelenkes) und zum anderen von der Dehnfähigkeit der Muskeln, Sehnen, Bänder und Kapseln ab. Gelenkigkeit läßt sich nur bedingt durch Beweglichkeitstraining verbessern. Daher ist der Erhalt der im Kindesalter vorhandenen Gelenkigkeit durch regelmäßige Bewegungsschulung von wesentlicher Bedeutung für Sportarten mit hohen Anforderungen an die Beweglichkeit (Voltigieren). Auch die spezielle Dehnfähigkeit kann am besten zwischen dem 8. und 12. Lebensjahr herausgebildet werden und läßt sich dann im Trainingsproceß leicht auf dem erreichten Niveau halten. Unterschieden werden muß immer zwischen der aktiv-selbstgesteuerten und der passiv-fremdgesteuerten (mit Partner- oder Gerätehilfe) Beweglichkeit. Da im Sport meist die erstgenannte Form der Beweglichkeit entweder statisch (selbst gehalten) oder dynamisch (geführt) gefordert ist, sollte sie das endgültige Ziel eines Beweglichkeitstrainings sein. Für diese aktive Beweglichkeit ist immer eine Muskelarbeit nötig. Die Kraft dieser die Bewegung führenden Muskeln (Agonisten) spielt also für den Erfolg (Dehnung der Antagonisten) eine wesentliche Rolle. Daher und aufgrund der völligen Entspannung aller beteiligten Muskeln kann auf passivem Wege immer eine bessere Beweglichkeit erzielt werden als mit aktivem Muskeleinsatz. Das heißt aber auch, daß ein passives Beweglichkeitstraining möglichst häufig mit einer Kräftigung der die Bewegung ausführenden Muskeln verbunden werden sollte. Folgende Trainingsmethoden finden Anwendung im Beweglichkeitstraining:

* Beim **elastischen Dehnen** wird durch das Pendeln oder rhythmische Wippen von Extremitäten (oder Rumpf) keine bedeutende Steigerung der Beweglichkeit erzielt. Begrenzender Faktor ist in diesem Fall ein "Schutzreflex" (muskulärer Dehnungsreflex), der bei schnellen und ruckartigen Dehnungsreizen, von den betroffenen Muskelspindeln ausgehend, über das ZNS eine Kontraktion der Muskeln auslöst, um einer Verletzung vorzubeugen. Das elastische Dehnen steigert also kaum die Beweglichkeit, erhält sie aber bis zu einem gewissen Grade und ist in angemessener Dosierung gut zur Muskelaufwärmung geeignet.

* Beim **statisch (gehaltenen) Dehnen (Stretching)** wird durch langsames Führen in die Dehnposition der muskuläre Dehnungsreflex ausgeschaltet, und es können neue, stärkere Dehnungsreize gesetzt werden.

  — passiv
  Man gelangt mit Hilfe von Geräten, Partnern oder dem eigenen Gewicht - ohne Muskelarbeit - in die Dehnposition. Diese wird dann unmittelbar vor der Schmerzgrenze möglichst entspannt 15 bis 45 Sekunden gehalten. Der Vorgang wird mehrfach wiederholt.

  — aktiv
  Mit Hilfe von Muskelkraft wird versucht, die Dehnposition zu erreichen und zu halten. Da die Kraft meistens nicht ausreicht, um einen trainingswirksamen Dehnungsreiz zu setzen, ist diese Methode nicht so erfolgversprechend, steht aber den eigentlichen (sportspezifischen) Anforderungen am nächsten (→ Kontrolle des Leistungsstandes).

* Die **Kontraktions-Entspannungs-Dehnmethode** ist eine sinnvolle Kombination von passivem Dehnen und Muskelarbeit zur erfolgreichen Verbesserung der Beweglichkeit. Im Gegensatz zum aktiven Stretching wird jetzt der zu dehnende Muskel angespannt. Mit passivem Stretching soweit wie möglich dehnen, dann den betreffenden Muskel zusammenziehen (kontrahieren, mindestens 10 Sekunden) - der Muskel wird verkürzt und streckt u.a. die kollagenen Fasern der Sehnen - nach kurzer Entspannung erfolgt erneutes passives Dehnen. Dieses wechselseitige Arbeiten wird bis zu einer Minute fortgesetzt.

Bei jedem Beweglichkeitstraining sollte man der Übungsauswahl, soweit es die Anforderungen der Sportart ermöglichen, funktionell-anatomische Gesichtspunkte zugrundelegen; also auf extreme und "unnatürliche" Belastungen verzichten. Gesundheitsschädliche Belastungen können kurzfristig vielleicht zu einer Leistungssteigerung führen, bewirken langfristig gesehen aber das Gegenteil. (Zur Vertiefung eignen sich KNEBEL 1990 und WIRHED 1988; siehe Literaturhinweise).

6.5.5 Methoden im Techniktraining

Im Techniktraining kommt es zu einer zunehmenden Spezialisierung. Die Ausführung der einzelnen Übungen, gemessen an qualitativen und/oder quantitativen Kriterien, steht im Vordergrund. Die im Wettkampf geforderten Zielübungen sollen perfektioniert werden und sich den durch Reglement oder Effektivität bestimmten "Idealtyp" der Ausführung nähern. Techniktraining steht in enger Verbindung mit dem Bewegungslernen (siehe Kap. 2.6), da auch der Erwerb und das Verbessern von sportlichen Techniken einen Lernprozeß darstellt. Nur aufgrund des systematischen Vorgehens zur Verbesserung, Ökonomisierung, Automatisierung und jederzeitigen (variablen) Verfügbarkeit einer schon erlernten Bewegung wird hier auch von einem Trainingsprozeß gesprochen. Techniktraining kann nur erfolgreich sein, wenn die leistungsbestimmenden Faktoren (vergl. auch Abb. 3) den Anforderungen entsprechend ausgebildet sind. Sportliche Technik beinhaltet aber auch immer ein gewisses Maß an Individualität. Denn ein Sportler vermag durch persönliche Fähigkeiten und Stärken anderweitige Mängel und Schwächen auszugleichen. Somit gibt es häufig eine persönliche Ausprägung sportlicher Techniken. Große Bedeutung kommt im Techniktraining der Schulung der koordinativen Fähigkeiten (siehe Abb. 2) zu. Das Beherrschen der sportartspezifischen (Ideal-)Technik ist endgültig aber immer mit der wiederholten Ausführung der eigentlichen Zielübungen verbunden. Daher kommt im Techniktraining auch am häufigsten die

* **Ganzheitsmethode** zum Einsatz.
  Die wiederholte Ausführung der Bewegungen vermittelt dem Sportler die nötigen Bewegungserfahrungen und verbessert seine Bewegungsvorstellung. Dies schlägt sich dann in verbesserten Bewegungsprogrammen nieder (→ Ökonomisierung/Automatisierung, vergl. auch Bewegungssteuerung Kap. 6.3.2).

* Die **Teillernmethode** wird stärker beim Bewegungslernen berücksichtigt. Komplexe Übungen werden in leichter zu erlernende Teilübungen zerlegt und nach einzeln abgeschlossenen Lernvorgängen wiederzusammengesetzt. Im Techniktraining kann sie zum Korrigieren von kleinen Ausführungsfehlern genutzt werden. Der fehlerhafte Teil der Übung wird isoliert geübt und dann wieder in die Gesamtbewegung eingebaut.

* Auf das **mentale Training** wird besonders im Hochleistungssport zurückgegriffen. Es eignet sich vor allem für Sportarten mit hohen technischen Anforderungen. Die gedankliche Vorwegnahme und Ausführung der Bewegung wirkt nicht nur beruhigend und konzentrationsfördernd auf den Sportler (zum Beispiel vor einem Wettkampf), son-

dern führt bei regelmäßiger Durchführung im Wechsel mit dem praktischen Training (Übungsausführung) auch zu einer Verbesserung der kognitiven und neuromuskulären Leistung (Bewegungsvorstellung und -steuerung, siehe Kap. 6.3.2).

6.6 Trainingsplanung

Da sportliches Training in der Regel ein langfristiger Prozeß ist und das Leben eines Sportlers häufig über Jahre hinweg prägt, ist zur Vermeidung von Enttäuschungen und Fehlplanungen eine sinnvolle Gestaltung und Organisation unumgänglich. Die Trainingsplanung orientiert sich vorrangig an den Trainingszielen und soll für den Einsatz der ausgewählten Trainingsmethoden, -inhalte, -mittel und -kontrollmaßnahmen einen zeitlichen Rahmen schaffen. Vor der Erstellung eines systematischen Programms muß aber mit einer genauen Analyse der Ausgangsposition im Hinblick auf den Leistungsstand des Sportlers und der Berücksichtigung der Rahmenbedingungen (vergl. Kap. 6.2.4/6.2.5) begonnen werden. Eine schwer einkalkulierbare Größe stellt in unserem Sport das Pferd dar. Auch wenn es wie Reiter und Voltigierer einem Trainingsprozeß unterliegt, hängt unsere Durchführbarkeit des Trainings und die Einhaltung des Trainingsplans stark vom Gesundheits- und Trainingszustand des Pferdes ab. Kurzzeitige Ausweichtrainingspläne mit verstärktem Grundlagentraining (zum Beispiel allgemeine Ausdauer, Beweglichkeit oder speziell für das Voltigieren mit zusätzlicher Arbeit am Holzpferd und in der Turnhalle) können helfen, solche Ausfälle zu überbrücken. Ähnliche Probleme treten im Mannschaftssport auf, wenn plötzlich ein Gruppenmitglied nicht mehr zur Verfügung steht. Der Einsatz von Ersatzleuten und die Möglichkeit einer relativ kurzfristigen Umgestaltung sollten daher auch mit in die Trainingsplanung einbezogen werden.

Eine kontinuierliche Leistungssteigerung ist nur mit einer langfristigen Trainingsplanung zu erreichen. Solch ein mehrjähriger Trainingsprozeß wird in einzelne Jahrespläne untergliedert. Aber auch ein gut trainierter Sportler kann seinen hohen Leistungsstand nicht über die Dauer eines ganzen Jahres aufrecht erhalten. Die Periodisierung des Trainingsjahres sollte nun so vorgenommen werden, daß er sich möglichst optimal auf den oder die wichtigsten Wettkämpfe vorbereiten kann. In der **Vorbereitungsperiode** wird das Training anfänglich allgemeiner gehalten (Verbesserung der allgemeinen motorischen [körperlichen] Fähigkeiten) und gleicht sich in ihrer zweiten Etappe dann den speziellen (sportartspezifischen) Anforderungen der folgenden **Wettkampfperiode** an. Im Training stehen in dieser Periode jetzt die geforderten Wettkampfübungen im Vordergrund. Während der folgenden **Übergangsperiode** wird ein geringer Leistungsverlust einkalkuliert, damit der Sportler zur Ruhe kommt und sich erholen kann. Er versucht aber dennoch, sein Leistungsvermögen mit Grundlagentraining so gut es geht aufrecht zu erhalten (aktive Erholung). Je nach Lage der Wettkampfsaison oder der Verteilung der wichtigsten Wettkämpfe auf das Jahr, kann es zu einer ein- oder mehrgipfligen Periodisierung kommen. Im Fall der Mehrfachperiodisierung verkürzen sich die einzelnen Perioden und wiederholen sich mehrmals pro Jahr (Beispiel Abb. 14). Mit Etappen-, Monats- und Wochenplänen bis hin zur Gestaltung der einzelnen Trainingseinheit

Abb. 14: Ein möglicher Trainingsplan für Voltigierer (angelehnt an FRIEDRICH/BRÜGGEMANN, 1981)

Zeit: Dezember – Januar – Februar – März – April – Mai – Juni – Juli – August – September – Oktober – November

Inhalt	1. VP: 1. Etappe	1. VP: 2. Etappe	1. WP	1. ÜP	2. VP	2. WP	2. ÜP
Grundlagentraining (u.a. Ausdauer/Schnellkraft)	▽	▭	▯	▽	▯	▯	▽
Spezialübungen: Kraft(ausdauer)	▽	▽	▭	0	▭	▭	0
Spezialübungen: Beweglichkeit	⊞	▽	▽	▭	▽	▽	▭
Spezialübungen: Einzelteile	⊞	▽	▭	0	▽	▭	▯
Spezialübungen: Verbindungen	▽	⊞	▭	0	▽	▭	0
Wettkampfübungen	▯	▽	⊞	0	▽	⊞	0
flankierende Maßnahmen: Tanz/Ballet	⊞	▽	▯	0	▯	▯	0
flankierende Maßnahmen: theoretische Fortbildung	▽	▭	0	0	▯	0	0
flankierende Maßnahmen: Körperpflege	▭	▭	▭	⊞	▭	▭	⊞

Termine

- persönliche: F – F – S – Reise F – G – F
- Wettkämpfe: A – A N – H H – N H – H – N N N – V

⊞ : größte Bedeutung	**VP** : Vorbereitungsperiode	**A** : Aufbauwettkampf
▽ : große Bedeutung	**WP** : Wettkampfperiode	**N** : normaler (regionaler) Wettkampf
▭ : mittlere Bedeutung	**ÜP** : Übergangsperiode	**H** : Hauptwettkampf (Sichtung/Meisterschaft)
▯ : geringe Bedeutung	**G** : Geburtstag	**F▮** : Ferien
0 : keine entsprechende Aktivität	**S** : Schulabschlußprüfung	**V** : Schauvorführung

kann der Trainingsverlauf innerhalb der jeweiligen Trainingsperiode noch detaillierter organisiert werden. Wobei die definitive Auswahl der Inhalte und Anforderungen dieser letztgenannten mittel- und kurzfristigen Organisationsformen nicht schon zu Beginn eines Jahres erfolgen muß, sie muß sich nur an den im Jahresplan für die jeweiligen Trainingsperioden festgelegten Inhaltskategorien orientieren. Die Einhaltung der Trainingspläne und die Erfüllung der darin enthaltenen Ziele sollte regelmäßig überprüft und/oder in einem Trainingstagebuch festgehalten werden.

Als Trainingskontrolle eignet sich das Messen der im Wettkampf geforderten Leistungen mittels qualitativer Beurteilung der Technik oder dem Festhalten der quantitativen Ergebnisse (Höhe, Weite oder Schnelligkeit) und zur Überprüfung des allgemeinen Trainingszustandes die Überwachung von Puls- und Atemfrequenz zwischen Belastung und Erholung (siehe Kap. 6.10). Das Messen von Lactatwerten gibt Auskunft über die anaeroben Kapazitäten der Energiegewinnung (anaerobe Ausdauer) bei hoher Belastungsintensität (vergl. auch Kap. 6.3.1 und 6.5.1). (Als weiterführende Lektüre empfehlen sich die Arbeiten von SCHÜRCH und STARISCHKA; siehe Literaturhinweise).

6.7 Anforderungsprofil des Voltigiersports

Voltigieren ist eine Sportart mit sehr hohen technischen Anforderungen, die auch ein intensives Training der konditionellen Fähigkeiten und der Beweglichkeit voraussetzt. Den Zusammenhang zwischen der Aneignung sportlicher Techniken und dem Bewegungslernen haben wir schon an anderer Stelle aufgezeigt und wollen daraus hier nun die Konsequenzen für das Training ziehen.

Mit dem Voltigieren sollte so rechtzeitig begonnen werden (ca. 6 Jahre), daß trotz der schon sehr früh geforderten hohen Leistungsfähigkeit eine fundierte Grundausbildung gewährleistet ist. Als "Kürobermann" kann ein Gruppenvoltigierer schon mit ca. 10 Jahren im Leistungssport zum Einsatz kommen. Bis zu diesem Zeitpunkt sollten aber nicht nur die speziellen Anforderungen der Kür, sondern auch die Techniken der Pflichtübungen beherrscht werden.

Bei frühzeitigem Einstieg in den Voltigiersport kann man hierfür entwicklungsbedingte Fähigkeiten vorteilhaft nutzen. Von Anfang an muß daran gedacht werden, die in diesem Alter vorhandene Beweglichkeit voltigierspezifisch auszuprägen und durch regelmäßige Gymnastik für spätere Aufgaben zu erhalten. Die passive Beweglichkeit muß mit gezieltem Krafttraining der geforderten Agonisten (die Bewegung führende Muskeln) in eine aktive Beweglichkeit umgewandelt werden. In diese Zeit fällt auch die Phase der schnellen Fortschritte in der Lernfähigkeit, so daß die Technikschulung in diesem Trainingsabschnitt hervorgehoben werden sollte. Dem jungen Voltigierer müssen verstärkt koordinative Fähigkeiten und hier vor allem Gleichgewicht, Gewandtheit, Geschicklichkeit und Rhythmusfähigkeit vermittelt werden. Da dies alles Eigenschaften sind, die auch im unmittelbaren Zusammenhang mit den Bewegungen des Pferdes stehen, ist zu Beginn eines langfristigen Trainingsprozesses das Training mit und auf dem Pferd von sehr großer Bedeutung. Mit zunehmender Spezialisierung und Erfahrung können immer mehr andere Trainingsmittel (Holzpferd/Geräte etc.) mit in das Training einbezogen werden (positiver Nebeneffekt ➝ Schonung des Pferdes). Damit der "Obermann" in der Kür nicht nur von seinen Partnern voltigiert wird, sondern selber aktiv mitarbeitet und den Belastungen standhalten kann, muß hier schon die erste Grundlage für eine allgemeine Ausbildung der konditionellen Fähigkeiten gelegt werden. Erste Ziele sind eine gute aerobe Ausdauer, ein gutes Körpergefühl und eine gute Körperspannung. Ein Schnellkrafttraining u.a. zur Verbesserung der Sprung- und Schwungkraft sowie der Aufbau der Stützkraft sollten sich anschließen (der Körper und das eigene Gewicht müssen beherrscht werden).

Im Alter zwischen 10 und 12 Jahren bei Mädchen und 11 und 12 Jahren bei Jungen beginnt die Phase der besten motorischen Lernfähigkeit. In diesem Zeitraum muß daher besonders viel Wert auf ein ausgedehntes spezielles Techniktraining gelegt werden, das jetzt schon auf das Erreichen der Feinform einer Bewegungsausführung ausgerichtet ist.

Mit Beginn der Pubertät und dem verstärkten Wachstum läßt die koordinative Leistungsfähigkeit meist etwas nach, sollte aber soweit wie möglich gehalten werden. Große Effektivität erhält jetzt das Training der konditionellen Fähigkeiten. Der Voltigierer wird für die Funktion des Obermannes zu groß. Er sollte trotz bemerkbarem Kraftzuwachses aber noch nicht zu stark als Untermann eingesetzt werden, da die Belastbarkeit gerade des im Wachstum befindlichen Organismus eingeschränkt ist und es bei Fehl- und Überbelastungen zu Gesundheitsschäden kommen kann. Dies muß vor allem auch beim Krafttraining berücksichtigt werden.

Im weiteren Verlaufe des Trainingsprozesses kommt es zu einer verstärkten Perfektionierung. Die speziellen Anforderungen des Voltigiersports werden aufgrund der jetzt steigenden Belastbarkeit intensiver und im größeren Umfeld trainiert.

Spezielle Anforderungen im Voltigiersport:

* ein hohes Maß an vor allem *aktiver Beweglichkeit*

   — im Schulterbereich
   — im Hüftbereich
   — zur Rotation der Wirbelsäule.

* *Kraft*

   — exzentrische und konzentrische Sprungkraft (beide Formen sind wichtig, um die Landungen zu verbessern und mit geringerer Verletzungsgefahr auszuführen).

   — Maximalkraft und Kraftausdauer der Ab- und Adduktoren (der Muskeln zum Abspreizen bzw. Schließen der Beine) zur Stabilisierung der Beine bei den Landungen.

   — Schnellkraft für Beinschwungbewegungen (vor allem Hüftbeuger und Hüftstrecker).

   — statische Stützkraft (Maximalkraft sowie Kraftausdauer) zum Halten der eigenen Position oder die der Partner.

   — dynamische Stützkraft (Schnellkraft) für das Abdrücken bei Schwungübungen.

   — dynamische Zugkraft in den Armen (für Aufgänge und Hebungen).

— Kraftausdauer der Bauch- und Rückenmuskulatur zum Halten und/oder Führen von Körperteilen und Positionen.

* *Ausdauer*

— Voltigierer müssen über eine sehr gute **allgemeine aerobe** Ausdauer verfügen. Nur bei langer Haltearbeit in der Gruppenkür kann auch einmal eine **spezielle aerobe** (Kraft-) Ausdauer benötigt werden.

* *Koordination*

— Der Voltigiersport, in dem technische Fertigkeiten im Vordergrund stehen, stellt hohe Anforderungen an die koordinativen Fähigkeiten; insbesondere Gleichgewicht, Rhythmus, Timing, dosierter Krafteinsatz, Gewandheit und Reaktion (vergleiche 6.2.1).

* *Ausdruck*

— Musikalität und Ausstrahlung sind besonders in der Kürgestaltung gefordert. Tanz und Ballet eignen sich gut zur Ausdrucksschulung.

6.8 Anforderungsprofil des Reitsports

Der Reitsport ist eine Sportart, die im Gegensatz zum Voltigieren auch noch im höheren Alter leistungsmäßig betrieben werden kann. Ein früher Einstieg in die Reiterei ist also nicht unbedingt notwendig, da immer noch ausreichend Zeit für ein ausgeprägtes Grundlagentraining vorhanden ist. Aber dennoch sind Reiter, die schon im Kindesalter mit dem Pferdesport beginnen, im Vorteil. Auch hier kann auf die entwicklungsbedingten Phasen des besseren Lernens (sensitive Phasen) zurückgegriffen werden. Denn als Kind und Jugendlicher wird schneller und meist auch angstfreier gelernt, und der Bezug zum Sportpartner Pferd wird schon frühzeitig gefestigt. Die Erkenntnisse der Trainingslehre spielen im Reitsport gerade im Bezug auf das Pferd, den eigentlichen und auch für die Bewertung ausschlaggebenden Athleten, eine größere Rolle als für den menschlichen Sportler, dessen körperliche Belastung je nach Disziplin nur im unteren bis mittleren Bereich liegt. Aus diesem Grund kann allein durch das Reiten der Trainingszustand des Sportlers nur sehr langsam gesteigert werden (es fehlt an trainingswirksamen Reizen), und er muß ein gesondertes Zusatztraining absolvieren, um seine Leistungsfähigkeit zu steigern. Dies gilt hauptsächlich für die Verbesserung der Beweglichkeit. Die hohen Anforderungen an die speziellen koordinativen Fähigkeiten kann man wiederum am besten auf dem Pferd trainieren. Denn besonders im Reitsport sind Gleichgewicht, Gewandheit und Reaktionsfähigkeit stark von den Bewegungen des Pferdes abhängig.

Spezielle Anforderungen im Reitsport:

* *Beweglichkeit*

— gut gedehnte Beinmuskulatur, um das Klemmen, das Hochziehen der Knie und das Strecken der Füße zu vermeiden

— Beweglichkeit in Hüfte und Oberschenkel, um Drehbewegungen des Beines und einen tiefen Sitz zu ermöglichen

→ gefordert wird ein hohes Maß an Losgelassenheit, um möglichst frei und unverkrampft auf dem Pferd zu sitzen.

* *Kraft*

— Kraftausdauer in Bauch- und Rückenmuskulatur für aufrechten Sitz (beim Kreuzanspannen wird der Beckenring des Reiters mit der Bauchmuskulatur nach vorn gehoben und dadurch das Kreuzbein nach hinten gekippt/die Rückenmuskulatur stabilisiert die Wirbelsäule)

— Kraftausdauer im Bereich der Oberschenkelmuskulatur zur Hilfengebung mit den Schenkeln und der Arbeit beim Leichttraben bzw. im leichten Sitz.

* *Ausdauer*

— als Grundlage im Reitsport dient auch eine allgemeine aerobe Ausdauer

— gefordert ist aber auch speziell eine lokale Langzeitausdauer, da zyklische (immer wiederkehrende, gleiche) Bewegungen über längere Zeiträume durchgeführt werden müssen.

* *Koordination*

— von besonderer Bedeutung ist die Fähigkeit des dosierten Krafteinsatzes in Bezug auf die Hilfengebung. Des weiteren sind Gleichgewicht, Rhythmus (Aufnahme der Bewegung des Pferdes), Reaktion und Timing mit unterschiedlicher Gewichtung je nach Disziplin gefordert.

6.9 Besonderheiten des Trainings von Pferden

Viele auf den Sport zutreffende Erkenntnisse der Trainingslehre finden auch im Pferdesport Gültigkeit und umgekehrt. Mit dem Begriff "pferdesportliches Training" kennzeichnet man den planmäßigen Prozeß Reiter und Pferde auf das gesteckte Trainingsziel vorzubereiten.
Das Paar muß über eine bestimmte sportliche Leistungsfähigkeit verfügen, deren Einflußfaktoren im wesentlichen in Kapitel 6.2 beschrieben wurden.

Unterschieden werden muß die Leistungsbereitschaft des Pferdes gegenüber der des Reiters. Da das Pferd nicht über einen vom Bewußtsein gesteuerten Willen verfügt, hat seine Leistungsbereitschaft seine Grundlagen im reflektorischen Verhalten (siehe Bewegungslernen).

Ein weiterer Begriff, der immer wieder auftaucht, ist die Form, in der sich Reiter und Pferd befinden. Sie bezieht sich stets auf die aktuelle Turnierleistung und kann auch nur in diesem Zusammenhang gedeutet werden.

6.9.1 Trainingsaufbau

Ein hohes Leistungsvermögen läßt sich nur über mehrere Jahre systematisch aufbauen. Innerhalb der verschiedenen Reitsportdisziplinen verläuft ein solcher Aufbau unterschiedlich.
Die Erkenntnis, daß zunächst eine allgemeine, sehr breite konditionelle Grundlage gelegt werden muß, ist wohl allen Ausbildern klar.
Die Fähigkeit, einen langfristigen Trainingsprozeß zu planen, liegt in der konsequenten Abgrenzung der verschiede-

nen Trainingsphasen und in der realistischen Verfolgung langjähriger, aufbauender Trainingsziele (Ganzjahres-Trainingspläne).

Der Beginn ist das **Grundlagentraining**.
In diese Phase fällt die gesamte Grundausbildung.
Das Programm besteht aus der Grundlagenausdauer, der Kraftausdauer und den motorischen Grundlagen, in diesem Fall die Bewegungseigenschaften, die sich auf einer breiten Ebene gleichmäßig und harmonisch entwickeln sollen. Junge Pferde sollen dressurmäßig (Grundlage: Skala der Ausbildung), springmäßig — zumindestens springgymnastizierend — und geländemäßig ausgebildet werden. Je größer das Erfahrungsspektrum eines jungen Pferdes oder Reiters, je leichter fällt später die Spezialisierung. Neben dieser reinen Formung der organischen Aufbauarbeit müssen auch psychische Eigenschaften durch das Training realisiert werden. Positive Temperaments- und Charaktereigenschaften (zum Beispiel Mut, Ausgeglichenheit und Fleiß) von Reiter und Pferd müssen sinnvoll gefördert und geschult werden.

In einer breit angelegten Grundausbildung von Pferd und Reiter wird es dem Trainer oder Ausbilder möglich sein, die Veranlagung beider zu erkennen und zu fördern. Im Rahmen dieser Grundausbildung entscheidet man sich für die zukünftige, spezielle Verwendung des Pferdes. Im nächsten Abschnitt, dem eigentlichen Aufbautraining, soll irgendwann die "Höchstleistung" erreicht werden.
In der Dressur zum Beispiel wäre Höchstleistung, eine überdurchschnittlich hohe Note über längere Zeiträume zu erreichen und damit stets vorne zu liegen, d.h. gewinnen zu können.

Im Pferdesport - Springen, Dressur, Vielseitigkeit, Fahren, Voltigieren - sind die oberen Belastungsgrenzen durch die LPO festgelegt, so daß das Anspruchsniveau oder das Belastungsprofil klar definiert ist und als klares Trainingsziel feststeht. In Disziplinen wie bei den Trabern und Galoppern (zum Teil auch in der Vielseitigkeit) gibt es dieses Limit nicht, da vorher niemals feststeht, wie schnell ein Rennen abläuft und somit auch stets auf die absolute Leistungsfähigkeit hin trainiert werden muß.

Nachdem die Grundlagen gelegt worden sind, wird mit dem Aufbautraining begonnen. Zwei Abschnitte bestimmen Art, Form, Inhalt und Umfang sowie die Intensität:

Handelt es sich um

Leistungssport

oder

Spitzensport?

Im Aufbautraining sollen die Grundlagen weiter entwickelt werden, um Höchstleistungen, entsprechend der geplanten Turniersaison, zu erzielen.
Das Aufbautraining ist bereits auf die jeweilige Disziplin abgestimmt. Es geht also schon vermehrt in Richtung Spezialisierung. In einem Mehrjahrestrainingsplan (Makro-Zyklus) werden stets die Leistungen der vergangenen Saison analysiert und in speziellen Belastungsformen in den Trainingsplan aufgenommen. Die technische Ausbildung für Pferd und Reiter wird nun bereits unter Turnierbedingungen trainiert oder durch Turnierbesuche stabilisiert.

Die Konditionsschulung beinhaltet weiterhin grundlegende allgemeine Arbeit, zum Beispiel Wegestreckentraining für alle Pferde, aber ergänzend dazu immer das spezielle Konditionstraining.

Der Gesamtabschnitt eines solchen Aufbautrainings dauert in der Regel Jahre. Für den Reiter kommt neben der reiterlichen Ausbildung der Ausgleichssport hinzu und die Vertiefung theoretischer und taktischer Grundlagen der jeweiligen Disziplin. Der fortgeschrittene Reiter muß mehr und mehr in die Lage gebracht werden, ohne Ausbilder und Trainer Teile seines Trainings in eigener Verantwortung absolvieren zu können.

Da in einem Jahresrhythmus ein ständiger Wechsel von starken und weniger starken Belastungsphasen zwangsläufig eintritt und die Saisonhöhepunkte (zum Beispiel Deutsche Meisterschaften), deutlich herausgearbeitet werden müssen, gibt es zwangsläufig sogenannte Phasen der Formerhaltung. Technische Merkmale bauen sich weniger schnell ab als konditionelle Fähigkeiten. Daher sollte man auf letztere besonders achten und sie niemals unter ein bestimmtes, noch zu verantwortendes Niveau absinken lassen. Dieses gilt auch für die mehrmonatige "aktive Erholungsphase", die sich zwischen Saisonende und Saisonanfang befindet.

Für die technische Arbeit ist es zweckmäßig, vom Umfang her weniger, dafür aber komplexere Forderungen zu stellen. Routinierte Springpferde benötigen dann zum Beispiel kein umfangreiches allgemeines Springtraining mehr, sondern können durch kurzzeitige, höhere Beanspruchungen in Form gehalten werden. Ausritte ins Gelände erhalten gerade in dieser "aktiven Erholungspause" eine wichtige Bedeutung zur Wahrung einer gewissen physischen und psychischen Verfassung.

6.9.2 Grundsätzliches zur Trainingsbelastung

Unter Trainingsbelastung ist die Beanspruchung insgesamt von Reiter und Pferd gemeint, um das gesteckte Trainingsziel zu erreichen. Langfristige Trainingspläne orientieren sich an Belastungsgrößen, die unter dem Begriff "leistungsbestimmende Faktoren" das Anspruchsniveau bestimmen.

Diese Belastungsgrößen lassen sich messen.
Zum Beispiel:

– Länge eines Springparcours
– Höhe von Sprüngen
– Tempobestimmung auf der Rennbahn
– zeitlicher und streckenmäßiger Umfang eines Wegestreckentrainings
– zeitlicher Aufbau und Belastungsintensität einer Dressurstunde.

Die sich ergebende Einheit von Grundlagen-, Aufbau- und Formerhaltungstraining (quantitative und qualitative Merkmale) müssen stets als eine Einheit zusammengefügt werden.

Die in der Trainingslehre allgemein üblichen Belastungsmerkmale werden in Kapitel 6.5 erläutert.

Die Festlegung der Belastung des Pferdes - insbesondere der Trainingsintensität - dokumentiert die Verantwortung gegenüber dem Pferd.

Neben dem Leistungsanstieg müssen Reiter und Trainer auch immer den Schutz des Pferdes vor Überbelastung und Verschleiß im Auge behalten.

Bestimmte **Prinzipien** sind begleitend für das Training.

Da steht einmal die Forderung einer

mehrjährigen, systematischen und ***kontinuierlichen Belastung*** im Raum. Diese Forderung muß erfüllt werden, da bekannt ist, daß das Leistungsvermögen des Organismus rasch wieder abgebaut wird, wenn nicht Trainingsbelastungen in bestimmten Abständen und über lange Zeiträume erfolgen. Es muß stets gewährleistet sein, daß eine fortlaufende Arbeit des Pferdes durchgeführt werden kann, um in relativ kurzen speziellen Vorbereitungsphasen - zum Beispiel im Frühjahr vor den Turnieren - nicht durch ein zu stark forciertes und zeitlich zusammengedrängtes Training das Pferd zu überlasten. Diese Überlastungen zeigen sich nicht so gravierend bei der Ausdauer oder Kraft, sondern mehr im Bänder- und Sehnenbereich und bei den Gelenken.

Wechsel von Belastung und Entlastung

Jede Trainingsbelastung führt irgendwann zu Ermüdungserscheinungen, so daß ein gut dosiertes Verhältnis von Belastung und Erholung gewährleistet sein muß. Ist die Belastung zu hoch und die Erholung zu gering, oder die Belastung zu schwach und die Erholung zu groß, kommt es bei ungenauer Abstimmung stets zu Problemen. So sind beispielsweise Pferde, die zu lange im Stall stehen und dann kurz herausgenommen werden, um stark belastet zu werden, verletzungsgefährdet. Wichtig ist auch die inhaltliche Gestaltung der Erholungsphase: Es ist ein Unterschied, ob ein Pferd stundenlang im Stall steht (passive Pause) oder geführt wird, oder sich beim Weidegang erholt, oder im Rahmen eines ruhigen Ausrittes im Gelände (aktive Pause) sich erholen kann. Dauer und Gestaltung der Pausen haben einen direkten Einfluß auf die darauffolgende Trainingseinheit.

Das Prinzip dieses Wechsels von Belastung und Erholung bezieht sich sowohl auf die Trainingseinheit selbst (indem beispielsweise zwischen zwei Galoppabschnitten eine Trabpause eingebaut wird), aber auch auf den Tages-, Wochen-, Monats- und Jahresrhythmus.

Daher verläuft eine Belastungsstruktur stets wellenförmig.

Um ein Training im Sinne eines planmäßigen Wechsels von Belastung und Erholung gestalten zu können, müssen Trainer und Reiter die physiologischen Grundsätze, zum Beispiel die Erholungsfähigkeit des Organismus, kennen und Beurteilungskriterien anwenden.

Ferner muß beim Training beachtet werden, daß für jedes Paar ein ***individueller Trainingsplan*** aufgestellt werden muß. Neben dem Umfang des Trainings, der Intensität und der Häufigkeit spielen auch das Lebensalter des Pferdes, das Trainingsalter (in welchem Trainingsjahr sich das Pferd befindet) und der Konstitutions- und Nerventyp des Pferdes eine Rolle.

Körperlich voll entwickelte Pferde können höher belastet werden als jüngere; das Trainingsalter berechnet man nicht vom Beginn der Grundausbildung an, sondern mit Beginn des Leistungstrainings. Talentierte Pferde, die erst spät für den Leistungssport entdeckt werden, müssen somit vorsichtig und ***langsam aufgebaut*** werden.

Bevor man mit dem Leistungssport beginnt, ist sorgfältig zu prüfen, ob Reiter und Pferd die erforderlichen disziplinspezifischen konditionellen und psychischen Voraussetzungen mitbringen. Das "richtige Pferd" muß den "richtigen Reiter" bekommen und keiner von beiden darf den anderen über- oder unterfordern.

6.9.3 Kondition

Je nach Disziplin werden von den Pferden verschiedene konditionelle Fähigkeiten in unterschiedlicher Stärke gefordert (siehe Abb. 15):

Abb. 15: Konditionsfähigkeiten von Pferden

	Ausdauer	Kraft	Schnelligkeit	Beweglichkeit	Koordination	Geschicklichkeit
Dressurpferd	+	++	+	+++	+++	++
Springpferd	++	+++	++	++	+++	++
Vielseitigkeitspferd	+++	+++	++	++	+++	+++
Voltigierpferd	+++	++	+	++	+++	+

+ wenig   ++ mittel   +++ stark

6.9.4 Trainingsmethodik

Grundsätzliches zur Trainingsmethodik wird in Kapitel 6.5 beschrieben. Im folgenden werden noch einige pferdespezifischen Gesichtspunkte zum Ausdauertraining erläutert.

Um Langzeitbelastungen standzuhalten, ist für das Ausdauertraining von Pferden die Dauermethode besonders gut geeignet. Die Dauerleistungsfähigkeit ist für Reiter und Pferd für den allgemeinen Gesundheitszustand sowie für den Bänder-Sehnenapparat wesentlich.

Lange Belastungen, wie zum Beispiel die Geländeprüfung bei der Vielseitigkeit, können vom Organismus nur im Stoffwechselgleichgewicht, also mit ausreichend Sauerstoff absolviert werden. Durch das Dauertraining wird der Kreislauf stark gefördert. Das Sauerstoffaufnahmevermögen wird erheblich gesteigert.

Das Intervalltraining bewirkt durch seine hohe Intensität sowohl eine Verbesserung der allgemeinen aeroben Ausdauer, aber auch ganz speziell eine Verbesserung der anaeroben Kapazitäten. Die Intervallmethode wirkt auf zweierlei Weise:

– der Organismus erholt sich nach einer Teilstreckenbelastung im Rahmen der darauffolgenden Pause,
– der Organismus wird in den kurzen, hochintensiven Teilstrecken anaerob belastet. Er wird trainiert, unter einer Sauerstoffschuld zu arbeiten.

Da eine Sauerstoffschuld im wesentlichen auf kurzen und mittleren Distanzen in individuellen Grenzbereichen als leistungsbestimmend gilt, sollte das Intervalltraining auch stets eine besondere Trainigsarbeit sein, sieht man von den

Trabern und Galoppern einmal ab.
In der Vielseitigkeit, wo Strecken von 2.000 - 3.000 m auf der Rennbahn gefordert werden, oder Geländeteile in der Querfeldeinstrecke besonders galopp- oder springintensiv sein können, werden aerobe und anaerobe Stoffwechselprozesse gefordert.
Im allgemeinen Turniersport scheint das Dauertraining ausreichend, da die Anforderungen in der Regel im aeroben Bereich liegen.

6.9.5 Spezielle Trainingsplanung

Ein Trainingsplan kann schriftlich oder graphisch erstellt werden. (Beispiel siehe Abb. 14; "Hinweise zum Konditionstraining der Military-Pferde", FN-Verlag 1986). **Folgende Gedanken müssen in eine solche Planung einfließen:**

— Trainingsziele
— anatomisch-biologische Gesetzmäßigkeiten
— trainingsmethodische Grundlagen
— Ablauf des Turnierplanes
— Trainingsperioden (Mikro-Makro-Zyklus).

Bei etwas genauerer Betrachtung muß ein Trainingsplan:

— sich am Reiter und am Pferd orientieren
— eine Perspektive des Paares erkennbar mit einbeziehen
— den Zeitraum des Trainingsplanes klar aufzeigen
— Kontrollmaßnahmen (Tests, Turniere) enthalten
— Orientierungswerte für die Trainingsbelastungen anführen.

Der Begriff "Periodisierung" wird zu Recht im Zusammenhang mit der Trainingsplanung genannt. Man versteht darunter die einzelnen Ausschnitte der Trainings- und Wettkampfgestaltung (siehe Kapitel 6.6).

Innerhalb einer physiologisch vertretbaren Belastungsbreite, Verlängerung oder Verkürzung einer Trainingsphase kann bei geschickter Steuerung die Trainingsbelastung stets den Anforderungen, zum Beispiel Veränderung der Turnierfolge, angepaßt werden.
Damit langzeitige Planungen aufrecht erhalten bleiben, sollte man kurzfristige Planungsänderungen nach Möglichkeit vermeiden.

Eine gute Periodisierung hält stets die

— Aufbauphasen
— Ausbauphasen
— spezielle Vorbereitungsphasen
— Turnierphasen
— Formerhaltungsphasen
— aktiven Erholungsphasen

deutlich auseinander und inhaltlich fest. Eine Jahresplanung verläuft stets wellenförmig.

Die Trainingseinheit

Es ist die kleinste trainingsmethodische Einheit, eine Reitstunde, oder auch eine längere Belastung, zum Beispiel mehrstündiges Wegestreckentraining, ein Kletterabschnitt oder ein komplexes Geländetraining. Eine Trainingseinheit bezieht sich also nicht nur auf eine Reitstunde.

Die Gliederung einer Trainingseinheit ist stets

— Vorbereitung des Organismus

- Belastung des Organismus
- Zurückführen des Organismus auf das Ausgangsniveau.

In der Reitlehre heißt das:

- Lösende Arbeit zur Vorbereitung des Organismus
- Arbeitsphasen und Überprüfungsphasen zur Belastung des Organismus
- Beruhigungsphase, Trockenreitphase oder auch Lösungsphase II zur Zurückführung des Organismus auf das Ausgangsniveau (siehe auch Kap. 2.3.1).

Kontrollen der Trainingsbelastungen

Ein individuell auf Reiter und Pferd abgestimmtes, systematisches Training läßt Überforderung erst gar nicht zu.
Die subjektiven Kontrollmaßnahmen sind dennoch wichtig. Beobachten und Analysieren des wahrnehmbaren Verhaltens des Pferdes vor, während und besonders nach dem Training sind unerläßlich.
Freßmanier, Glanz des Felles, schwammige Figur, sichtbare Knochenkonturen, zuviel "Wind unter dem Leib" können u.a. Anzeichen für Überforderung sein. Auch die Gehfreudigkeit, die jedem Reiter auffällt und die Frische des Pferdes geben genug Aufschluß.
Ergänzend dazu sind aber objektive Beurteilungsvorgänge sinnvoll.

Sogenannte biologische Meßgrößen, Pulswerte, Minutenatemvolumen, Lactatbestimmungen in Zusammenarbeit mit einem erfahrenen Tierarzt geben dann über bestimmte Vergleichszeiträume ausreichend Aufschluß über den Konditionszustand (siehe auch Kapitel 6.10.1).

6.10 Praktische Anleitungen zum Ausgleichssport und Konditionstraining für Reiter

Der Ausgleichssport baut auf die Entwicklung allgemeiner konditioneller Fähigkeiten auf. Er soll eine Art "Fitnesstraining" sein und eine starke Ausgleichsfunktion zum Reiten haben.
Das spezielle Konditionstraining soll für bestimmte leistungsbestimmende Faktoren des Reiters sorgen und ihn zum Beispiel auf die Turnieranforderungen speziell und gezielt vorbereiten.
Im folgenden werden praktische Tips und einige Beispiele für die verschiedenen Trainingsmethoden gegeben.

6.10.1 Ausdauertraining für Reiter

Es soll der Verbesserung der allgemeinen Ausdauer dienen und von lang andauernden, mäßigen bis mittleren Belastungen geprägt sein. Zwei Formen des Ausdauertrainings bieten sich an:

Beispiel 1: Dauermethode (kontinuierliche Methode)

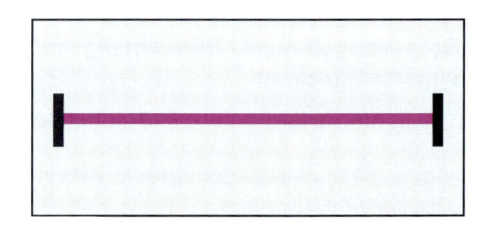

Kennzeichen:
- 30 - 40 Min. Belastung
- Pulsfrequenz: 130 - 160 p/Min. (180 p/Min., minus Lebensalter bei älteren Reitern)
- keine Pause
- gleichmäßiges Lauftempo
- aerobe Belastung

***Beispiel 2: Dauermethode
(Wechselmethode)***

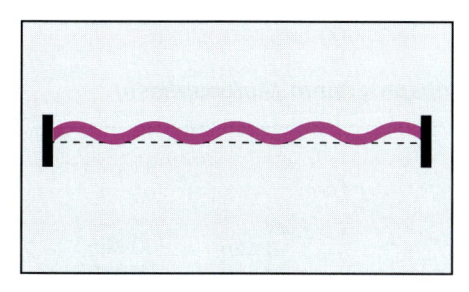

Kennzeichen:
— 30 - 40 Min. Belastung
— Pulsfrequenz: 140 - 180 p/Min.,
 nur bei bester Verfassung geeignet,
 für ältere Reiter ungeeignet
— keine Pause
— wechselndes Lauftempo
— aerobe Belastung

Während die kontinuierliche Methode bewußt gleichmäßig abläuft und von einem möglichst konstanten Puls gekennzeichnet ist, wird bei der Wechselmethode (nicht zu verwechseln mit dem extensiven Intervalltraining) das Tempo bewußt gewechselt und ein hügliges Gelände mit wechselndem Geläuf ausgewählt. Aus Finnland kennt man diese Tempowechselmethode unter dem Begriff "Fahrtspiel" (siehe Beispiel 3).

Das Training nach der Dauermethode (Laufen-Schwimmen-Skilauf-Radfahren) muß für den Reiter eine zusätzliche Aufgabe sein. Ganz besonders bei Kindern und Jugendlichen ist der Reiz auf das Herz-Kreislauf-System eine lebenswichtige Notwendigkeit.

Das Herz ist der Motor für die Blutbewegung im Körper und somit verantwortlich für die Förderleistung des beim Muskel notwendigen Sauerstoffes. Auch die Atmung (Vitalkapazität) wird deutlich durch das Ausdauertraining verbessert, so daß die Mehraufnahme von Sauerstoff die

Beispiel 3: "Fahrtspiel" (Wechselmethode)

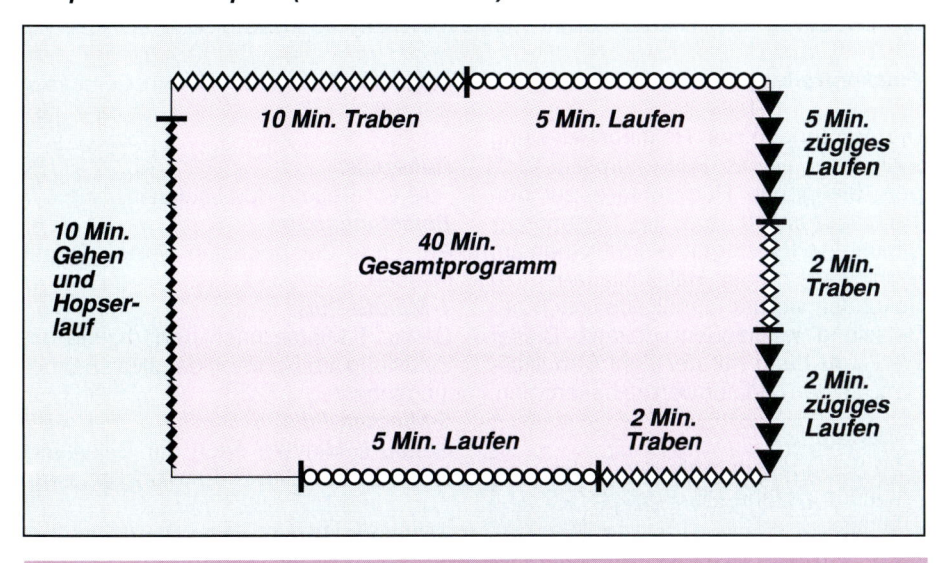

```
10 Min. Traben    5 Min. Laufen      5 Min. zügiges Laufen

10 Min.           40 Min.
Gehen             Gesamtprogramm     2 Min. Traben
und
Hopser-
lauf
                                     2 Min. zügiges Laufen
                       2 Min.
   5 Min. Laufen       Traben
```

gesamte Muskulatur besser versorgt. Dadurch werden Sitz und Einwirkung leichter, entspannter, dynamischer und zwangsläufig wirkungsvoller.

Ein Prinzip ist zu beachten:
— regelmäßig Dauerlaufen, (3 x wöchentlich)
— Belastung langsam steigern.

Beispiel 4: Mehrwöchiges Ausdauertrainingsprogramm (Aufbauphase)

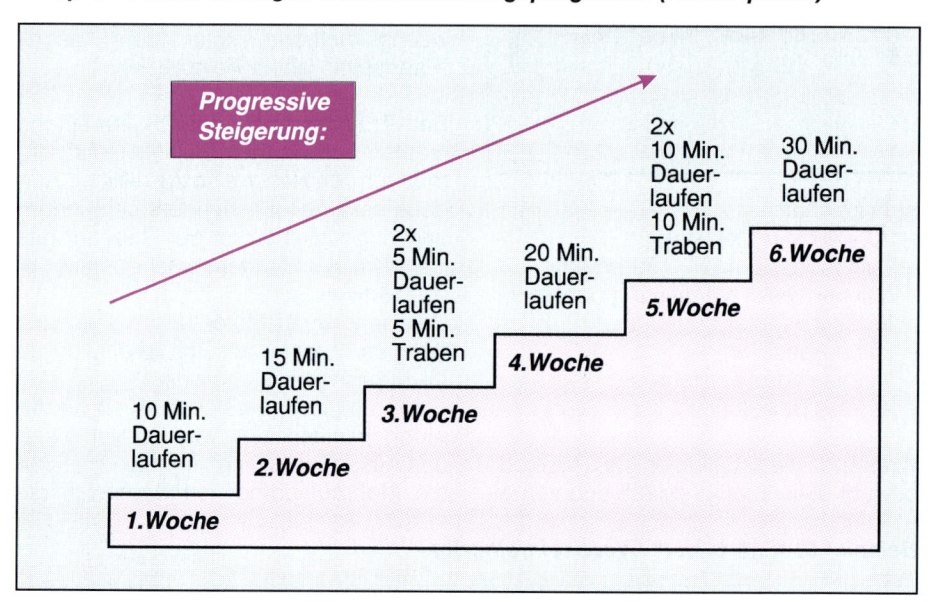

Progressive Steigerung:

1. Woche: 10 Min. Dauerlaufen
2. Woche: 15 Min. Dauerlaufen
3. Woche: 2x 5 Min. Dauerlaufen 5 Min. Traben
4. Woche: 20 Min. Dauerlaufen
5. Woche: 2x 10 Min. Dauerlaufen 10 Min. Traben
6. Woche: 30 Min. Dauerlaufen

Pulskontrollen

Die Auswertung der Trainingsbelastung sollte über eigene Pulskontrollen erfolgen. Sie geben Rückschlüsse auf den Trainingszustand und die Regenerierbarkeit. Die Pulsfrequenz erfühlt man am leichtesten an der Halsschlagader. 10 Sekunden werden unmittelbar nach der Belastung konsequent gezählt. Dieser Wert wird dann mit der Zahl 6 multipliziert, um den Minutenwert zu bekommen.

Beispiel:
20 Schläge innerhalb der 10 Sekunden gezählt x 6 ergeben 120 p./Minute.

Folgende Pulswerte können gemessen werden:

Ruhepuls:
Puls vor Beginn des Laufens.
Belastungspuls:
Am Ende der höchsten Belastung gemessen.
1-Minute-Puls:
Genau 1 Minute nach Beendigung der Belastung, im Rahmen der aktiven Erholungsphase.
5-Minuten-Puls:
Genau 5 Minuten nach der Belastung, am Ende der aktiven Erholungsphase.

Abbildung 16 gibt einen Überblick über

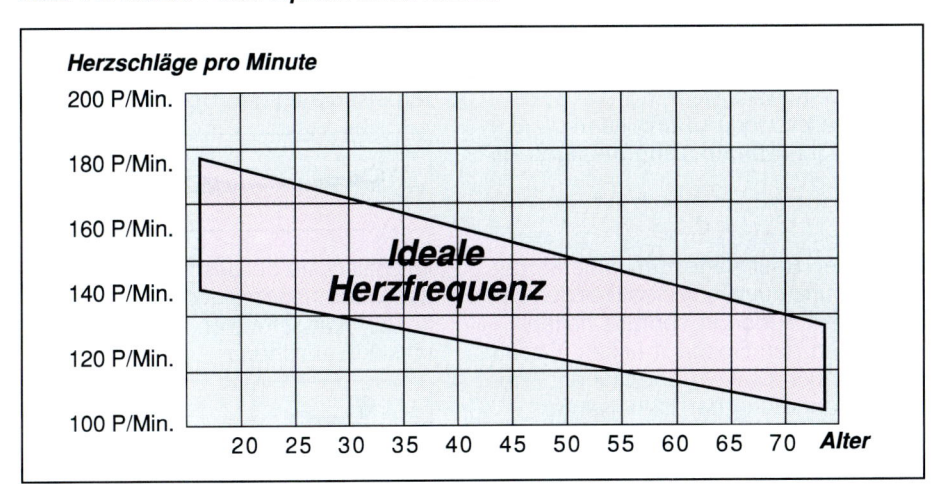

Abb. 16: Ideale Pulsfrequenz beim Laufen

Herzschläge pro Minute
(Diagramm: Ideale Herzfrequenz in Abhängigkeit vom Alter, von 20 bis 70 Jahren; Pulsfrequenz von 100 bis 200 P/Min.)

die ideale Pulsfrequenz beim Laufen in Relation zum Lebensalter.

Bei Belastungen bis zu 180 p./Minute gewinnt der Organismus die nötige Energie hauptsächlich aerob (ausreichend Sauerstoff vorhanden).
Höhere Pulswerte führen zur sehr schnellen Ermüdung und zur Überlastung, da die Energiebereitstellung dann anerob erfolgt (nicht mehr ausreichende Sauerstoffversorgung).

Der Beginn des Laufens sollte mit dem Saisonende zusammenfallen, so daß zu Beginn der neuen Saison ein guter Ausdauerleistungszustand erreicht worden ist, der über die Saison gehalten werden kann. Ist eine Ausdauerleistung erst einmal vorhanden, kann man mit 2 - 3 x wöchentlichem Ausdauertraining das Niveau leicht erhalten.

Laufen im Gelände macht am meisten Spaß. Auf geeignetes Schuhwerk, Fußbett und dicke Sohlen, luftige Kleidung, den Witterungsbedingungen angemessen, sollte geachtet werden.
Nach dem Reiten wirkt das Laufen besonders lockernd und lösend auf den Organismus.
Für nervöse Reiter, die als turnierlabil gelten, wirkt das Laufen vor wichtigen Prüfungen (ca. 1 - 2 Stunden vorher) besonders beruhigend, da motorische Aktivität das zentrale und vegetative Nervensystem beruhigt.
Für Vielseitigkeitsreiter bietet sich zum Beispiel das Ablaufen der Querfeldeinstrecke ca. zwei bis vier Stunden vor Beginn der ersten Wegestrecke als gezielte Vorbereitung an.

6.10.2 Krafttraining für Reiter

Im Reitsport spielt die **Kraftausdauer** die dominierende Rolle. Sie ist eine spezifische motorische Grundeigenschaft, bei der durch *statische* oder *dynamische* Arbeit über längere Zeiträume Muskelwiderstände gehalten sowie auf- und abgebaut werden können.

6

Kraftaufbau mit dem Widerstand gegen einen Medizinball

Alle Übungen werden in der Endphase der Bewegungsausführung 15 Sekunden gehalten. Jede Übung kann 1 - 3 x durchgeführt werden (zehn Übungen als Beispiel).

* Aus der Bauchlage den Oberkörper heben und den Medizinball mit den gestreckten Armen in Vorhalte halten. Füße an den Boden drücken, Gesäß und Bauchmuskeln anspannen, Kopf in Verlängerung der Wirbelsäule.

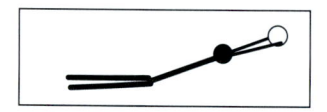

* Aus der Bauchlage die gestreckten Beine vom Boden abheben. Den Medizinball zwischen den Füßen halten, die Hände an den Boden drücken, Gesäß und Bauchmuskeln anspannen, Kopf in Verlängerung der Wirbelsäule.

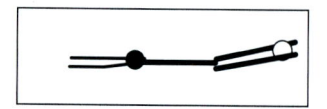

* In der Rückenlage den Medizinball mit gestreckten Armen kurz über dem Boden halten, Rücken an den Boden drücken, Gesäß und Bauchmuskeln anspannen, Lendenwirbelsäule an den Boden drücken.

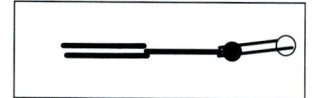

* In der Rückenlage, den Ball zwischen den gestreckten Beinen halten, die Beine vom Boden abheben, Gesäß und Bauchmuskeln anspannen, Lendenwirbelsäule an den Boden drücken.

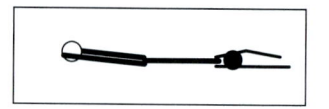

* Im Grätschsitz bei gestrecktem Rücken den Medizinball mit gestreckten Armen in der Waagerechten halten, Bauchmuskeln anspannen.

* In der Rückenlage bei angehockten Beinen den Medizinball zwischen den Knien halten, Hände an den Boden drücken, Gesäß und Bauchmuskeln anspannen, Lendenwirbelsäule an den Boden drücken.

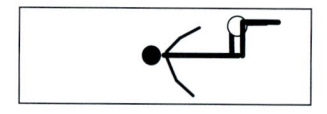

* Im Hockstand, den Rücken gestreckt, den Medizinball waagerecht auf den gestreckten Armen halten, Bauchmuskeln anspannen.

* Hockstand, Arme hinter dem Kopf verschränken, bei gestrecktem Rücken den Medizinball zwischen den Knien halten. Der Blick ist geradeaus.

* In der Rumpfvorbeuge bei gestrecktem Rücken den Medizinball an gestreckten Armen in der Senkrechten halten. Die Beine sind leicht gebeugt, Kopf in Verlängerung der Wirbelsäule.

* Im Hocksitz, bei gradem Rücken, den Medizinball zwischen den Knien halten.

Kraftaufbau gegen den Widerstand eines Partners

Alle Übungen werden gegen den Widerstand des Partners langsam und gleichmäßig, bei mittlerer (40 - 60 %)-Belastung, in einer Vor-Rückbewegung oder Auf- Abbewegung durchgeführt. Der vom Partner zu entwickelnde Widerstand muß gefühlvoll gleichmäßig gestaltet werden (sechs Übungen als Beispiel).

* Partner 1 drückt dem Partner 2 die gestreckten Arme bis an die Hüfte herunter, Partner 2 drückt gegen den Druck des Partners 1 die Arme wieder bis zur Waagerechten (Schulterachse) hoch.

* Partner 1 liegt in Bauchlage, die Unterschenkel im rechten Winkel vom Boden. Partner 2, der hinter den Beinen kniet, drückt die Unterschenkel auf sich zu in Richtung Boden, danach zieht Partner 1 die Unterschenkel wieder in Richtung Gesäß bis zum Winkel $90°$ zurück. Gesäß und Bauchmuskulatur mit anspannen.

6

* Partner 1 liegt bei angehockten Beinen auf dem Rücken, der stehende Partner 2 drückt die Knie auseinander. Danach drückt der Partner 1 gegen den Druck von Partner 2 die Knie wieder zusammen. Die Lendenwirbelsäule an den Boden drücken.

* Partner 1, in der Rückenlage, senkt gegen den Druck von Partner 2 die Beine, danach hebt Partner 1 die Beine gegen den Druck des Partners 2 wieder in die Ausgangslage zurück. Rücken muß am Boden liegen, besonders die Lendenwirbelsäule andrücken.

* Partner 1, in der Bauchlage, hebt gegen Druck des Partners 2 die Beine gestreckt vom Boden ab. Partner 2 drückt die Beine wieder gegen den Boden. Der Rücken muß am Boden liegen. Gesäß und Bauchmuskulatur anspannen, Kopf liegt in den flachen Händen.

* Partner 1 liegt auf dem Rücken und drückt, gegen den Druck des Partners 2 die gestreckten Arme auseinander und wieder zusammen. Die Wirbelsäule fest an den Boden drücken.

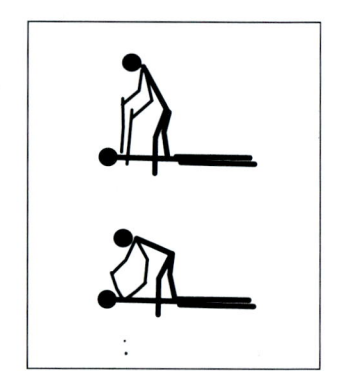

Kraftaufbau gegen das eigene Gewicht

Alle Übungen werden in der Endphase ca. 15 Sekunden gehalten. Die Vor-Rückbewegungen des Körpers erfolgen betont langsam, jedoch in gleichmäßigem Tempo (sechs Übungen als Beispiel).

* Im Kniestand (Kauerstellung) den Rücken langsam heben, halten und langsam wieder senken.

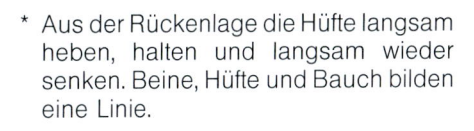

* Aus dem Hocksitz (rücklings) den Körper langsam bis zur Brücke (rücklings) heben, halten und langsam wieder senken.

* Aus der Rückenlage den Oberkörper aufrollen, halten und langsam wieder senken. Die Höhe des Aufrollens ist von der individuellen Leistungsfähigkeit abhängig.

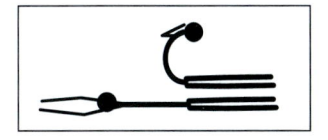

* Aus der Rückenlage die Hüfte langsam heben, halten und langsam wieder senken. Beine, Hüfte und Bauch bilden eine Linie.

* In der Rückenlage die gestreckten Beine langsam senken, kurz über dem Boden halten und langsam wieder anheben. Der Rücken muß am Boden bleiben, den Grad der Beinsenkung bestimmt die individuelle Bauchmuskelkraft.

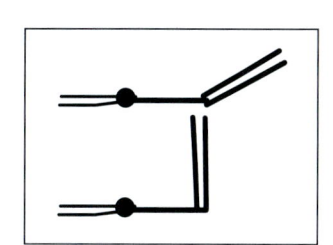

* Aus der Kauerstellung den Oberkörper langsam strecken, zurücklegen, halten und langsam wieder den Oberkörper bis zur Ausgangsstellung wieder senken.

6

Kraftausdauer im Rahmen der funktionalen Gymnastik

Circel-Kreis-Training
(Beispiel mit 7 Stationen; 20 Sekunden üben, 20 Sekunden aktive, unvollkommene Pause)
Wiederholte Ausführung eines Übungsprogrammes, das in bestimmter Reihenfolge, durch vorgegebene Stationen, durchlaufen wird.
Ein Hauptkennzeichen dieser organisatorisch-methodischen Form ist die systematische Folge von Belastungen auf die verschiedensten Muskelgruppen (siehe "Konditionstraining und Ausgleichssport für Reiter und Voltigierer" C. Chmiel, S. 95-115).

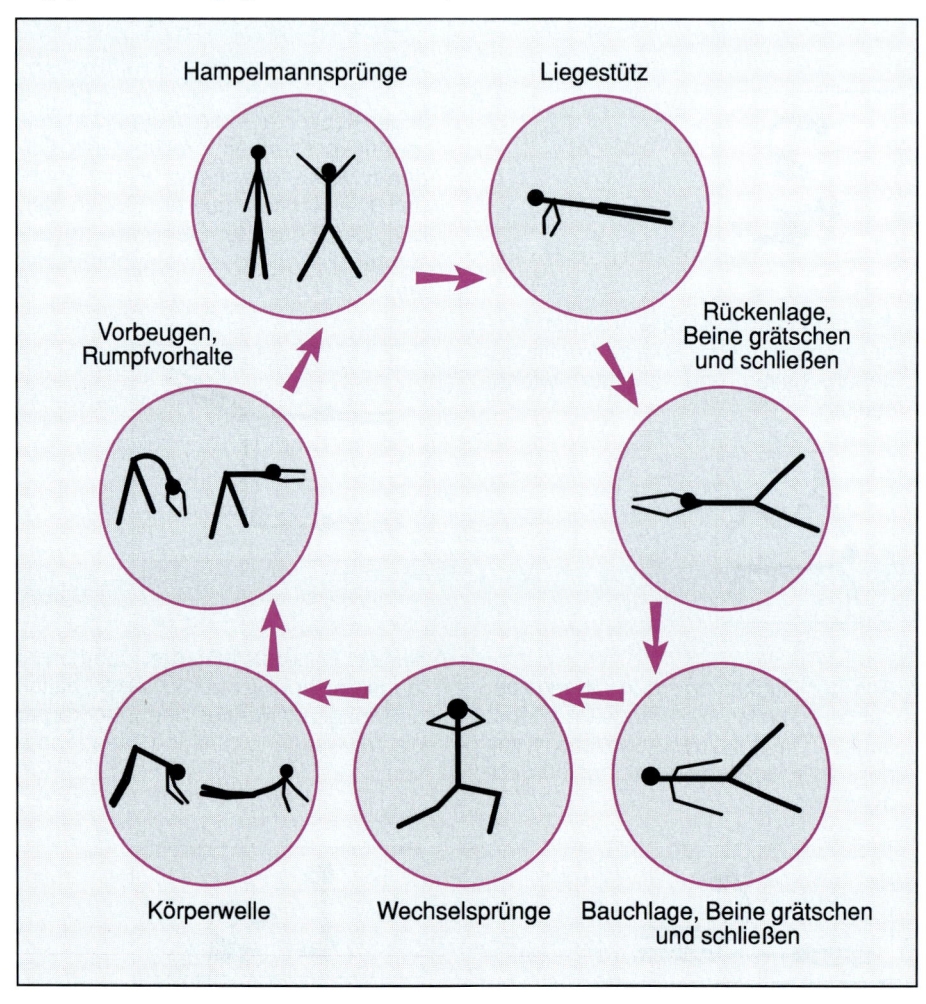

Hampelmannsprünge — Liegestütz — Rückenlage, Beine grätschen und schließen — Bauchlage, Beine grätschen und schließen — Wechselsprünge — Körperwelle — Vorbeugen, Rumpfvorhalte

6.10.3 Konditionsgymnastik mit Musik

Im folgenden wird ein Aufbauschema für eine Stunde Gymnastik mit Musik vorgestellt.
Das gesamte Programm gliedert sich stets in fünf Abschnitte:

1. Aufwärmphase
2. erste Belastungsphase
3. Regenerationsphase
4. zweite Belastungsphase
5. aktive Entspannungsphase

Der Gesamtumfang beträgt ca. 30 - 60 Minuten.

Inhalt einer "Gymnastikstunde mit Musik"

1. Aufwärmphase
Lockeres Laufen, Hüpfen und Stehen im Wechsel
— vorher Ruhepuls feststellen

2. Erste Belastungsphase
Laufen, Springen, Komplexübungen mit Koordinationscharakter, Ganzkörperübungen für eine allgemeine Kräftigung
— ersten Belastungspuls messen

3. Regenerationsphase
Entspannungsübungen, - Stretchen - in Verbindung mit Atemübungen
— Beruhigungspuls messen

4. Zweite Belastungsphase
Komplexübungen für eine allgemeine und spezielle Kräftigung
— zweiten Belastungspuls messen

5. Aktive Entspannungsphase
Entspannungsübungen, - Stretchen - in Verbindung mit Atemübungen
— Beruhigungspuls messen

6.10.4 Flexibilität/Beweglichkeitstraining

Bewegungsmöglichkeiten in einem oder mehreren Gelenken im Zusammenspiel mit Bändern, Sehnen und Muskeln.
Dehnungs-, Beweglichkeitsübungen (Stretchen). Alle Übungen werden in der Endphase 20 Sekunden gehalten.

Einzelübungen: (zehn Beispiele)

* In der Rückenlage linkes und rechtes Bein im Wechsel anhocken und dehnen

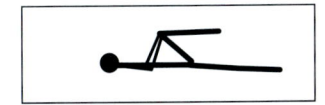

* In der Rückenlage linkes und rechtes Bein im rechten Winkel seitlich ablegen. Beide Schultern bleiben am Boden liegen.

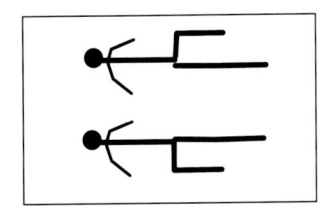

* Rumpfvorbeuge im Schneidersitz. Der Rücken bleibt gerade.

6

* Heben und Senken der Hüfte in der Rückenlage.

* Rumpfvorbeuge, Arme über den Kopf gestreckt nach vorne führen, der Rücken bleibt gerade, die Knie sind leicht gebeugt, der Kopf in der Verlängerung der Wirbelsäule.

* Im Kniestand zusammenkauern und strecken im Wechsel.

* Hürdensitz rechts und links, vorbeugen über das gestreckte Bein, bei geradem Rücken.

* Im Wechsel anhocken, halten, strecken, halten.

* Hocksitz im Kniestand, Strecken der Hüfte im Wechsel.

* Körperwelle im Kniestand.

6

Partnerübungen: (zehn Beispiele)

Alle Übungen werden in der Endphase der Bewegungsausführung 15 Sekunden gehalten.

* Partner 1 in Bauchlage, Partner 2 hebt den Oberkörper mit gestrecktem Arm vorne hoch und zieht ihn auf sich zu.

* Partner 1 in Bauchlage, Partner 2 hebt den Körper an den Füßen mit gestreckten Armen an. Partner 1 hält dabei eine Ganzkörperspannung und Partner 2 zieht ihn auf sich zu.

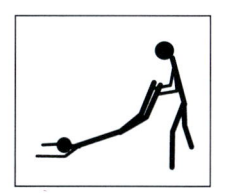

* Beide Partner sitzen gerade, Rücken an Rücken, und führen ohne Rückenkontakt die gefaßten Arme hoch und runter. Die Arme sind gestreckt.

* Partner 1 sitzt im Grätschsitz, Partner 2 dehnt ihn, indem er den Oberkörper vorsichtig nach vorn dehnt. Der Rücken bleibt dabei gestreckt.

* Partner 1 liegt in Bauchlage, Partner 2 dehnt die Beine, indem er bei parallel liegenden Oberschenkeln die Füße in Richtung Gesäß drückt.

* Partner 1 liegt auf dem Bauch, Partner 2 dehnt die hinter dem Körper gestreckten Arme vorsichtig in Richtung Kopf.

* Partner 1 streckt den Partner 2 über seinen Rücken, indem er sich im Sitzen leicht vorbeugt. Beide Partner sitzen in der Ausgangslage Rücken an Rücken. Der Partner 2 darf nicht ins Hohlkreuz gehen.

* Beide Partner legen sich in der Rumpfvorbeuge die Hände gegenseitig auf die Schultern und dehnen sich in die Tiefe. Beide haben einen geraden Rücken, die Knie sind leicht gebeugt.

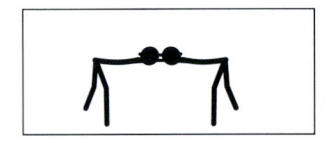

* Beide Partner sitzen voreinander, beide Fußsohlen haben Kontakt, dann beugen und strecken sie die Beine. Der Rücken ist gerade, die Hände stützen de Körper ab.

* Partner 1 in der Bank, Partner 2 legt sich rückwärts, entspannt und gedehnt über dem Rücken, so daß Hände und Füße den Boden berühren. Partner 1 muß den Bauch anspannen und darf nicht ins Hohlkreuz gehen.

6.10.5 Reaktionsgymnastik

Das Programm soll so ausgewählt werden, daß ein schnelles Reagieren — ähnlich wie beim Reiten im Parcours oder im Gelände oder beim Voltigieren — auf einen Reiz bzw. plötzliche Situationsveränderung hervorgerufen wird. Damit wird die Reaktionsfähigkeit geschult. Darunter versteht man die Zeit zwischen dem Aufkommen eines Signalreizes und dem Eintreten einer der Situation angemessenen Reaktion.

Übungen hierzu sind auf der folgenden Seite dargestellt.

Für alle Übungen muß vom Ausbilder ein Signal zum Start gegeben werden. Übungsdauer: 1 Minute.

6.10.6 Das Spiel im Rahmen des Ausgleichssports und des Konditionstrainings

Freude und Spaß sind im Regelfall mit dem Spielen verbunden. **Volleyball** und **Basketball** dienen der Reaktionsschulung, der Schnelligkeit und der Kraftausdauer. Beide Spiele bieten sich als Ausgleichssport für Reiter und Voltigierer an.

6

- Start aus der Bauchlage, 10m schnelles Laufen - Rückenlage und zurück

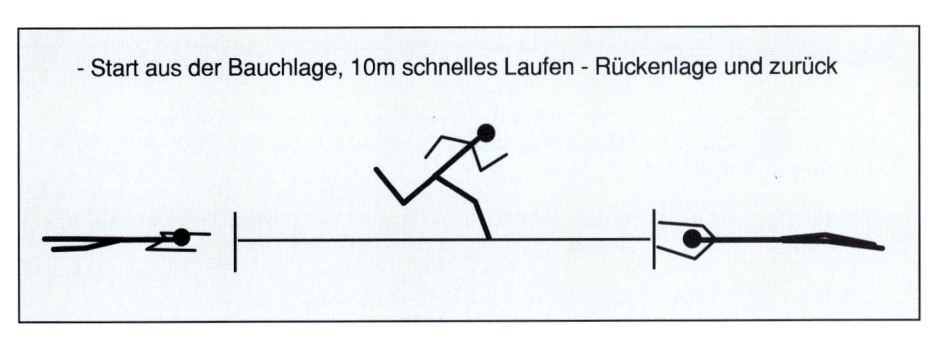

- Hocksprung - Strecksprung 1/1 Drehung - Hocksprung

- Rückenlage - Strecksprung - Hocksitz - Bauchlage

- Liegestütz - Hocke - Strecksprung - Hocke - Liegestütz rücklings

6

Zusammenfassung

- Durch sportliches Training werden Veränderungen im physischen (körperlichen), psychischen und sozialen Bereich auf erzieherischer und inhaltlicher Ebene hervorgerufen.

- Sportliche Leistung ist eine erkennbare, meßbare bzw. bewertbare Bewegungshandlung.

- Die sportliche Leistungsfähigkeit wird beeinflußt durch
  - motorische Fähigkeiten (Leistungsvermögen)
    * Kraft
    * Ausdauer
    * Schnelligkeit
    * Koordination
    * Beweglichkeit
  - psychische Fähigkeiten (Leistungsbereitschaft)
  - taktische Fähigkeiten
  - Umweltfaktoren.

- Die Energiebereitstellung für Bewegungen erfolgt aerob oder anaerob.

- Die geplante Bewegung wird vom Zentralnervensystem gesteuert.

- Trainingsmethoden legen fest, wie man auf welchem Weg das angestrebte Trainingsziel erreicht.

- Die Trainingsplanung orientiert sich an den Trainingszielen und soll für den Einsatz der ausgewählten Trainingsmethoden, -inhalte, -mittel und -kontrollmaßnahmen einen zeitlichen Rahmen schaffen.

- Die Auswertung der Trainingsbelastung kann über eigene Pulskontrollen erfolgen.

- "Pferdesportliches Training" ist der planmäßige Prozeß Reiter und Pferde auf das gesteckte Trainingsziel vorzubereiten.

- Das Training von Pferden untergliedert sich in ein Grundlagentraining (Grundausbildung) und ein Aufbautraining (Leistungstraining).

- Ein gut dosiertes Verhältnis von Belastung und (aktiver) Erholung muß gewährleistet sein.

- Die Trainingsbelastung muß subjektiv durch Beobachten des Pferdes kontrolliert werden; ergänzend dazu geben objektive (biologische) Meßgrößen Aufschluß über den Konditionszustand des Pferdes.

7

Bedeutung der Sportpsychologie für den Pferdesport

Ralph-Michael Rash (7.3) und Andreas Tack (7.1 – 7.2)

7

7.1 Psychologische Faktoren, die die Leistung von Reitern, Voltigierern und Fahrern beeinflussen

Niemand stellt in Frage, daß reiterliche Fertigkeiten, also das Ausführen bestimmter Handlungen und Bewegungsabläufe, optimiert werden können, wenn man sie entsprechend trainiert. Diese motorischen Abläufe gelingen dann am besten, wenn sie durch gedankliche (kognitive) Prozesse und gefühlsmäßige (emotionale) Zustände gestützt werden. Gedankliche und gefühlsmäßige Prozesse können ebenso trainiert werden wie Bewegungen, so daß gesamtsportliches Handeln und insbesondere anspruchsvolle Bewegungsabläufe im psychomotorischen Bereich verbessert werden.

Die wichtigsten handlungsbestimmenden Faktoren im psychischen Bereich sind Anspannung, Nervosität, Aggression, Ärger und Selbstsicherheit. Ihr Einfluß auf die sportliche Leistung soll im folgenden angesprochen werden.

7.1.1 Anspannung/Nervosität

Anspannung bzw. Erregung ist ein notwendiger Bestandteil des Vorstartzustandes (= körperliche und geistige Gesamtverfassung des Reiters unmittelbar vor dem Start auf einem Turnier; siehe auch Kapitel 7.3.3) und des Wettkampfzustandes, aber auch des Trainings (positives Lampenfieber). Nervosität läßt sich von der allgemeinen Erregung nur schwer trennen. Damit der ängstlich nervöse Anteil die Leistung von Reiter, Fahrer und Voltigierer und Pferd nicht negativ beeinflussen kann, sollte der Sportler sich sogenannte Selbstbefehle geben, wie zum Beispiel "Ruhig atmen!", "Nicht aufregen!" oder "Konzentrieren!".

Die Wartezeit (Latenzzeit) zwischen der Vorbereitungsphase und der Prüfung wird je nach den Fähigkeiten des Pferdesportlers nutzbringend oder unzweckmäßig ausgefüllt.

Im **ungünstigen** Fall werden psychosomatische (seelisch bedingt krankhafte) Spannungen aufgebaut. Dieses zeigt sich in wachsender Ungeduld und Unruhe. Nicht allzu selten geht das so weit, daß die im Sinne des ursprünglichen Handlungsplans sinnvolle und günstige Gelegenheit nicht abgewartet wird, und man zu sogenannten Ersatzhandlungen greift. Das Hadern mit dem Pferd, der Ausrüstung, den räumlichen Gegebenheiten, den Zuschauern oder auch den Richtern sind typische und allseits bekannte Reaktionsweisen.

Im **günstigen** Fall nutzt der Reiter seine Zeit, um zum Beispiel den Parcours oder die Dressuraufgabe in Gedanken, also mental, noch einmal durchzugehen, die an ihn gestellten Aufgaben gedanklich zu wiederholen und die zeitliche Planung zu perfektionieren (siehe auch Kapitel 7.3).

Etwas anders ist die Situation nach einem traumatischen (erschreckenden) Erlebnis. Insbesondere die Erinnerung an eine Verletzung oder auch an ein wichtiges Turnier, bei dem es nicht wie erhofft geklappt hat, gehören dazu.

Kam es durch Stürze und Abwürfe zu Verletzungen oder zu blamablen Mißerfolgen, so fällt es den meisten Reitern schwer, in der nächsten ähnlichen Situation ruhig und gelassen zu bleiben. Die Erinnerung an den mißlichen Vorfall beeinflußt ihn, wenn zumeist auch nur unbewußt. Man befindet sich dann emotionell zwischen der Neigung zu kämpfen und der Neigung zu flüchten. Einerseits möchte man davonlaufen, andererseits möchte man weitermachen. Man hat dann nach einiger Zeit das Gefühl, in eine Sackgasse geraten zu sein.

Es gibt eine Reihe von Möglichkeiten, wie man übermäßige Nervosität abbauen kann. Grundlage dessen ist immer, daß man in der Lage ist, körperliche An- oder Überspannung zu vermindern. Man kann nicht gleichzeitig körperlich entspannt und innerlich angespannt sein. Die psychische Anspannung löst sich fast immer, wenn die körperliche Überspannung abgebaut werden kann.

Dieser Zusammenhang zwischen Aktivierung und Leistung läßt sich mit Hilfe einer umgekehrten U-Funktion darstellen (Abb. 1). Das Yerkes-Dodson'sche Gesetz (1908) besagt, daß es für die Bewältigung jeder Anforderung ein optimales Aktivationsniveau gibt. Je nach Schwierigkeitsgrad der gestellten Aufgabe kommt es mit Zunahme der Aktivierung bis zu einem gewissen Punkt - dem Aktivierungsoptimum - zu einer Leistungssteigerung. Übersteigt die Aktivierung dieses personen- und sportartspezifische optimale Niveau, kommt es zu einem Leistungsabfall (siehe auch EBERS PÄCHER 1990). Bei eher feinmotorischen Bewegungen wie dem Dressurreiten ist das Aktivierungsoptimum niedriger als bei Bewegungen, die einen hohen Kraft- bzw. Schnellkraftanteil haben, wie zum Beispiel im Springreiten.

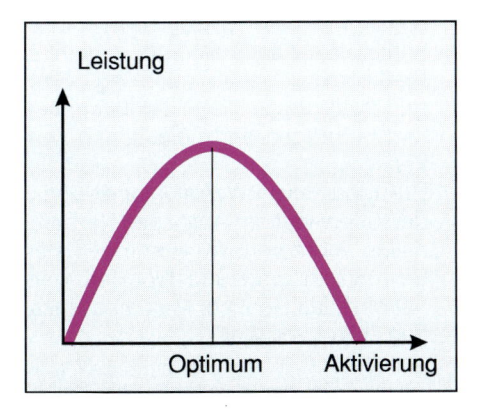

Für die Praxis des Reitsports bedeutet das, daß sowohl Trainer als auch Reiter erkennen müssen, welches Aktivierungsniveau für die jeweils spezifische Situation angemessen ist. Dabei sind persönliche Erfahrungen, aber auch Videoanalysen die zunächst einfachste und praktikabelste Vorgehensweise. Besonders im Spitzensport werden in den letzten Jahren in zunehmendem Maße Sportpsychologen zu Rate gezogen, die über oben genannte Verfahren hinaus Methoden zur systematischen Schulung sogenannter psychoregulativer Techniken (wie zum Beispiel Entspannungsverfahren, Streßbewältigung, Autogenes Training) vermitteln können.

7.1.2 Aggressionen/Ärger

Aggressionen sind Reaktionen auf ganz besondere äußere Hemmungen oder Bedrohungen. Genauso wie der Sport die Möglichkeit bietet, Aggressionen abzubauen, ist es auf der anderen Seite geradezu offensichtlich, daß bei Sportveranstaltungen aggressive Handlungen entstehen. Hier stellt sich nun die Frage, ob aggressive Handlungen durch sportliche Aktivität vermindert oder verstärkt werden. Um diese Frage auch nur annähernd beantworten zu können, erscheint es notwendig, die Wertigkeit von aggressivem Verhalten zu beleuchten. Immer hat Aggression auch etwas mit Konflikt zu tun. Ein Reiter wird beispielsweise dann aggressiv, wenn seine von ihm gesteckten Ziele bedroht werden.

Abb. 1: Das Yerkes-Dodson'sche Gesetz

Beispiel:

Er nimmt sich vor, den Parcours möglichst fehlerlos zu überwinden. Seine angestrebte Plazierung hängt davon ab. Beim dritten Hindernis scheut sein Pferd. Nur mit Mühe hält er sich auf dem Pferd. Mit allem Nachdruck reitet er das nächste Hindernis an. Noch ärgert er sich über den vorangegangenen Schnitzer. Er möchte alles wieder gut machen, die Zeit drängt. Das Pferd ist ebenfalls unter Druck. Es läßt ein Bein hängen. Die Stange fällt. Tausend Dinge schießen ihm durch den Kopf. Die Zeit; die Punktwertung; die Plazierung; die Blamage des Verlierens; der Wunsch, es doch noch zu schaffen; der Wunsch, sofort alles aufzugeben!
Der Reiter befindet sich in einem inneren Konflikt. Für einen Moment weiß er nicht, wie er sich entscheiden soll. Er wird aggressiv. Er muß sogar aggressiv werden, da ihm gar keine andere Möglichkeit als unbedingtes sofortiges Handeln übrig bleibt, will er seine Ziele erreichen.

Im Sport treten vornehmlich zwei Arten der Aggressionen auf:

a) **die instrumentelle Aggression,** d.h. erlernte aggressive Handlungen. Ihr Einsatz erfolgt planmäßig, um ein Ziel zu erreichen. Derartige aggressive Handlungen können sowohl regelgerecht, als auch schädigend oder verletzend sein. So kann es unter Umständen angemessen und nutzbringend sein, die Gerte oder die Sporen einzusetzen, um den Gehorsam des Pferdes zu verbessern. Der Reiter kann sich auch durch Lautäußerungen Luft machen oder durch Zähnezusammenbeißen sozusagen "am Riemen reißen". Im ungünstigeren Fall benutzt er Gerte, Sporen, Zügel und Körperkräfte, um das Pferd über das erforderliche Maß hinaus zu kontrollieren bzw. zu strafen. Gegebenenfalls legt er sich sogar mit den Richtern oder Zuschauern an.

b) **Die affektive Aggression,** d.h. impulsives Handeln als Reaktion auf extrem starke emotionale Prozesse. Dieses ist weitgehend unbewußt und verläuft ohne hinreichende Zielorientierung. Im Gegensatz zur instrumentellen Aggression, die unter Umständen als generelles handlungsleitendes Motiv verstanden werden kann, ist die affektive Aggression immer an bestimmte Situationen gebunden.
Im Stadium höchster Erregung veranlaßt der Hypothalamus (Hirnanhangsdrüse, ein bestimmter Teil des Zwischenhirns) die Ausschüttung zweier Hormone: Adrenalin und Noradrenalin.
Das Mischverhältnis beider Hormone hängt davon ab, wie der Sportler die Erregung bewertet. Bei *Angstzuständen* überwiegt der Anteil des Adrenalins. Dieses bewirkt Fluchttendenzen und geht einher mit einer Alarmbereitschaft, die zwar gekoppelt ist mit erhöhter Wachsamkeit und verkürzter Reaktionszeit, aber auch mit Erregungsstörungen der Großhirnrinde und Störungen der motorischen Zentren.
Bei aggressiven *Wutreaktionen* dagegen überwiegt der Anteil des Noradrenalins. Noradrenalin vermindert den Bewußtseinsgrad und blockiert weitgehend das Denken. Man ist sozusagen "blind vor Wut".

Konflikte, die die Konzentration beeinflussen können, haben zur Folge, daß die Aufmerksamkeit des Sportlers entweder nach innen oder nach außen gerichtet ist. Die folgende Tabelle zeigt exemplarisch den Zusammenhang innerer Vorgänge mit bestimmten Formen der Aufmerksamkeit und deutet an, welche Möglichkeiten mentaler Umstellung denkbar sind.

**Tab.: Die vier Formen von Aufmerksamkeit
(mit ihren positiven [+] und negativen [-] Inhalten)**

		weitgefaßt	enggefaßt
nach Innen	+	"Was soll ich jetzt tun?" Strategien verfolgen	Mentale Vorstellungen der inneren Vorgänge. Kontakt zum Pferd.
	−	Sorgen Über Fehler ärgern.	Erschöpfung Schmerzen
nach Außen	+	"Welche Möglichkeiten gibt es noch?" Auf das nächste Hindernis konzentrieren.	Das Pferd ermutigen.
	−	Zuschauer Richter Wetter	Der gefallenen Hindernisstange hinterhersehen. Punktergebnisse vorausberechnen.

Beispiel:
Der oben beschriebene Reiter, der nach einem oder mehreren Fehlern mit dem inneren Konflikt umgehen muß, kann seine **nach außen gerichtete** Aufmerksamkeit entweder auf die gefallene Hindernisstange (enggefaßt), oder beispielsweise auf Zuschauer und Richterreaktionen (weitgefaßt) ausrichten.

Seine **nach innen gerichtete** Aufmerksamkeit kann ebenfalls weit- oder enggefaßt sein. Von einer weitgefaßten, nach innen gerichteten Aufmerksamkeit spricht man dann, wenn der Reiter die gesamte Situation überdenkt, sich noch einmal die geplanten Strategien ins Gedächtnis ruft und sich überlegt, wie er vorgehen will. Wenn er dagegen ganz kurzfristig seine Anspannung abschütteln möchte oder sich auf korrekten Sitz, gute Haltung und den Kontakt zum Pferd besinnen will, dann ist seine nach innengerichtete Aufmerksamkeit sehr eng gefaßt.

Diese unterschiedlichen Formen der Aufmerksamkeit machen deutlich, daß ein wichtiges Trainings- und Lernziel darin besteht, zwischen den verschiedenen Formen von Aufmerksamkeit hin- und herschalten zu können, um je nach Situation optimal aufmerksam zu sein. Von Konzentration im Sinne einer Einengung der Wahrnehmung kann nur bei der positiven, nach innen gerichteten engen Form und der positiv nach außen gerichteten engen Form gesprochen werden. Eine Anforderung an jeden Sportler ist es also, in Abhängigkeit der gestellten Aufgabe von einer Form der Aufmerksamkeit in die andere wechseln zu können. Dies kann man trainieren, indem man sich bestimmte Situationen vorstellt und im Geiste von einer Situation in die andere "wandert" (siehe auch EBERSPÄCHER 1990).

Entscheidend ist unter Umständen auch das Verhalten von Trainern und Betreuern. Im Laufe der oft langjährigen Zusammenarbeit hat sich in der Regel eingespielt, daß der Reiter (Fahrer, Voltigierer) auf bestimmte Hinweise des Trainers reagiert. Je besser der Trainer erkennen kann, in welchem Zustand sich der Reiter (Fahrer, Voltigierer) befindet, und je besser die erlernten Absprachegewohnheiten etabliert sind, umso besser wird der Trainer bei gegebenen Umständen Hilfestellungen geben können, um dem Reiter (Fahrer, Voltigierer) brauchbare Hinweise zu vermitteln, wie er dann die Form der Aufmerksamkeit wechseln kann.

Aggression ist in der Regel nicht mit Gewalttätigkeit gleichzusetzen. In einer ausgewogenen Persönlichkeit ist Aggressivität manchmal sogar notwendig, um mit einer Situation fertig zu werden. Manchmal allerdings beruht Aggression auf Wut. Wenn man nicht mehr weiter weiß, wenn jeder vernünftige Weg versperrt zu sein scheint, dann greifen Sportler manchmal aus dem Gefühl der Machtlosigkeit heraus zur Brutalität; sich selbst gegenüber, dem Pferd gegenüber oder auch gegenüber Betreuern, Zuschauern oder Materialien.

Bahnen sich derartige Verhaltensweisen deutlich erkennbar an, so ist es sinnvoll, den Reiter (Fahrer, Voltigierer) zu veranlassen, seine zu eng gerichtete Aufmerksamkeit auf andere weitaus zweckmäßigere Aspekte zu verlagern. Manchmal helfen da schon Zurufe wie: "Bleib ruhig!", "Regelmäßig atmen!" oder "Konzentriere dich auf den nächsten Sprung!"

Abschließend zu diesem Punkt sei noch der Zusammenhang von Frustration und Aggression (die **Frustrations-Aggressionshypothese**) angesprochen. Frustrationen entstehen besonders bei sportlichen Situationen dann, wenn der Sportler überfordert wird. Niederlagen, Mißerfolge, Ausscheiden usw. sind allzuoft die Folgen von Überforderung. Je höher der Leistungsanspruch ist, den der Reiter sich selbst stellt oder der von außen an ihn herangetragen wird, umso mehr erhöht sich die Wahrscheinlichkeit, diesem Anspruch nicht zu genügen und damit frustriert zu werden. Aggressives Verhalten ist meist die Folge.

Ziel einer jeden Trainings- oder Wettkampfbetreuung muß also sein, Überforderungs- und Frustrationserlebnisse im erträglichen Rahmen zu halten und sie in ein angemessenes Verhältnis zu Erfolgserlebnissen zu bringen.

7.1.3 Selbstsicherheit

Der Begriff Selbstsicherheit oder Selbstbewußtsein bedarf kaum einer näheren Erklärung. Offensichtlich steht Selbstsicherheit in engem Zusammenhang mit sportlicher Leistung. Ein Extrem stellt sicherlich der Boxer Muhammad Ali dar, der mit seinem Slogan "I'm the greatest" eine so ausgeprägte Selbstsicherheit demonstrieren konnte, daß sogar seine Gegner ihm geglaubt haben, und dadurch eingeschüchtert wurden.

Selbstsicherheit zeichnet sich dadurch aus, daß man die Sicherheit hat, sich einer Aufgabe gewachsen zu fühlen; daß man weiß, daß unter Umständen auch eine nicht ganz perfekte Leistung ausreicht, um das gesteckte Ziel zu erreichen.

Nimmt man an, daß Selbstsicherheit einen Teil der Persönlichkeit darstellt, so wird man auch annehmen können, daß sich die Ausprägung der Selbstsicherheit mit der Ausprägung der Persönlichkeit verändert. Jedoch gibt es, was das Selbstbewußtsein betrifft, große Schwankungen, die in keinerlei Bezug zur Persönlichkeit stehen, sondern durch die Umstände diktiert werden. Diese Schwankungen können kontrolliert werden - Leistungsschwankungen sind ganz normal (TERRY, 1990). Leider und nur allzu oft geht mit einem Leistungstief auch die Selbstsicherheit verloren. Der Sportler hat dann das Gefühl, als sei ihm die Kontrollmöglichkeit über die Situation entzogen worden.

Geringes Selbstbewußtsein bewirkt die Zunahme von negativen Einstellungen. Dieses ist zumeist gekoppelt mit Angst und dem Verlust der Kontrollfähigkeit. Dadurch entstandene schwache Leistungen führen meist zum Versagen im Erreichen des gesteckten Zieles.

Das daraus resultierende noch schlechtere Selbstbewußtsein führt dann als Teufelskreis mit noch schlechteren Leistungen zu langandauernden Selbstwertkrisen.

Eine erfolgreiche Steuerung des eigenen Selbstwertgefühls und die Fähigkeit, im Wettkampf gute Leistungen zu bringen, erfordert es, daß man die eigene negative Grundeinstellung unter Kontrolle bekommt.

Negative Einstellungen sind kontrollierbar!

Je mehr negative Selbstgespräche sie in Gang setzen, desto weniger wahrscheinlich ist es, daß der Sportler eine gute Leistung erbringt. Negative Selbstgespräche setzen negative Emotionen in Gang und erzeugen negative Energie. Es ist nicht immer möglich, einen negativen Gedanken, der einem in den Sinn kommt, zu stoppen, aber den negativen Selbstgesprächen kann man immer Einhalt gebieten. Selbstgespräche sollten während des Wettkampfes auf ein Minimum beschränkt werden. Sollten sie sich dennoch einstellen, dann müssen sie in positive Gespräche verwandelt werden, zum Beispiel "Das schaffe ich nie" in "Ich brauche mich nur auf mein Können zu konzentrieren, dann wird es schon gut gehen" (siehe auch Kapitel 7.3.3).

Trainer dürfen solchen Reitern erst einmal nur Leistungen abverlangen, die sie auf jeden Fall schaffen können - nicht überfordern!

Die gebräuchlichsten Erfolgseinstellungen sind im folgenden dargestellt:

1. *Innere Einstellung bezüglich Spaß und Vergnügen.*

Spaß zu haben ist eine sehr starke positive Energiequelle. Dieses zeigt sich darin, daß ein Sportler in der Lage ist, einen Moment innezuhalten und zu sich selbst sagen kann: "Ich genieße das, was ich tue - es ist wirklich großartig".

2. Innere Einstellung bezüglich Gewinnen und Verlieren.

Anstrengungen sollten darauf gerichtet sein, das Beste zu geben, wozu man im Rahmen seiner Fähigkeiten imstande ist. Erfolg wird sich dann einstellen, wenn die Situation es zuläßt. Ist man jedoch um jeden Preis darauf fixiert, gewinnen zu müssen und kann den Gedanken an das Verlieren gar nicht ertragen, dann wird diese Einstellung als Auslöser für negative Energie wirken können.

3. Innere Einstellung bezüglich Fehlern.

Nicht nur in sportlicher Hinsicht ist es notwendig, daß man Fehler macht, wenn man etwas lernen will. Fehler und Irrtümer sind, solange sie sich in einem minimalen Bereich halten, als Rückmeldung über das eigene Verhalten nützlich. Führen Fehler jedoch rasch zu Zorn, Unwillen und Selbstzweifeln, dann stellt sich mit einer negativen Haltung auch eine bestimmte Übererregtheit ein, die ein weiteres Hindernis für den Sportler darstellt.

4. Innere Einstellung bezüglich Druck.

Es liegt in der Hand des Sportlers, ob er eine Situation als bedrohlich oder als aufregende Selbstherausforderung einzuschätzen vermag. Der Sportler ist gefordert, ein Ereignis oder eine Situation geistig in einer Weise umzuformen, daß es als positive Herausforderung gewertet werden kann.

5. Innere Einstellung bezüglich Kontrolle und Körperbeherrschung.

Ein jeder Sportler sollte erlernen, daß es ganz normal ist, hin und wieder die Kontrolle über sich selbst oder über die Situation zu verlieren. Er kann sich dann darauf einstellen und in Zukunft wirksame Strategien entwickeln, wie er die Kontrolle zurückgewinnen kann. Ist der Verlust von Kontrolle, und sei er auch noch so kurzfristig, das Schlimmste, was einem passieren kann, dann fühlt man sich rasch bedroht und verliert über kurz oder lang den größten Teil seines Selbstvertrauens.

Diese angesprochenen fünf Einstellungen sind bei einzelnen Sportlern mehr oder minder ausgeprägt und stellen einen Teil ihrer Persönlichkeit dar. Sie finden sich auch, und zum Teil in ganz charakteristischer Form, bei den im folgenden beschriebenen Persönlichkeitstypen wieder.

7.1.4 Persönlichkeitstypen

Bei den verschiedenen Individuen ist die Dominanz einzelner Faktoren der Persönlichkeit unterschiedlich stark ausgeprägt. Die hier im folgenden angesprochenen Typen stellen empirisch vorfindbare Formen dar, die sich im Zuge der Veränderung des Alters, der Interessen, der Einstellungen, der Normen und Werte anpassen und sich dementsprechend unterschiedlich ausprägen können.

1. Der Aneignungstyp
(Der naturverbundene Typ)

Der Aneignungstyp liebt den Umgang mit dem Pferd und der Natur. Der Reitstall ist oft sein zweites Zuhause. Er spielt mit dem Tier, berührt es, läßt sich berühren, tätschelt und hätschelt es, freut sich über Kameradschaft und Harmonie. Vielfach ist bei ihm der handfeste Kontakt zum Pferd wichtiger als das Reiten selbst. Er hält nichts von traditioneller Etikette, lehnt Vorschriften der Reitlehre weitgehend ab und geht leistungssportlichen Anforderungen aus dem Wege.

2. Der Umbildungstyp
(Der ungebundene Typ)

Für den Umbildungstypen erscheint das Pferd und die Reiterei in erster Linie als Mittel zum Zweck. Er sucht nach einem besseren, eleganteren, amüsanteren, natürlichem oder gesunden Leben. Dabei hilft ihm die Reiterei. Sie verschafft ihm den Anschluß an die Bereiche Natur, Reitervereine und Leistungssport. Er bindet sich nicht langfristig an festgefügte Ordnungen und ist ständig auf der Suche nach neuen Möglichkeiten, wobei er gern in Kauf nimmt, Sicherheiten zugunsten von attraktiven Alternativen in Frage zu stellen.

3. Der Einwirkungstyp
(Der dominante Typ)

Der Einwirkungstyp strebt Dominanz an. In der Regel beginnt dieser Prozeß mit der Schaffung gesellschaftlicher Überlegenheit innerhalb des Reitervereins. Das Pferd gilt ihm als prestigeträchtige Wirklichkeit, als Symbol des adligen, wohlhabenden, großzügigen, geschmackvollen, sportlichen und gesunden Lebens. Er trachtet danach, Überlegenheit zu gewinnen. Mit zunehmender Vertrautheit mit der Reiterei entwickelt sich ein Drang zur demonstrativen Unterordnung des Pferdes. Obwohl er sich durchaus um Hege und Pflege des Pferdes, um Natur und gesellschaftliche Kontaktpflege kümmert, dient das Pferd ihm doch ganz eindeutig als Mittel, seinem vordringlichen Ziel, der Dominanz, näherzukommen. Leistungssportliche Anforderungen verbindet er mit dem Gefühl von 'Stärker-Werden'. Nach Möglichkeit vermeidet er es, Werte und Normen zu verletzen, da dieses seinem guten Ruf schaden würde.

4. Der Anordnungstyp
(Der traditionsbewußte Typ)

Der Anordnungstyp sucht in erster Linie festen Halt. Er ist eng verbunden mit dem Reiterverein, identifiziert sich mit den gegebenen Werten und Normen und bemüht sich, innerhalb dieser festen Strukturen einen angemessenen Standort zu finden. Der Anordnungstyp ist bestens vertraut mit der Reitlehre. Er weiß, was die Tradition lehrt, und wie man sich der Etikette nach zu benehmen hat. Er trachtet nicht nach neuen Grundlagen für den Umgang mit dem Pferd, sondern setzt sich zum Ziel, die als verbindlich betrachteten Ordnungen zu kennen und ihnen zu entsprechen.

5. Der Ausbreitungstyp
(Der unbekümmerte Typ)

Der Ausbreitungstyp sucht im Reiten Ablenkung, Freude, Entspannung und Genuß. Systematisches Training liegt ihm wenig; er mag es, unbekümmert die angenehmen Seiten des Sports zu genießen, in freier Natur zu sein und sich in heiterer Gesellschaft gehen zu lassen. Gelegentlich läßt er sich auf Wettkämpfe und leistungssportliche "Eskapaden" ein, vermeidet jedoch, sich in ein festes Gefüge von Training, Ausbildung und Gesellschaft einbinden zu lassen.

6. Der Bewältigungstyp
(Der erfolgsorientierte Typ)

Der Bewältigungstyp ist fast immer darum bemüht, bestimmten Zielen hinterherzueilen. Er möchte beim Reiten und auch mit dem Reiten etwas erreichen und nimmt auch die dafür erforderlichen Anstrengungen in Kauf. Alles was ihm hilft, sportliche Erfolge zu erringen, wird von ihm angenommen. Er möchte weiterkommen. Dazu bemüht er sich, Neues hinzuzulernen, sich Wissen anzueignen, neue Dinge zu beherrschen und erfolgsversprechende Pläne zu entwickeln. Er identifiziert sich gern mit dem systematischen Konzept des Wettkampfsportes, da er hier die Herausforderung spürt, seinen persönlichen Einsatz möglichst nutzbringend anzuwenden. Die Freude an der Beschäftigung mit dem Pferd allein genügt ihm nicht. Er entwickelt Pläne, konzipiert Vorhaben und identifiziert sich mit Vorhaben, wobei das Pferd ihm als unersetzlicher Partner erscheint.

Die meisten Reiter lassen sich zumindest schwerpunktmäßig der einen oder anderen Kategorie zuordnen. Selbstverständlich findet man nur in den seltensten Fällen eindeutige Zuordnungen, so daß Mischformen die Regel sind.
Dennoch sollte der Reitlehrer um die Verschiedenartigkeit der Typen wissen, ihren jeweiligen Stellenwert innerhalb der einzelnen Person erkennen können und gegebenenfalls vernachlässigte Aspekte besonders schulen.
Insbesondere für die alltägliche Praxis eines Reitbetriebes erscheint das Wissen und die Fähigkeit, die verschiedenen Persönlichkeitstypen zu erkennen, von Wichtigkeit. So sollte der Reitlehrer in der Lage sein, die Zusammensetzung von Gruppen möglichst homogen zu gestalten und den individuellen Ansprüchen je nach Persönlichkeitstyp gerecht zu werden.
Der "Idealtyp" Reiter sollte über eine Vielzahl von Verhaltensmöglichkeiten verfügen, um sich den veränderlichen Gegebenheiten des alltäglichen Lebens anpassen zu können.
Dieses zu erkennen und zu schulen, ist eine der Aufgaben, die an den Reitlehrer gestellt werden müssen.

7.2 Maßnahmen zur Leistungsbeeinflussung

Sportliche Leistung wird bei angemessenen Rahmenbedingungen vornehmlich von drei Dingen bestimmt:

* dem Grad der Fertigkeit
* der physischen Vorbereitung
* der psychologischen Wettkampfbereitschaft.

Genauso wie die physischen (körperlichen) Anteile trainiert werden müssen, ist es erforderlich, auch die psychologische Wettkampfbereitschaft systematisch zu schulen.
Der Zweck des Erlernens psychologischer Fertigkeiten ist, die Kluft zu überbrücken zwischen möglicher und tatsächlicher Leistung. Der Grund für die Schwankungen der Leistungsfähigkeit liegt in der mentalen Verfassung. **Körper-Bewußtsein,** die Fähigkeit zur optimalen Ausnutzung der **Energiequellen** und **mentale Trainingsmethoden** sind dabei wesentliche Komponenten der Leistung und sollen deshalb im folgenden erläutert werden. Sie haben einen großen Einfluß darauf, wie gut der Reiter sein tatsächlich vorhandenes Potential (einschließlich seines Pferdes) in Wettkampfleistung umzusetzen vermag.

7.2.1 Körperbewußtsein

Durch die Schulung des Körperbewußtseins sollen drei Dinge erreicht werden:

1. Es soll bewußt gemacht werden, welche Bewegungsabläufe für die jeweilige Disziplin notwendig sind. Dadurch kann man besser entscheiden, was man beibehalten und was man verändern möchte.

2. Das Verhältnis zwischen Körper und Psyche wird besser kennengelernt, um unzweckmäßige Bewegungs- und Denkgewohnheiten in zweckmäßigere verändern zu können.

3. Übertragungseffekte auf das Pferd können durch die Verbesserung von Körperbewußtsein nutzbar gemacht werden.

Der Mensch ist, auch was die Motorik betrifft, ein "Gewohnheitstier", und es bedarf unzähliger Versuche innerhalb ungewohnter Bewegungsabläufe, bis sich nach und nach ein sowohl physiologischer als auch psychologischer Umlernprozeß vollziehen kann. Durch das immer neue Ausprobieren anderer, bisher nicht zum Verhaltensrepertoire gehörender Haltungs- und Bewegungsmuster werden Körpergefühl und Körperkoordination gleichermaßen gefördert. Das Bewegungs- und Wahrnehmungsvokabular erweitert sich. Man muß einmal selbst ausprobieren, wie schwierig es ist, von alten Gewohnheiten zu lassen:

> Versuchen Sie, Ihre Hände zunächst in der üblichen Weise zu falten. Achten Sie darauf, welcher Daumen oben liegt. Jetzt lösen Sie diese Gewohnheitshaltung des Händefaltens auf und versuchen Sie es von neuem, diesmal aber so, daß der andere Daumen oben liegt. (KIPHARD, 1985)

Es wird eine Weile dauern, bis man sich an das neue Gefühl gewöhnt hat.

Ein besonders effektiver Weg, dieses Gefühl zu schulen, besteht darin, den **kinesthetischen** (bewegungsfühlenden) Sinn zu verfeinern (FELDENKRAIS, 1978). Dazu gehört, daß Signale und Informationen des Körpers in Ruhe und bei Bewegungen optimal erkannt werden. Es handelt sich hierbei um innere Informationen, die der Körper sich selbst dauernd liefert, und die etwas über Gleichgewicht, Bewegung und das Verhältnis der einzelnen Körperteile zueinander aussagen. Dieser Sinn spielt eine große Rolle bei Bewegungen und bei dem Lernen von Neuem.

Auf der folgenden Seite finden Sie eine Übungsanleitung, wie eine derartige Schulung in der Praxis aussehen kann.

Der Körper spiegelt immer auch seelische Zustände und demgemäß auch seelische Störungen wieder. Durch das Einleiten eines kinesthetischen (bewegungsfühlenden) Bewußtwerdungsprozesses verändern sich ganz allmählich die bisher schlecht und recht funktionierenden Muskel-Nervenverbindungen.
Der kinesthetische Sinn ist eine Erweiterung des Tastsinns. Dazu gehören Signale und Informationen des Körpers, die einen die eigene Bewegung erkennen lassen.
Der Schlüssel zur optimalen Bewegung liegt in der bewußten Fähigkeit, eine wenig wirkungsvolle Bewegung selbst zu identifizieren, diese Gewohnheitsmuster zu unterbrechen und dann den Bewe-

Abb. 2: Übungsanleitung zur Schulung des kinesthetischen Sinns
(entnommen aus J. SYERS, 1988)

1. Schließen Sie die Augen und entspannen Sie sich. Konzentrieren Sie Ihre Aufmerksamkeit auf die Füße. Wie fühlen sie sich an? Können Sie den großen Zeh vom zweiten unterscheiden, den vierten vom kleinen Zeh? Machen Sie das für jeden Fuß separat. Auf welche Weise fühlt sich der linke Fuß anders an als der rechte? Fühlt sich einer größer an? Auf welchem Fuß ruht im allgemeinen Ihr Gewicht?

2. Jetzt wenden Sie sich den Waden und den Knien zu. Welches sind die Hauptmuskeln der Wade? Wie sind sie am Knie befestigt? In was für einem Verhältnis stehen Knie und Fußknöchel zueinander? Wie funktionieren die Knie? Wo sitzt die Kniescheibe, und was befindet sich hinter ihr?

3. Konzentrieren Sie sich jetzt auf die Oberschenkel. Welches ist hier der größte Muskel? Wie fühlt sich die Hinterseite der Oberschenkel an? In welchem Verhältnis stehen Oberschenkelmuskeln und Gesäßmuskeln zueinander? Sind Ihre Knie mit den Oberschenkelmuskeln verbunden und wie?

4. Wie sieht das Becken aus? Wenden Sie jetzt Ihre Aufmerksamkeit auf Ihr Becken. Wie sind die verschiedenen Muskeln miteinander verbunden, um das Becken zu halten? Konzentrieren Sie sich auf die Gesäßmuskeln und die Leistenmuskeln. Wie ist Ihr Becken mit den Oberschenkeln verbunden? Wo sind Ihre Hüften? Können Sie fühlen, wie Ihr Körpergewicht auf den Gesäßmuskeln lastet? Welche Verbindung haben Becken und Bauchhöhle? Wie ist das Becken mit dem unteren Teil der Wirbelsäule verbunden?

5. Konzentrieren Sie sich jetzt auf Ihren Bauch und werden Sie sich Ihrer Bauchmuskeln bewußt. Welche bewegen Sie beim Sport? Stellen Sie sich einen Augenblick lang vor, wo sich Ihre inneren Organe befinden: Darm, Magen, Leber und Galle.

6. Jetzt sind Oberkörper und Brustkorb an der Reihe. Atmen Sie langsam ein und aus, und achten Sie darauf, wie sich Rippen und Oberkörper bewegen.

7. Jetzt wenden Sie Ihre Aufmerksamkeit dem Rücken zu. Diesen Teil Ihres Körpers bekommen Sie nahezu nie zu Gesicht. Bewegen Sie sich in Gedanken an der Wirbelsäule auf und ab, und untersuchen Sie, welche Teile des Rückens Ihnen bewußt sind, welche Sie sich bewußt machen können und welche nicht.

8. Wie ist es mit den Schultern? Ziehen Sie Ihre rechte Schulter mehr hoch als die linke oder umgekehrt? Wie sind sie mit dem Brustkorb verbunden? Wo befinden sich Ihre Schulterblätter?

9. Konzentrieren Sie sich jetzt auf Ihre Arme, fangen Sie an der Schulter an und durchlaufen Sie jeden Teil bis in die Fingerspitzen. Wie sind die Oberarme mit den Schultern verbunden, wie mit den Ellbogen? Wie fühlen sich die Ellbogen an, wie funktionieren sie? Jetzt zu den Unterarmen: Was bedeuten sie für Ellbogen und Handgelenk? Danach konzentrieren Sie sich auf Ihre Hände, beschäftigen Sie sich mit jedem Finger einzeln. Werden Sie sich nacheinander der einzelnen Fingergelenke bewußt? Fühlen sich die Finger unterschiedlich an?

10. Als nächstes ist der Hals an der Reihe. Welche vorderen Halsmuskeln führen zum Oberkörper, wie sind sie mit dem Brustbein verbunden? Wie ist es mit Ihrem Nacken? Wie verbindet er Kopf und Schultern?

11. Und schließlich konzentrieren Sie sich auf Ihren Kopf. Widmen Sie sich jedem Teil Ihres Gesichts: Stirn, Augen, Wangen, Nase, Kiefermuskeln, Kinn, Lippen, Zunge und Innenseite des Mundes.

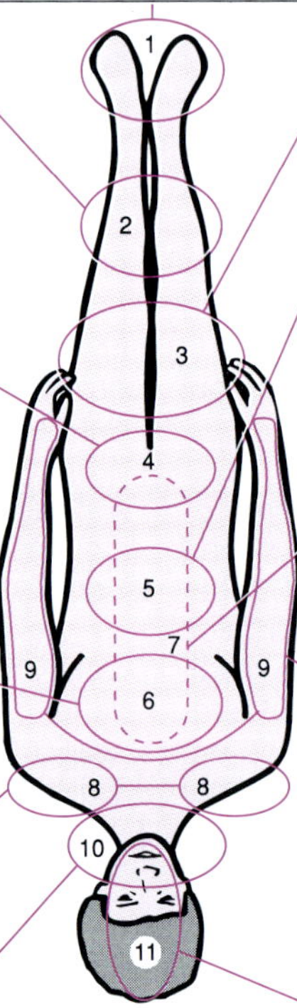

Wenn Sie mit dieser Bestandsaufnahme fertig sind, nehmen Sie sich noch ein paar Minuten, gehen Sie noch einmal jeden Teil Ihres Körpers durch und beschäftigen Sie sich dabei besonders mit den Bereichen, die Ihnen am wenigsten vertraut sind. Danach richten Sie Ihre Aufmerksamkeit wieder auf Ihre Umgebung und öffnen Sie die Augen.

gungsablauf neu und wirkungsvoller zu organisieren.

Die folgenden vier Aspekte sind die Grundlage, auf der der Reiter seine eigene Wahrnehmungs- und Bewegungsfähigkeit, auch in bezug zum Pferd, aufbauen kann:

1. Die Funktion der Augen

Konzentriert man sich mit den Augen zu sehr auf einen bestimmten Gegenstand, sei es das nächste Hindernis, die Bodenbeschaffenheit oder die Zuschauermenge, dann kann es zu Verspannungen in den Augenmuskeln kommen. Dieses führt in den meisten Fällen dazu, daß sich auch im Nacken und im Schulterbereich die Muskeln unnötig anspannen. Um dieses zu vermeiden, sollte der Reiter seine Augen dazu trainieren, sich möglichst schnell auf verschiedene Objekte einzustellen. Dazu gehört neben dem einwandfreien Funktionieren der Augen auch die psychologische Fähigkeit, Dinge entweder scharf fokussiert (auf den Punkte genau) oder auch nur peripher (oberflächlich), d.h. aus dem Augenwinkel heraus, anzusehen.

2. Die Funktion des Atmens

Wenn man die Luft anhält, baut man gewisse Spannungen in seinem Körper auf, auf die auch das Pferd reagiert. Je nach dem, ob man aus Ängstlichkeit, aus Wetteifer oder aus technischen Gründen die Luft anhält, wird sich auch das Pferd entsprechend verhalten. Der Reitlehrer sollte also zusammen mit dem Reitschüler (Fahrer oder Voltigierer) Übungsformen entwickeln, die dafür sorgen, daß Körperspannungen, die durch Atmung bestimmt werden, immer zweckmäßig sind.

3. Die Funktion des Zentrierens

Wenn man beim Reiten jemanden beobachtet, der aussieht, als wäre er nicht im Gleichgewicht, dann liegt es meistens daran, daß seine Körpermitte falsch liegt. Hat man seine Mitte erst einmal verloren, führen innere Unruhe, Furcht und Anspannung unverzüglich zu einer Starrheit der Muskulatur, zum Verlust der Schnelligkeit und der Behendigkeit, zur Beeinträchtigung des Sehvermögens, zum Verlust der Konzentration und letztendlich zum Mißerfolg (weiterführende Literatur LOEHR, 1988). Die Verbesserung der Körperwahrnehmung führt immer dazu, daß der Reiter schneller als zuvor sein Gleichgewicht und damit auch seine Körpermitte wiederfindet.

4. Die Funktion des Balancierens

Um den Körper aufrecht zu halten, müssen die psychischen und physischen Bausteine richtig aufeinander abgestimmt sein.
Eine reiterlich gute Haltung bewirkt, daß man den Gesamtaufwand optimieren kann, d.h. Atmung und Muskelanspannung liegen bei einem relativen Optimum. Der Grund dafür, daß Atmung und Muskelanspannung außer Kontrolle geraten, liegt zumeist darin, daß man sich, besonders unter Druck, zu wenig Zeit nimmt, um auf seinen Körper zu achten. Hat man eine schlecht entwickelte Körperwahrnehmung, dann dauert der Anpassungsprozess an die jeweilige Situation zu lange, und es kommt zu Fehlern. So führen selbst kleine Unsicherheiten in der Balance dazu, daß das Pferd widersprüchliche Informationen vom Reiter bekommt. Auf der einen Seite soll es vorgeschriebenen Bewegungsabläufen gehorchen und auf der anderen Seite wird

es durch die Anspannung, die ein unbalancierter Reiter produziert, gestört.

7.2.2 Optimale Ausnutzung von Energiequellen

Sportler, die die fein abgestimmte Ausgewogenheit eines gesunden Körper-Kopf-Verhältnisses ignorieren, machen es sich selbst besonders schwer. Nur zu häufig wird ein Aspekt übertrieben und ein anderer vernachlässigt. Die Aussage: "Am besten ignoriere ich meine Gedanken vollkommen; mein Kopf macht mir immer nur Schwierigkeiten" hört man beinahe genauso häufig wie das Gegenteil: "Wenn ich es mir mit dem Kopf wirklich fest vornehme, macht mein Körper, was ich will. Man muß nur wollen und den Schmerz ausschalten." In Wirklichkeit funktioniert weder das eine noch das andere. Wenn man versucht, Gedanken und Gefühle auszuschalten, machen sie sich auf unvorhergesehene Weise bemerkbar und beeinflussen die Leistung.

Jeder erfolgreiche Sportler hat sich wohl schon mit dem Problem des sogenannten "Trainingsweltmeisters" auseinandergesetzt. Dieser kann im Wettkampf trotz guter Vorbereitung und günstiger Rahmenbedingungen sein optimales Leistungsvermögen nicht erreichen. Das kann nur bedeuten, daß der Sportler selbst nicht in der Lage ist, während des Wettkampfes das richtige innere Klima bzw. den idealen inneren Leistungszustand herbeizuführen.

Um die gegebenen Energiequellen, sprich die angeeignete sportliche Leistungsfähigkeit, das Leistungsvermögen des Pferdes und die Unterstützung von Trainern und Betreuern optimal ausnutzen zu können, ist es hilfreich, sich mit Hilfe sportpsychologischer Techniken (vergleiche Kap. 7.2.3, 7.3 und Kap. 6), den folgenden zwölf Aspekten des idealen inneren Klimas anzunähern.

1. Sportartabhängige körperliche Spannung/Entspannung

Für jede sportliche Disziplin gibt es ein anderes Maß an notwendiger körperliche Spannung bzw. Entspannung. Dieses angemessene Maß gilt es zu trainieren und von Nervosität und Stress unabhängig zu machen.

2. Geringes Angstempfinden

Die beste Leistung bringt man, wenn die persönliche Kraft und Energie aus positiven Quellen gespeist wird, ohne gleichzeitig eine innere Angst oder Nervosität zu spüren. Da Angst oftmals durch äußeren Druck hervorgerufen wird, besteht die Kunst darin, den Druck in angemessener Weise herauszunehmen.

3. Freude an der sportlichen Tätigkeit an sich

Durch sportliche Tätigkeit kann man seiner Persönlichkeit Ausdruck verleihen. Anstatt über sportliche Leistung Sicherheit, Stärke und Anerkennung erlangen zu wollen, zeigt der ideale Sportler, daß er all das schon in sich trägt und es für sportliche Höchstleistungen benutzt.

4. Optimismus

Negative Gedanken und Gefühle untergraben die Leistung. Positive Denker sind bessere Wettkämpfer!

5. Zuversicht in die eigene Tatkraft

Eine gute Leistung ist meist eng verbunden mit dem Empfinden von positiver Energie. Die Zuversicht in die eigene Tatkraft verstärkt das Gefühl von positiver Energie.

6. Mühelosigkeit

"Locker bleiben", "Nicht verkrampft sein", sind Schlagworte, die wohl jeder hin und wieder zu hören bekommt. Elegantes Reiten ist gekennzeichnet durch Athletik, gepaart mit Mühelosigkeit.

7. Das Gefühl, alles käme wie von selbst, sozusagen "automatisch"

Zu viele Gedanken und Fehleranalysen schaden dem Bewegungsfluß. Das Vertrauen in die eigenen Fähigkeiten und die des Pferdes erlaubt, daß größere Anteile der sportlichen Handlung intuitiv oder automatisch ablaufen können.

8. Wachheit und kontrollierte Aufmerksamkeit

Die Fähigkeit, vorauszusehen und vorauszufühlen zu können, was in etwa geschehen wird, und darauf angemessen zu reagieren, ist Teil der persönlichen Wahrnehmungsfähigkeit.

9. Konzentration

Die Wahrscheinlichkeit, sich gut konzentrieren zu können, wächst, wenn der Reiter (Fahrer, Voltigierer) seine innere Ruhe und Gelassenheit verspürt, und sie mit einem hohen Grad an positiver Energie verbinden kann.

10. Selbstsicherheit

Selbstsicherheit ist ein Gefühlszustand, der entwickelt und gelenkt werden kann. Neben einem geringen Angstempfinden ist das Wissen um ein reichhaltiges Verhaltensrepertoire ausschlaggebend für die persönliche Selbstsicherheit.

11. Gelassenheit

Höchstleistungen werden immer von einem Gefühl der Kontrollierbarkeit innerer Vorgänge begleitet. Das Gegenteil von Gelassenheit ist ein unruhiger, beschleunigter und übererregter Zustand.

12. Das Gefühl, sich selbst unter Kontrolle zu haben

Ein Gefühl von innerer Kraft und Selbstkontrolle entsteht dann, wenn der Reiter (Fahrer, Voltigierer) zu der Überzeugung gelangt, die Situation unter Kontrolle zu haben, anstatt von der Situation beherrscht zu werden. Emotionale Selbstbeherrschung ist dabei die höchste Form der Kontrolle.

Wohl die meisten "Leistungs"-Sportler werden viele der oben genannten Aspekte des inneren idealen Klimas recht nahe kommen. Um sich dem idealen Leistungszustand noch weiter anzunähern, werden psychologische Verfahren angeboten, zu denen auch das im folgenden skizzierte mentale Training gehört.

7.2.3 Mentale Trainingsmethoden

Mentales Training (MT) besteht in planmäßigem, wiederholtem und bewußtem

Sich - Vorstellen eines Bewegungsablaufes mit optimalem inneren Ablauf- und Ergebnisfeedback. Ausgehend von dieser Definition läßt sich eine ganze Reihe von Forschungsfeldern ableiten. Demnach geht es darum:

* den Nachweis einer Leistungssteigerung durch MT zu erbringen;
* günstige Zeitpunkte für MT zu erkennen;
* Personen zu MT zu motivieren;
* das Ausmaß der Dauer und der Häufigkeit mentalen Übens für jede Person individuell zu bestimmen;
* den Einfluß verschiedener Persönlichkeits- und intellektueller Merkmale zu erfassen;
* mögliche Verbindungen mit körperlichem und beobachtendem Üben zu bilden;
* die Wirkung mentalen Trainings während übungsloser Perioden (beispielsweise nach Verletzungen) zu erfassen.

Vieles spricht für die Annahme, daß ein gutes Maß an Vorerfahrung, d.h. Kenntnis der Relation zwischen Vorstellung, Wahrnehmung und Bewegung förderlich für mentales Trainingsverfahren ist.
Dies steht im Einklang mit Beobachtungen, die belegen, daß Fortgeschrittene mentales Training effektiver nutzen können als Ungeübte.

Dementsprechend sollte schon bei Kindern und Jugendlichen begonnen werden, einfache spielerische Elemente der Körper- und Selbstwahrnehmung zu schulen.

In verschiedenen Untersuchungen konnte dargestellt werden, daß Versuchspersonen, die sich während mentalen Trainings von Pfeilwurfaufgaben vorstellen sollten, daß jeder Pfeil genau das Zentrum der Scheibe trifft, im Leistungsgewinn deutlich besser waren als Versuchspersonen, die sich vorstellten, daß die Pfeile eher den Rand der Scheibe treffen würden.

Die Wirksamkeit mentalen Übens ist abhängig von einer ganzen Reihe innerer und äußerer Faktoren.

Die inneren Faktoren sind insbesondere:

– die allgemeine Bewegungsfertigkeit
– die Vorerfahrung
– der Intelligenzquotient
– die Eigenmotivation.

Die äußeren Faktoren sind insbesondere:

– die Art der Anweisungen
– die Art der Aufgabe
– die Reihenfolge der Aufgaben
– der Übungszeitpunkt
– der Zeitumfang.

Dieses gilt es zu beachten, wenn mentale Trainingsverfahren oder Versuchspläne entwickelt werden.

Mentale Trainingsverfahren sollten bei der Durchführung von Bewegungsvorstellungen insbesondere die *Zeitspanne* berücksichtigen.

Die maximale Zeitspanne für ununterbrochenes mentales Üben ist bei ca. 5 Minuten festzulegen. Jedoch scheint die benötigte bzw. sinnvolle Zeitspanne aufgabenspezifisch zu variieren.

Im Pferdesport können immer nur Teilelemente mental trainiert werden, da die Zeitspanne eines gesamten Wettkamp-

fes in der Regel länger als einige Minuten dauert.
Es muß also von Fall zu Fall neu entschieden werden, welche Zeitspanne günstig und effektiv ist. Dieses gilt auch für die Anzahl der Übungswiederholungen, die unter Umständen nur an einem Tag, normalerweise jedoch in einer Folge bis zu mehreren Wochen durchgeführt werden können. Desweiteren ist die Zeitspanne abhängig von der Art der Vorgehensweise.

"Mentales" Training kann als *individuelle Strategie* recht verschiedene Vorgehensweisen umfassen. Trainierende sind in der Lage, Bewegungsvorstellungen unterschiedlichster Art zu realisieren.

Optische Vergegenwärtigung der Bewegung kann durch Beobachten einer anderen Person, von Bildern oder Videoaufnahmen, stattfinden. So können konkrete Bilder, abstrahierte Bilder, Schemata, ungewöhnliche Perspektiven u.v.m. leicht erzeugt werden.
Akustische Vergegenwärtigung kann darin bestehen, einem "Lehrer" zuzuhören, eine "innere Stimme" zu produzieren oder (sub) verbal eigenen Anweisungen zu folgen.
Durch innere Wahrnehmung erlebte *kinesthetische (bewegungsfühlende)* Empfindungen (siehe Kap. 7.2.1) können über Muskelgefühl und Gelenkstellung Aufschluß geben. Eine andere Art mentalen Übens besteht im *symbolischen Erfassen* von Bewegungsabläufen, wobei Zahl-, Lage- und Richtungselemente repräsentiert sind.

Bei der *gedanklichen Analyse* durchdenkt der Trainierende verschiedene Möglichkeiten, schwierige Punkte oder Probleme der Koordination.

Mentales Training ist im Reitsport deshalb so gut einsetzbar, weil in der Regel vorausplanbare Handlungsabläufe gefordert sind. So kann der Reiter problemlos Teileelemente herausgreifen und diese mental wieder und wieder durchleben, und soweit er es erlernt hat, dieses mentale Bild auch verändern bzw. verbessern. Beispielsweise bei einer Military in der Zwangspause: Das geistige Durchgehen der Geländestrecke (Q-Strecke) vor dem Start. (Weiterführende Literatur bei EBERSPÄCHER, 1990 und SUINN, 1986).

7.3 Angst im Reitsport

Reiten ist eine Sportart, die mit dem Partner Pferd sicherlich jedem, der sie betreibt, viele schöne Erlebnisse, viel Freude, viel Zufriedenheit und Erfüllung bieten kann.

Der Begriff Angst ist hier offensichtlich fehl am Platze. Dennoch passiert es leider immer wieder, daß Reiter beim oder vor dem Reiten Angst haben; sei dieses auch nur in oder vor bestimmten Situationen.

Diejenigen, die das Gefühl der Angst haben, sind meist Reitanfänger. Aber auch Fortgeschrittene können mit diesem Problem konfrontiert werden.

7.3.1 Auswirkungen und Ursachen der Angst

Angst ist ein Gefühl, welches in der Auseinandersetzung mit schwierig, riskant, gefahrvoll oder nicht lösbar erscheinenden und unbekannten Aufgabenstellungen und Anforderungen entsteht und eine natürliche Warn- und Schutzfunktion im menschlichen Handeln erfüllt. Angstreaktionen können bereits bei der gedanklichen Beschäftigung mit bevorstehenden Anforderungen zustande kommen (Erwartungsangst).

Angstgefühle bewirken im Organismus eine verstärkte Ausschüttung von Hormonen. Hierdurch ändern sich zum Beispiel Blutdruck, Puls, Kreislauf und Adrenalinspiegel (siehe Kap. 7.1). Dieses wiederum kann dann ein breites Spektrum von **Symptomen** hervorbringen, die der Ausbilder als solche erkennen muß:

1. Vegetative Störungen: zum Beispiel Nervosität, Atemnot, häufiges Wasserlassen, gesteigerte Darmtätigkeit und Schweißausbrüche.

2. Motorische Störungen: Koordinationsstörungen und Irritationen im Bewegungsablauf führen dazu, daß technische Ausführungen, die sonst sicher beherrscht werden, jetzt nicht mehr oder weniger sicher vollzogen werden können. Der Reiter ist physisch verspannt und verkrampft. Je nach Temperament des Pferdes kann sich die Verspannung des Reiters auf das Pferd übertragen. Das Pferd verspannt sich seinerseits zunehmend und zeigt Reaktionen, die wiederum die Angst des Reiters größer werden lassen. So entsteht ein endloser Kreislauf.

3. Denkblockaden: Der Reiter hat keine Möglichkeit mehr, situationsgerecht zu reagieren.

4. Veränderte Reaktionsweisen: Extreme Passivität oder aber extreme Aktivität, wenn nicht sogar Aggressivität, die sich sowohl gegen das Pferd, den Ausbilder als auch gegen die Mitreiter richten kann.

Es ist zu berücksichtigen, daß der Mensch von Natur aus ganz unterschiedlich physisch und psychisch belastbar ist. So mag eine bestimmte Situation bei dem einen Angstgefühle auslösen, bei dem anderen jedoch nicht.

Der Ausbilder sollte wissen, **wann** und **warum** Angstgefühle entstehen können:

1. Gerade beim Reitanfänger entsteht leicht ein allgemeines Angstgefühl. Der Reitanfänger hat keine Erfahrung im Umgang mit Pferden. Er kann die Verhaltensweisen des Pferdes nicht einschätzen. Das Pferd erscheint ihm anfangs zu groß, zu stark, zu eigenwillig; die Reaktionen des Pferdes sind ihm unverständlich.

2. Die Bewegungen des Pferdes sind dem Reitanfänger fremd. Er kann ihnen nicht oder kaum folgen, sie machen ihn unsicher und lassen ihn körperlich verkrampfen.

3. Der Reiter fürchtet sich davor, vom Pferd zu fallen.

4. Der Reiter fühlt sich überfordert. Er kann die Situation nicht mehr überblicken, kann sie nicht mehr kontrollieren.

5. Der Reiter hat bereits schlechte Erfahrungen gemacht: Sturz, Durchgehen eines Pferdes, Ausschlagen eines Pferdes.

6. Der Reiter fürchtet sich vor einer Blamage. Er will nicht in den Augen anderer, zum Beispiel der Zuschauer, der Mitreiter, des Reitlehrers, versagen. Dieses Angstgefühl wird besonders dann auftreten, wenn die Kritik des Ausbilders meist negativer Art ist.

7. Der Reiter fürchtet sich vor dem Springen.

8. Der Reiter fürchtet sich vor dem Start auf einem Turnier.

7.3.2 Konsequenzen für den Ausbilder

Bei der Beantwortung der Frage, wie Angstgefühle überwunden werden können, bzw. wie das Entstehen von Angst verhindert werden kann, ist die **Art und das Auftreten des Ausbilders** entscheidend.

Die wichtigste Maßnahme gegen die Angst ist die **Vorbeugung**. Der Ausbilder sollte für alle Reitschüler eine grundsätzlich **positive Lernsituation** schaffen, die geprägt ist von: Achtung, Verständnis, Anerkennung, Entgegenkommen, menschlicher Wärme und Wertschätzung von Person und Leistung.

Eine solche Lernsituation wirkt auf den Reitschüler motivierend und positiv für seine psychische und physische Verfassung, sie schafft Vertrauen und läßt kaum Angstgefühle entstehen.

Wenn dennoch Angstgefühle entstehen, sollte der Ausbilder sie ernst nehmen und sich um einen verständnisvollen Umgang mit ihnen bemühen. Wichtig ist, daß Ausbilder und Reiter zuerst einmal die **Angst akzeptieren**. Es gibt keinen Grund, sich der Angst zu schämen. Allein diese Akzeptanz führt schon ein wenig weg von der Angst.

Der Reitschüler darf nie, weder vom Ausbilder noch von anderen Reitern, dazu genötigt werden, Dinge zu tun, die zu tun er sich nicht traut.

Wenn der Ausbilder erkennt, daß Angstgefühle vorhanden sind, ist ein **Gespräch mit dem Reiter** erforderlich, zumal dem Einzelnen die Angst oft nicht bewußt ist; er "leidet" lediglich unter den Symptomen. Reitschüler und Ausbilder müssen gemeinsam herausfinden, weshalb die Angst entstanden ist. Erst, wenn man dieses weiß, kann man auch gezielt etwas dagegen unternehmen.

Wesentlich ist, daß der Ausbilder sich immer darum bemüht, **aufbauend zu korrigieren** statt negativ zu kritisieren. In diesem Zusammenhang ist die Sprache, der sich der Ausbilder bedient, von großer Bedeutung. Er sollte zu seinem jeweiligen Reitschüler eine Sprache finden, die dieser auch verstehen kann.

Die meisten Reitanfänger sind Menschen, die aus der Stadt kommen. Sie haben in der Regel wenig oder keine Erfahrung im Umgang mit Tieren, insbesondere mit Pferden.

Die Entfremdung von der Natur kann für die modernen Menschen auf der einen Seite das Pferd und den Reitsport höchst attraktiv machen, auf der anderen Seite aber auch Angst vor dem Pferd erzeugen. Der Ausbilder muß dem Reitschüler, gerade am Anfang der Ausbildung, das notwendige Wissen über das Pferd ausführlich und intensiv vermitteln.

Der Reitschüler muß Aufklärung erhalten über das Wesen des Pferdes, seine Psychologie, seine natürlichen Instinkte und seine möglichen Reaktionen.

Der Reiter muß unter anderem wissen, daß seine eigenen Reaktionen unter Umständen beim Pferd das Gegenteil von dem bewirken, was man erreichen wollte. Sollte zum Beispiel ein Pferd durchgehen, wird der unerfahrene Reiter die Zügel immer mehr annehmen, er wird sich gleichsam in die Zügel hängen. Aufgrund dieser Reaktionen wird das Pferd jedoch immer schneller werden. Um diese Reflexe überwinden zu können, muß der Reitanfänger genau informiert sein und muß wissen, wie das Pferd auf bestimmte Aktionen des Reiters reagiert.

Er muß genau erfahren, welchen Sinn und Nutzen die reiterlichen Hilfen haben. Erst wenn der Reitschüler weiß, wie und weshalb man auf eine bestimmte Weise auf das Pferd einwirken kann, wird sich aus diesem Wissen heraus die nötige Sicherheit und das nötige Vetrauen entwickeln, um angstfrei im Sattel zu sein. Auch im Reitunterricht gilt der altbewährte pädagogische Grundsatz:

Das Wissen muß dem Schüler vermittelt, das Können muß aus ihm entwikkelt und die Erfahrung muß ihm verschafft werden.

Der Reiter muß auch wissen, daß es im Umgang mit Pferden durchaus Situationen gibt, in denen Vorsicht geboten ist. Der Reiter muß *mögliche Gefahren kennen.* Nur dann kann er sie auch rechtzeitig erkennen und vermeiden.

Der Reitanfänger sollte, bevor er das erste Mal in den Sattel steigt, mehrere Male im Stall mitarbeiten (Pferde putzen, ausmisten, usw.), um Vertrauen zum Pferd zu finden und ihm körperlich näher zu kommen. Dieses ist von großem Wert für die nun beginnende Reitausbildung.

Damit das gewachsene Vertrauen nicht zerstört wird, ist es von größter Bedeutung, daß der Ausbilder über die *geeigneten Lehrpferde* verfügt. Der alte Grundsatz – "junge", unerfahrene Reiter auf "alte", gut ausgebildete Pferde und "alte", erfahrene Reiter auf "junge" Pferde – darf nie vernachlässigt werden! Die Pferde sind dann für den Reitanfänger geeignet, wenn sie erstens einen einwandfreien Charakter haben und gutmütig sind, zweitens gut ausgebildet und leichttrittig sind, drittens einen angenehmen Bewegungsablauf haben und viertens in der Größe zum Reiter passen (siehe auch Kap. 3 und 5.1).

Die Pferde müssen regelmäßige und ausreichende Bewegung haben, damit sie nicht ihren Stallmut unter dem Reitanfänger freimachen wollen. Dies würde Angst erzeugen und auch tatsächlich gefährlich sein.

Der Ausbilder sollte die Lehrpferde regelmäßig selbst reiten. Erstens, um zu überprüfen, in welchem reiterlichen Zustand sich die Pferde befinden, zweitens, um die Pferde immer weiter und besser auszubilden, damit die Reitschüler immer besser, schneller und leichter lernen.

Der Ausbilder darf nie vergessen, wie problematisch die ersten Stunden im Sattel für den Reitanfänger sind; sicherlich für den älteren Menschen problematischer als für den Jugendlichen oder das Kind.

Man muß beachten, daß die Bewegungserfahrungen des modernen Menschen häufig sehr gering und zu spezialisiert sind. Gerade in neuartigen Situationen weiß der Mensch nicht, seinen Körper entsprechend einzusetzen. Dieses Unvermögen erzeugt Angstgefühle.

In der Praxis zeigt sich immer wieder, daß Menschen mit vielseitiger Bewegungserfahrung (zum Beispiel mehrere Sportarten, körperliche Arbeit usw.) weniger Probleme mit sich im Sattel haben und daher bei ihnen seltener oder nie Angstgefühle entstehen.

Neben einer intensiven Sitzschulung an der Longe sollte der Ausbilder dem Reitanfänger zu einer möglichst **umfassenden Bewegungserfahrung** verhelfen, einer Bewegungserfahrung, die dem Reiter dienlich ist: Arbeiten im Stall, Schwimmen und spezielle Reitgymnastik.
Leider sind begleitende gymnastische Übungen im Reitsport nicht üblich. Gerade für den Reitanfänger, wie auch für denjenigen, der nur selten reitet, wäre es aber notwendig, sich **vor jedem Reiten durch gezielte Lockerungs- und Dehnübungen "aufzuwärmen"** (siehe Kap. 5.8 und 6.10). Der Reiter könnte sich dann schneller elastisch den Bewegungen des Pferdes anpassen, er würde sich im Sattel sicherer fühlen und Angstgefühle würden kaum aufkommen.

Zu Beginn der Reitausbildung ist die wichtigste Maßnahme gegen Angstgefühle im Sattel eine qualifizierte, **ausführliche und individuelle Sitzschulung an der Longe.** Das Ziel ist der losgelassene Balancesitz. Wer entspannt im Sattel sitzt, sitzt tiefer darin und hat dadurch mehr Verbindung mit dem Pferd. Dieses Gefühl besserer Kontrolle gibt Sicherheit und läßt viele Ängste schon verschwinden. Der Reitanfänger darf erst dann die Zügel in die Hände bekommen, wenn er sich losgelassen den Bewegungen des Pferdes anpassen kann, wenn er im Schritt, Trab und Galopp völlig **angstfrei mitschwingen** kann (siehe auch Kap. 5.2).

Beim **Springen** entsteht nur dann Angst, wenn der Reiter die an ihn gestellten Anforderungen nicht erfüllen kann.
Die Springausbildung beginnt mit ausführlicher Sitzschulung im leichten Sitz. Dann folgt die Sitzschulung über Bodenricks, am Sprung und über einfache Gymnastikreihen. Mit dem Reiten über Stangen und Cavalettis im leichten Sitz sollte so früh wie möglich begonnen werden.
Selbstverständlich müssen sichere Pferde für die Springausbildung zur Verfügung stehen.
Beim Reiten über Sprünge dürfen die Anforderungen nur ganz behutsam gesteigert werden.
Lieber weniger verlangen, als zuviel. Der Sprung darf Reiter und Pferd nie überfordern.

Für die gesamte Reitausbildung ist es von elementarer Bedeutung, daß der Ausbilder **methodisch** vorgeht, daß er aufbauend, d.h. **vom Leichten zum Schwierigen** ausbildet. Wenn dieser Grundsatz vernachlässigt wird, passiert es leicht, daß der Reitschüler überfordert wird. Diese Überforderung erzeugt leicht Angstgefühle. Im Extremfall kann der Reiter die Kontrolle über sein Pferd verlieren. Es wird sehr schwer sein, die hieraus resultierende Angst wieder abzubauen. Der Ausbilder darf grundsätzlich nur das fordern, was auch seitens des Reitschülers und seitens des Pferdes realisierbar ist.

Der Ausbilder muß diese Realisierbarkeit der Anforderung aber auch dem Reitschüler vermitteln. Wenn der Reiter die Anforderung für sinnvoll und begründet hält, wird er eher in der Lage sein, die Erfüllung der Anforderung aus sich selbst heraus zu verwirklichen. Es sollte das Ziel eines jeden Ausbilders sein, den **"mündigen" Reiter** auszubilden.
Diese Reiter fühlen sich dann sicher und sind frei von Angstgefühlen.

7.3.3 Angst vor Wettkämpfen

Ein Bereich, der im fortgeschrittenen Stadium der Ausbildung immer wieder Reiter und Ausbilder mit Ängsten und Angstgefühlen konfrontiert, auch wenn der bisherige Ausbildungsweg durchaus positiv verlief, sind **Leistungsvergleiche**, seien dies Hausturniere oder offizielle Pferdeleistungsschauen. Die Symptome der Angst können schon einige Tage vor dem Turnier oder kurz vor dem Start, aber auch erst während der Prüfung auftreten.

Der Ausbilder muß wissen, daß es grundsätzlich zwei verschiedene Typen von Reitern gibt: den **Erfolgszuversichtlichen** und den **Mißerfolgsängstlichen** (siehe auch Kap. 7.1.3). Sie unterscheiden sich vor allem darin, daß der Erfolgszuversichtliche durch eine stabilere Erfolgserwartung gekennzeichnet ist, die Gründe für erfolgreiche und erfolglose Handlungen (Ritte) realistisch interpretiert und dementsprechend eher in der Lage ist, sich selbst zu bekräftigen und zu motivieren, als dies bei dem Mißerfolgsängstlichen der Fall ist.

Letzterer ist dagegen instabiler, er "fällt häufiger um", indem er sich durch Fehlleistungen sowie durch extreme Bedingungen, wie zum Beispiel das veränderte Verhalten seines Pferdes, die Leistungen der Konkurrenten und durch vermeintliches Glück oder Pech, stärker beeinflussen läßt, als der Erfolgsmotivierte. Da er sich für erfolgreiche Handlungen nicht positiv selbst zu bekräftigen vermag (während er dieses im umgekehrten Fall bei erfolglosen Handlungen in negativer Hinsicht oftmals tut), überwiegen bei ihm Ängstlichkeit, Skepsis, Zaudern und Selbstvorwürfe, die dann zu weiteren Fehlleistungen führen können. Hierdurch wird dann leider die Mißerfolgsangst bestätigt und zukünftige Ängste erhalten weitere Nahrung.

Vom sogenannten **Vorstartzustand** (siehe Kap. 7.1.1) wird jeder Reiter erfaßt. Der *erfolgszuversichtliche* Reiter ist in diesem Zustand optimal für die Prüfungsanforderung bereit. Er empfindet eine leichte Erregung und freudige, etwas ungeduldige Erwartung. Er fühlt sich kräftig, verfügt über eine optimale Konzentrationsfähigkeit und hat ein beherrschtes Auftreten.

In der Prüfung wird er dann erwartungsgemäß reiten, vielleicht sogar besser.

Der *mißerfolgsängstliche Reiter* neigt im Vorstartzustand entweder zum sogenannten *Startfieber* oder zur *Startapathie*.

Bei dem *Startfieber* ist er stark nervös, zeigt unkontrollierte Handlungen, ist vergeßlich und zerstreut. Sein Auftreten ist unsicher, er zeigt eine unbegründete Geschäftigkeit. In der Prüfung sind seine Handlungen dann mehr oder weniger gestört, er wirkt desorganisiert. Seine Bewegungsabläufe sind unbeherrscht und mit steigendem Anspruch häufen sich die Fehler. Er ist stark verkrampft.

Bei der *Startapathie* ist der Reiter schlaff, träge, apathisch. Er fühlt sich müde und möchte seinen Start am liebsten absagen. Er ist unfähig, sich zu konzentrieren und sich gezielt auf den Start vorzubereiten. In der Prüfung wird er nicht "kämpfen", es ist ihm nicht möglich, seine vorhandenen Kräfte und Fertigkeiten zu mobilisieren. Seine Handlungen liegen auf einem niedrigen Niveau.

Um eine sportliche Leistung zu erbringen, muß der Reiter sowohl über die notwendigen konditionellen und technischen als auch über die entsprechenden psychischen Voraussetzun-

gen verfügen. Der gute Ausbilder beachtet beides und bildet beides gleichermaßen aus.

Folgende Maßnahmen tragen dazu bei, den Reiter vor einem Turnierstart und für die Prüfung zu stabilisieren:

— Erziehung zur **Selbständigkeit**, so daß der Reiter sich vor und während des Turniers auch ohne fremde Hilfe richtig verhalten kann.

— *Die Überzeugung stärken, richtig trainiert zu haben*, leistungsfähig zu sein und jede Aufgabe bewältigen zu können, weil man fleißig und gewissenhaft trainiert hat.

— Den *Zusammenhang zwischen Leistungsentwicklung im Training und der Stabilität auf dem Turnier verdeutlichen*. Die Stabilität ist dann gegeben, wenn der Reiter weiß, daß aufgrund der geplanten Leistungsentwicklung auf dem nächsten Turnier ein bestimmtes Ergebnis zu erwarten ist. Training und Turnierprüfung müssen miteinander in Einklang gebracht werden.

— *Positivierung des Denkverhaltens:* Man kann ein und dasselbe Problem positiv oder negativ beschreiben. Jeder Gedanke, jedes intensive Vorstellungsbild hat ein gewisses Bestreben, sich zu verwirklichen. Wenn zum Beispiel ein Reiter darauf wartet, daß die Angst, die Nervosität vor einem Turnier wieder eintritt, dann wird dieses sicherlich auch geschehen. Mit der Hilfe der **Autosuggestion** kann der Reiter die Fähigkeit entwickeln, Probleme zu relativieren oder gar positiv zu sehen. Es bedarf einer ständigen inneren Anstrengung, sich diese positive Einstellung, diese positive Sicht der Dinge, Tag für Tag zu suggerieren. Nur so kann man dann sein negativ orientiertes Gedankenmuster ins Positive wenden (siehe auch Kap. 7.1.3).

Der Reiter lernt, daß ein Turnierstart keine Bedrohung ist, sondern eine positive Herausforderung!

— Zur **Denkgewohnheit** sollte werden:

• Ich gebe 100 % meiner Leistungskraft, ganz gleich, was geschieht.

• Ich bleibe positiv und optimistisch.

• Ich bleibe während des Turniers gelassen, entspannt und zuversichtlich.

• Ich bin gut!

7

Zusammenfassung

- Handlungsbestimmende Faktoren im psychischen Bereich sind Anspannung, Nervosität, Aggression, Ärger und Selbstsicherheit.

- Im Sport treten vornehmlich zwei Arten der Aggression auf:
  * instrumentelle Aggression
  * affektive Aggression.

- Um im Wettkampf gute Leistungen zu bringen und Selbstsicherheit zu erlangen, ist es erforderlich, die eigene negative Grundeinstellung unter Kontrolle zu bekommen und sich bestimmte Erfolgseinstellungen anzuzeigen.

- Genauso wie die physischen (körperlichen) Anteile trainiert werden müssen, ist es erforderlich, auch die psychologische Wettkampfbereitschaft systematisch zu schulen.

- Mentales Training besteht in planmäßigem, wiederholten und bewußtem Sich-Vorstellen eines Bewegungsablaufes mit optimalem inneren Ablauf-und Ergebnisfeedback.

- Symptome der Angst:
  * vegetative Störungen
  * motorische Störungen
  * Denkblockade
  * veränderte Reaktionsweisen.

- Die wichtigste Maßnahme gegen die Angst ist die Vorbeugung.

- Bei Wettkämpfen gibt es zwei Typen von Reitern:
  * den Erfolgszuversichtlichen
  * den Mißerfolgsängstlichen.

- Der Reiter muß lernen, daß ein Turnierstart keine Bedrohung, sondern eine positive Herausforderung ist.

8

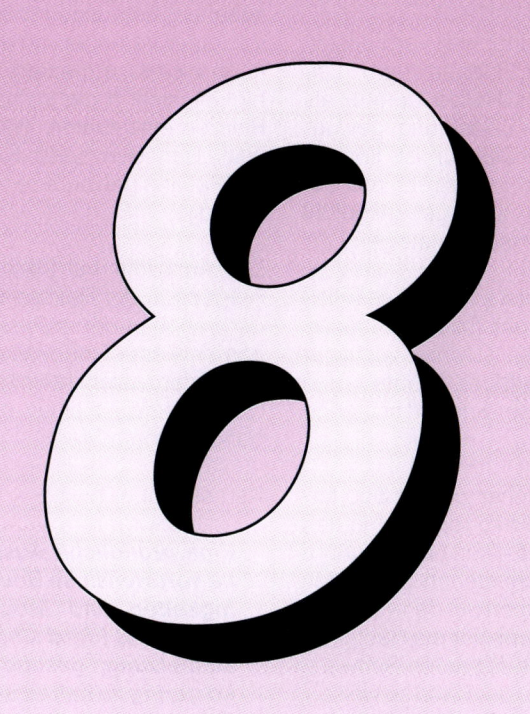

Schadensverhütung und Erste Hilfe

Dr. Helga von Brauchitsch

8

8.1 Vorsorge

Reiten hat sich zu einer weit verbreiteten Sportart entwickelt. Neben dem Leistungssport hat das Reiten gerade als Freizeitangebot an Bedeutung gewonnen. Der moderne Mensch ist "körperbewußt" geworden und strebt mit der Sportausübung an, sein Lebensgefühl physisch und psychisch zu steigern.

Jeder Sport beinhaltet ein gewisses Risiko, über das sich der Sportausübende nicht immer im klaren ist. Umso wichtiger ist es, daß der **Ausbilder** das Unfall - und Schadensrisiko seiner Sportart so gering wie möglich hält.

Reiten muß man sicher zu den Sportarten mit erhöhtem Risiko rechnen. In den bisher erstellten Statistiken über Sportunfälle bei den verschiedenen Sportarten findet sich der Reitsport auf den vorderen Plätzen. Das gilt sowohl für die Häufigkeit der Unfälle als auch für deren Schwere. Es ist eben nicht von der Hand zu weisen, daß der Risikofaktor "Pferd" schwerer zu berechnen ist als das "Handwerkszeug" anderer Sportarten. Andererseits ist es gerade der Umgang mit dem Lebewesen, der neben der rein sportlichen Betätigung auch geistigen und psychischen Einsatz erfordert. Das gibt diesem Sport sein besonderes Gepräge und macht sicher einen Teil seiner Anziehungskraft für den von Zivilisationsschäden unserer Zeit bedrohten Menschen aus.

Zu wenig Beachtung findet bisher, daß eine erhebliche Anzahl der Unfälle nicht unmittelbar beim Reiten, sondern im notwendigen Umgang mit dem Pferd bei Pflege, Fütterung, Stallarbeit und beim Longieren passiert. Obwohl es umfassende Hinweise, sogar Vorschriften gibt - die besonders von den Berufsgenossenschaften herausgegeben werden - ist von einer Verringerung dieser Unfallziffer noch nichts zu merken. Mangelnde Fähigkeit, sich in die Verhaltensweise von Pferden einzufühlen, mag eine Ursache sein. Daneben spielt Nachlässigkeit in zur Routine gewordenen Arbeit sicher eine Rolle.

Der Ausbilder hat also nicht nur seine Aufgabe in der Reitbahn zu sehen, sondern auch in der mühevollen Arbeit des immer wieder Einübens und Beaufsichtigens der vielen Kleinigkeiten, die notwendig sind für einen gefahrlosen Umgang mit dem Pferd.

Kernsatz aber bleibt:

Eine gründliche Ausbildung und eine vorurteilslose Beurteilung der Fähigkeiten und Möglichkeiten von Reiter und Pferd sind die beste Voraussetzung, gesundheitliches Risiko gering zu halten und Unfälle möglichst zu vermeiden.

Aus dem Bereich der Arbeitsmedizin stammen Untersuchungen über die Leistungsfähigkeit des Menschen, abhängig von Klima, Jahres- und Tageszeit. Die dort gewonnenen Erkenntnisse sind von Sportmedizinern in gezielten Untersuchungen für sportliche Leistungen bestätigt worden. Einflüsse hinsichtlich klimatischer Umstellungen und Zeitverschiebungen können hier vernachlässigt werden, weil von ihnen nur der kleine Teil der Reiter im Hochleistungssport betroffen ist.

Hingegen sollte dem Einfluß des biologischen Tagesrhythmus schon Beachtung geschenkt werden. Die Leistungsfähigkeit des Menschen erreicht statistisch einen ersten Höhepunkt zwischen 8 und 11 Uhr und einen weiteren in der Zeit von 16 bis 18 Uhr, um dann bis 3 Uhr morgens abzusinken. In den Zeiten des Leistungstiefs mittags gegen 15 Uhr und in den Abendstunden ist die Unfallneigung größer als in den Phasen erhöhter Leistungsfähigkeit.

Man muß also wissen, daß man mittags und in den abendlichen Reitstunden mit einer körperlich (physiologisch) bedingten verminderten Leistungsfähigkeit zu rechnen hat, wenn auch das Reiten als eine psychisch und physisch anregende Abwechslung gegenüber der Tagesarbeit empfunden wird.

In der Statistik der Reitunfälle ist die Häufung von Unfällen zu Beginn und zum Ende der "Grünen Saison" auffällig. Sicher schätzen viele Reiter zu Beginn des Sommers ihre eigenen Fähigkeiten im Umgang mit ihren Pferden falsch ein, die nach der Winterarbeit in der Halle oder gar nach einer Winterpause wieder nach draußen kommen. Hier kann nur eine sorgfältige Vorbereitung von Reiter und Pferd unfallmindernd wirken.

Das gleiche gilt sicherlich für die Herbstmonate, in denen allerorts Reitjagden stattfinden. Auch dazu bedarf es, wie jedermann wissen sollte, gründlicher Vorbereitung, zumal in dieser Jahreszeit regennasser Boden und feuchtes Laub eine weitere Gefahrenquelle sind. Nur wenn es gelingt, alle diese Faktoren über den Ausbilder in das Bewußtsein eines jeden Reiters zu bringen, wird es möglich werden, die Zahl der Reitunfälle zu senken.

Neben den Reitern, die Ambitionen im Turniersport haben, werden hier auch besonders diejenigen Reiter angesprochen, die das Reiten nicht als Leistungssport betreiben und deshalb glauben könnten, auf regelmäßiges Üben und Trainieren verzichten zu können.

Gymnastische Übungen für Reiter, die in den letzten Jahren durch differenzierte Erkenntnisse der Biomechanik, der Sportphysiologie und der Sportpsychologie verfeinert und effektiver erarbeitet werden konnten, sollten zum Angebot eines jeden Ausbilders gehören (siehe auch Kap. 5.3, 5.8 und 6.10). Darüber hinaus ist ein Ausdauertraining vor allem auch für den älteren Reiter unerläßlich, will er den körperlichen Anforderungen, die sein Sport an ihn stellt, gewachsen sein. Diese ursprünglich mit Blick auf Leistungssteigerung erarbeiteten Konzeptionen haben ihre Gültigkeit für jeden Sporttreibenden bewiesen. Sie können auch unter dem Gesichtspunkt der Unfallverhütung nicht ernst genug genommen werden.

Da jeder Reiter in die Verlegenheit kommen kann, sich unfreiwillig von seinem Pferd zu trennen, kommt gezielten Fallübungen eine besondere Bedeutung zu. Gerade Reiter, die aufgrund ihres reiterlichen Könnens oder der Gutmütigkeit ihres Pferdes längere Zeit nicht mehr aus dem Sattel kamen, müssen sich die Fähigkeit, locker zu fallen und abzurollen, durch Üben erhalten. Rollen vorwärts und rückwärts in einer Übungsreihe, sowie das Abrollen über die Schulter (Judorolle) aus vollem Lauf - möglichst auch bergauf und bergab - sind Bewegungsabläufe, die jeder Reiter beherrschen sollte. In der richten Form dargeboten, machen Fallübungen allen Beteiligten Spaß.

Diese Hinweise gelten auch für die Fahrer und Voltigierer. Fahrer, die überwiegend zur Gruppe der älteren Sportler gehören und in ihrem Sport besonders statischen Belastungen ausgesetzt sind, werden vor allem ihre Koordination und Geschicklichkeit fördern müssen, um in Gefahrensituationen besser reagieren zu können.

Zur Ausübung jedes Sports gehört die richtige Sportkleidung. Bei Reitern und Fahrern ist diese von Tradition und Zweckmäßigkeit bestimmt. Zur Zweckmäßigkeit müssen heute Überlegungen zur Schadensverminderung bei Unfällen hinzukommen. Zu den schwersten Verletzungen bei Stürzen gehören solche am Kopf und an der Wirbelsäule. Sie können vor allem bleibende Invalidität oder gar den Tod nach sich ziehen.

Der Kopfschutz muß deshalb, soll er wirksam sein, bestimmte Kriterien erfüllen:

1. Er muß Stabilität mit höchstmöglicher Flexibilität verbinden.
2. Er darf keine scharfen Ecken und Kanten aufweisen.
3. Er muß sicher befestigt sein.
4. Er darf Sicht, Gehör und Atmung nicht behindern.
5. Er muß individuell angepaßt werden.
6. Er muß beim Reiten immer getragen werden.
7. Er sollte von Anfängern und Kindern auch im Umgang mit dem Pferd getragen werden.

Der Ausbilder muß beim Erwerb eines Kopfschutzes beratend tätig werden, vor allem aber auch in seiner eigenen Haltung Vorbild sein.

8.2 Wer soll reiten?

Grundsätzlich kann jeder Mensch reiten lernen. Daß die günstigste Zeit, mit dem Reiten zu beginnen, in der vorpuberalen Phase liegt, wurde in Kapitel 3.7 dargelegt. Aber auch der im sportlichen Seniorenalter stehende Mensch kann sich für das Reiten als seine Sportart entscheiden.

Jenseits des 35. Lebensjahres sollte der Ausbilder allerdings auf das Vorlegen eines Sporttauglichkeitszeugnisses drängen. Jeder Arzt ist berechtigt, ein solches Zeugnis auszustellen. Zweckmäßigerweise läßt man sich aber von einem Arzt untersuchen, der selbst mit dem Reitsport vertraut ist, der Vor- und Nachteile dieser Sportart individuell zu beurteilen vermag.

Im allgemeinen wird ein orthopädisch versierter Arzt mit sportärztlicher Weiterbildung für Reiter, Fahrer und Voltigierer besonders hilfreich sein.

Auch jugendliche Reiter, vor allem, wenn sie das Reiten als Leistungssport betreiben, sollten in regelmäßigen Abständen ärztlich überwacht werden, um Schäden, die durch Überanstrengung oder einseitig betriebenen Sport am noch nicht ausgereiften Organismus entstehen können, zu vermeiden.

Dies gilt in zunehmendem Maße auch für Voltigierer, die bei der zu beobachtenden Leistungssteigerung einem hohen Trainingsaufwand ausgesetzt sind. Solche Überlegungen müssen in den Vordergrund treten, nachdem das Voltigieren nicht mehr nur eine Vorbereitung auf das Reiten ist, sondern sich zu einer eigenständigen Sportdisziplin mit dem Pferd auf beachtlichem turnerischen Niveau entwickelt hat.

Nur in Ausnahmefällen wird ganz von der Ausübung der Sportart Reiten abgeraten werden müssen. Hingegen können in guter Zusammenarbeit zwischen Ausbilder und Sportarzt wichtige Hinweise über die Leistungsfähigkeit des Reiters gewonnen werden, die zum Beispiel bei der Erstellung von Trainings- und Übungsplänen eine wesentliche Hilfe sind.

Reiten ist ein gesunder Sport, vor allem wenn er ohne Leistungsdruck zum Ausgleich gegen die Zivilisationsschäden des modernen Menschen betrieben wird. Die stattliche Anzahl betagter Reiter legt dafür Zeugnis ab.

Nicht zuletzt zeigt die in den vergangenen Jahren zunehmende Zahl von Aktivitäten, die unter dem Oberbegriff des "therapeutischen Reitens" zusammengefaßt werden, daß sich unter kundiger Leitung und Aufsicht Erkrankungen und Behinderungen bessern lassen und somit das Reiten zur echten Förderung der Lebensqualität werden kann. Hier müssen allerdings für Ausbilder und Betreuer strenge Maßstäbe angelegt werden, wie das in der Ausbildungs- und Prüfungsordnung (APO) der FN zum Ausdruck kommt.

Der Sporttreibende trainiert und belastet in erster Linie seinen Bewegungsapparat, also Muskeln, Sehnen, Bänder und Knochen. Darüber hinaus hat jeder Sport Einfluß auf das Herzkreislaufsystem und das Stoffwechselgeschehen des Organismus. Je nach Sportart gibt es unterschiedliche Schwerpunkte der Belastung. Beim Reiten kommt der Beanspruchung der Wirbelsäule zweifellos besondere Bedeutung zu. Zur Gesunderhaltung und auch zur Vorbeugung gegen physiologisch bedingte Degenerationserscheinungen an der Wirbelsäule ist eine gut ausgebildete kräftige Rückenmuskulatur notwendig. Hier kann Reiten durchaus positiv wirken.

Ein gut gearbeitetes Pferd mit schwingendem Rücken und ein elastisch mitschwingender Reiter bieten die beste Voraussetzung dafür, daß durch das Reiten die Rückenmuskulatur gekräftigt wird (siehe auch Kap. 5.3). Die richtige Auswahl des Pferdes und ein fundierter Unterricht sind also auch unter diesen Gesichtspunkten für die große Anzahl der Breiten- und Freizeitsportler von Bedeutung. Gleiches gilt für den Leistungssportler - nur daß hier die Verhältnisse durch leistungsorientiertes härteres Training anders beurteilt werden müssen.

Durch den Wechsel zwischen Kontraktion und Entspannung wird ein Muskel trainiert. Besonders die Phase der Entspannung ist wichtig, weil in ihr durch vermehrte Durchblutung Sauerstoff an die Muskelfasern heran und die durch die Muskelarbeit entstandenen Schlakkenstoffe aus den Muskelfasern abtransportiert werden. Fehlt diese Entspannung, wie es zum Beispiel geschehen kann, wenn ein Reiter sein Pferd in Versammlung mit "angespanntem Kreuz" reitet oder wenn ein Reiter im leichten Sitz seine Wirbelsäule in unphysiologischer Haltung durch angespannte Muskulatur feststellt, kommt es zu einer Verkrampfung und damit zu einer Minderdurchblutung der entsprechenden Muskulatur.

Für Reiter im Leistungssport sind deshalb gymnastische Dehnungs- und Lokkerungsübungen außerhalb des Reitens besonders wichtig. (Es bieten sich hier die Übungen aus "Konditionstraining und Ausgleichssport für Reiter und Voltigierer" von Claus Chmiel an; siehe auch Übungen in Kap. 5.8 und 6.10). Darüber hinaus muß aber an dieser Stelle auf das Schwimmen als Ausgleichssport für Reiter besonders hingewiesen werden. Der Forderung nach Entlastung der Wirbelsäule kommt vor allem das Rückenschwimmen nach. Vom Brustschwimmen ist unter diesem Gesichtspunkt abzuraten, weil hierbei der Schwimmer eine ähnliche unphysiologische Haltung der Wirbelsäule einnimmt wie der Reiter im leichten Sitz. Für das Ausdauertraining hat dagegen das Schwimmen nach Zeit auch in Brustlage seine Bedeutung. Nur in Rückenlage aber kommt es zu einer Dehnhaltung der Wirbelsäule und damit zu einer Entlastung der Zwischenwirbelscheiben, die - wie allgemein bekannt - eine wichtige Funktion als Puffer für die Elastizität der Wirbelsäule haben und deren Abnutzung oder Verlust zu Schmerzen, Bewegungsminderung oder gar Versteifung führt.

Die heutige Meinung der Medizin über die verschiedenen Krankheitsbilder der Wirbelsäule, für die leicht die Sportausübung - in diesem Fall das Reiten - verantwortlich gemacht wird, läßt sich wie folgt dahingehend interpretieren:

Nur in einem unmittelbaren Unfallzusammenhang kann die Sportausübung für einen Schaden der Wirbelsäule verantwortlich gemacht werden. In allen anderen Fällen macht die individuelle Beurteilung einer vorliegenden Disposition, zum Beispiel eine Bindegewebsschwäche des Betreffenden, die Zusammenhänge schwer durchschaubar. Man muß also mit der Beurteilung, das Reiten sei für ein Wirbelsäulenleiden evtl. ursächlich, sehr vorsichtig sein. Daß bei bereits vorliegender Schädigung eine Verschlimmerung vor allem durch ausschließliches Reiten eintreten kann, mag schon eher zutreffen.

Nur im *akuten Stadium einer Wirbelsäulenerkrankung*, wie zum Beispiel der Scheuermann'schen Krankheit der Jugendlichen oder bei Neigung zu Bandscheibenprolaps (-vorfall), wird grundsätzlich oder für einen bestimmten Zeitraum vom Reiten abzuraten sein. Ansonsten muß festgestellt werden, daß sinnvoll durchgeführtes Reiten ein hervorragendes Mittel zur Kräftigung der Rückenmuskulatur ist und dadurch Wirbelsäulenschäden entgegengewirkt werden kann.

Reiter sind keine zimperlichen Leute. Dennoch sollte jeder Reiter bedenken, daß er es nicht nur sich selbst, sondern auch seinem Pferd schuldig ist, von dem er Arbeit verlangt, daß er sich in guter körperlicher Verfassung befindet. Bei allen akuten Krankheiten soll er nicht in den Sattel steigen. Es zeugt nicht von "Heldenmut", mit einem Halswickel wegen Mandelentzündung zu reiten, sondern höchstens von Unvernunft - manchmal von Angeberei.

Jeder Reiter sollte die Notwendigkeit einer *Tetanus-Immunisierung* erkennen. Durch den Umgang mit ihren Pferden, mit Stalldung, Holz und Erde sind Reiter besonders gefährdet. Jede Verletzung, auch die kleinste unbemerkte Bagatellverletzung, kann zu einer Infizierung mit Tetanusbazillen führen und die äußerst schmerzhafte Wundstarrkrampferkrankung auslösen - in schweren Fällen sogar zum Tode führen. Sicheren Schutz bietet nur die Impfung. Jeder Arzt kann die durch dreimalige Injektion erreichte

Grundimmunisierung und die in bestimmten Abständen notwendige Wiederholungsimpfung durchführen. Der Reiter muß also nicht nur für sein Pferd einen sorgfältig geführten Impfpaß besitzen, sondern auch für sich selbst.

8.3 Verletzungen und Unfälle

Trotz aller Vor- und Umsicht kann es im Umgang mit Pferden oder beim Reiten zu Unfällen kommen. Jeder Reiter, vor allem aber jeder, der für andere verantwortlich ist, sollte deshalb in der *"Ersten Hilfe"* am Unfallort ausgebildet sein. Die "Erste-Hilfe-Fibel" des Deutschen Roten Kreuzes ist von allgemeiner Gültigkeit und sollte jeder Stallapotheke beiligen, damit man sich in Zweifelsfällen schnell orientieren kann. Das enthebt aber nicht die Verantwortlichen in jedem Stall und Verein der Notwendigkeit der Aus- und Weiterbildung zur Unfallhilfeleistung. Nur ständiges Üben schafft die Gewißheit, im Ernstfall fähig zu sein, das Richtige zu tun.

Ziel der Ersten Hilfe am Unfallort ist es, den Verletzten transportfähig zu machen und weiteren Schaden - zum Beispiel durch unsachgemäße "Hilfe", durch falsche Lagerung etc. - zu verhindern. Zu diesem Zweck muß eine jederzeit zugängliche und stets *vollständige Apotheke* im Stall vorhanden sein. Der Aufbewahrungsort muß deutlich gekennzeichnet sein, damit sie im Notfall auch schnell gefunden wird. In großen Reitanlagen ist es zweckmäßig, im Stall und in der Nähe der Reithalle einen Erste-Hilfe-Kasten anzubringen.

Der gesetzlich vorgeschriebene Kraftwagen-Verbandkasten enthält alles, was auch für die Erste Hilfe bei Sportunfällen notwendig ist. Darüber hinaus sollte eine einfache Trage in jedem Stall vorhanden sein, außerdem 1 - 2 Alu-Wärmedecken.

Bei Ausritten sollte eine kleine Notfallpakkung mitgeführt werden, die sich leicht am Gürtel befestigen läßt, ohne hinderlich zu sein. Sie muß enthalten:

Heftpflaster,
Verbandpäckchen,
Dreiecktuch,
5 Sicherheitsnadeln,
Taschenmesser oder zusammenklappbare Schere,
Telefongeld.

Bei schweren Unfällen, besonders bei Bewußtlosigkeit, ist über Notruf der Rettungswagen zu alarmieren. Zweckmäßigerweise ist bei der Stallapotheke eine Gedächtnisstütze mit folgenden Notrufangaben angebracht:

Wo passierte der Unfall?
Wann passierte der Unfall?
Was ist geschehen?
Wieviele Verletzte müssen transportiert werden?
Wer meldet den Unfall?

Alle 3 - 5 Jahre sollen die Kenntnisse in "Erster-Hilfe"-Leistung wieder aufgefrischt werden. Gerade wenn keine Gelegenheit zur praktischen Anwendung besteht - und das ist ja eigentlich nur zu wünschen -, ist es notwendig, sich auf dem laufenden zu halten, damit im Notfall nicht Unsicherheit und Verwirrung eintreten. Die Reaktionen bei Stürzen mit oder ohne Unfallfolgen zeigen immer wieder, daß über dem Schrecken des Geschehens notwendiges Wissen vergessen ist; es muß durch wiederholtes Üben so fest im Gedächtnis verankert sein, daß es

Abb. 1: Lokalisation der Verletzungen beim Reiten: 43 % obere Gliedmaßen, 23 % untere Gliedmaßen, (hervorgehoben) 18,5 % Wirbelsäulenverletzungen.
(aus Wiss. Pub. Bd. 11, 1989)

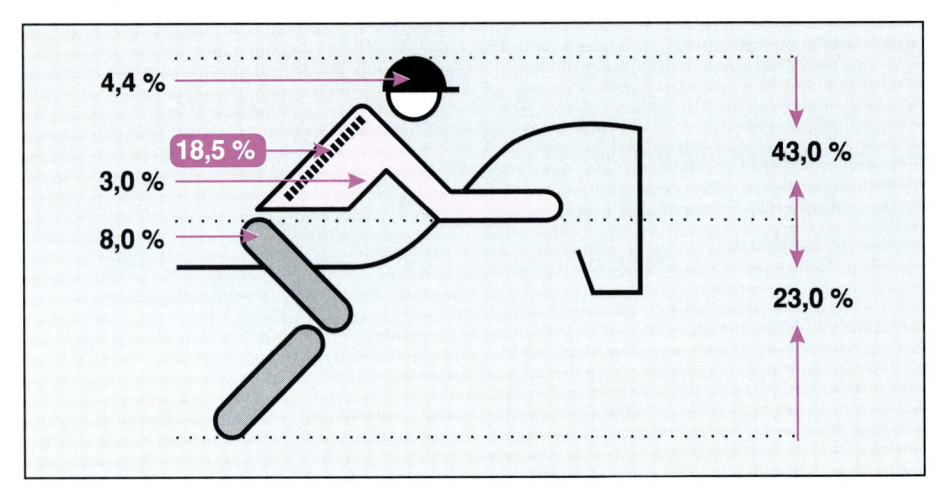

auch und gerade in kritischen Situationen zur Verfügung steht.

Die bei Reitunfällen am häufigsten auftretenden Verletzungen sind aus obenstehender Abbildung ersichtlich (Abb. 1).

8.3.1 Wundversorgung

Kleine Wunden werden mit Pflaster und größere mit sterilen Kompressen und Binden versorgt.

Grundsätzlich werden Wunden nicht gereinigt, nicht mit Puder, Salben oder anderen Medikamenten behandelt. Das ist Sache des Arztes und nicht des Helfers. Ist eine weitergehende Wundversorgung nötig, hat sich der Verletzte in ärztliche Behandlung zu begeben, um eine umgehende weitere Keimvermehrung so gering wie möglich zu halten.

8.3.2 Blutungen

Massive Blutungen sind im Reitsport äußerst selten.

Jede Blutung wird durch direkten Druck auf die Wunde gestillt. Man nimmt möglichst keimfreies Material (Verbandpäckchen), darf sich aber nicht scheuen, bei lebensbedrohlichem Blutverlust durch kräftigen Druck mit dem bloßen Finger in die Wunde die Blutung zu stillen. Blutstillung geht hier vor Wundinfektionsgefahr!

Wundfern kann durch Abdrücken der Gefäße an folgenden Stellen die Blutstillung vorgenommen werden:

Bei Blutung am Arm durch Druck auf der Innenseite des Oberarms gegen den Knochen (kräftig drücken!).

Bei Blutung am Bein durch Druck mit beiden Daumen in die Leistenbeuge.

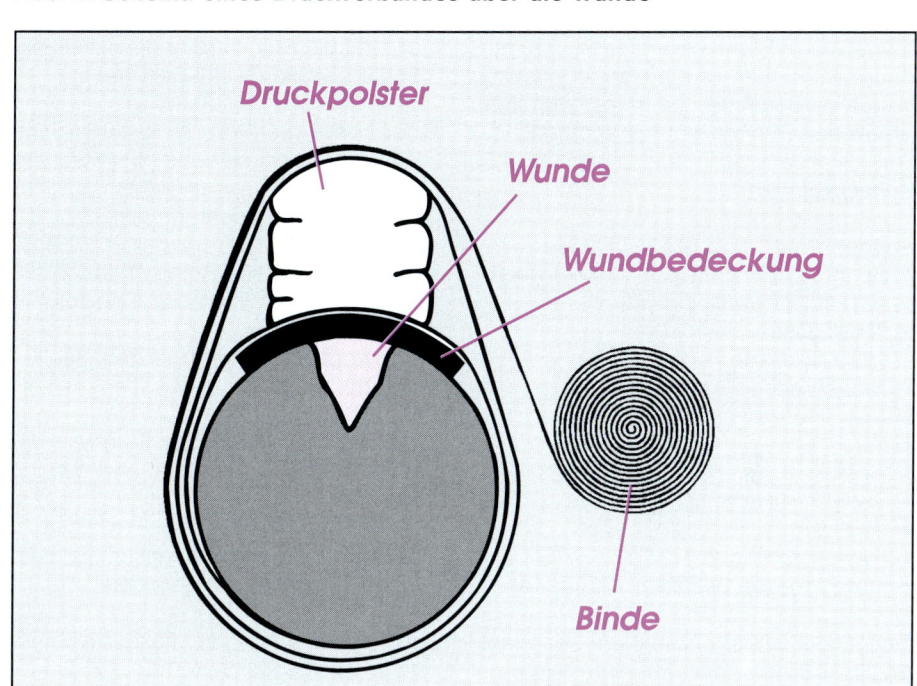

Abb. 2: Schema eines Druckverbandes über die Wunde

Druckpolster
Wunde
Wundbedeckung
Binde

Die meisten Blutungen sind durch einen Druckverband zu stillen (siehe Abb. 2). Nur im äußersten Notfall - bei Schlagaderblutung - wird eine Blutung durch Abbinden gestillt.

Das Abbinden erfolgt immer zwischen Herz und Wunde.

Klassische Stellen:
— Oberarmmitte
— Oberschenkelmitte
— Leistenbeuge.

Die Abbindung wird nicht wieder gelockert. Der Verletzte muß innerhalb von 1 1/2 Stunden in notärztlicher Behandlung sein (Rettungswagen, Hubschrauber!).

Der Zeitpunkt der Abbindung muß deutlich sichtbar am Verletzten angebracht werden. Es dürfen zur Abbindung notfalls Gürtel, Hosenträger oder breite Bänder benutzt werden - auf keinen Fall jedoch Schnürsenkel, Gummibänder, Bindfäden oder Drähte.

Vorsicht: Wegen Gefahr der Nervenschädigung darf nicht abgebunden werden:

— direkt oberhalb des Handgelenks
— direkt unterhalb des Knies
— am Ellenbogen.

8.3.3 Schock

Bei starken Blutungen, aber auch bei Knochenbrüchen und besonders bei inneren Verletzungen kann es zum bedrohlichen Schockzustand kommen.

Schockzeichen:

— Unruhe
— Benommenheit (nicht zu verwechseln mit Bewußtlosigkeit)
— fahle Blässe
— kalter, klebriger Schweiß
— flacher, schneller Puls.

Hilfe:

— Verletzten flach hinlegen
— zudecken
— Beine hochlagern
— Notarztwagen bestellen. Dringend!

Schockpatienten brauchen schnelle ärztliche Hilfe schon auf dem Weg ins Krankenhaus, die zum Beispiel im Notarztwagen gegeben werden kann; sie sollen deshalb nicht im Pkw transportiert werden.

8.3.4 Bewußtlosigkeit

Nach Sturz vom Pferd kann der Reiter bewußtlos liegenbleiben. Er muß in die stabile Seitenlage gebracht werden (siehe Abb. 3), um der Gefahr der Erstickung - zum Beispiel durch Erbrochenes - vorzubeugen. Die notwendigen Handgriffe müssen unbedingt beherrscht werden.

Ausführung, wenn der Verletzte auf die rechte Seite gelagert werden soll:

— der rechte Arm wird gestreckt eng an den Körper gelegt und bis unter das Gesäß geschoben;

— das rechte Bein wird angewinkelt, die Ferse bis ans Gesäß gezogen;

— der Helfer greift an der rechten Seite des Verletzten stehend die Kleidung des Bewußtlosen an linker Schulter und Hüfte und zieht ihn vorsichtig zu sich herüber, bis er auf der Seite liegt - das angewinkelte Bein verhindert ein Hinüberkippen in die Bauchlage;

— der Kopf wird extrem in den Nacken gelegt;

— die linke Hand wird zur Fixierung der Kopfhaltung unter Kinn und Wange geschoben;

— der rechte Arm wird gestreckt unter dem Rücken hervorgezogen.

Bei Lagerung auf die linke Seite geschieht alles seitenverkehrt.

Besonders im Gelände ist es wichtig, diese Lagerung einwandfrei zu beherrschen, weil man vielleicht gezwungen ist, den Bewußtlosen allein zu lassen, um schnellstmögliche Hilfe zu holen. Besser ist es, man kann einen dritten Reiter um Hilfe schicken und selbst bei dem Verletzten bleiben. Allein sollte kein Reiter ins Gelände gehen!

Beim Warten auf den Abtransport muß der Verletzte durch Decken oder Kleidungsstücke vor Wärmeverlust geschützt werden.

Abb. 3: Stabile Seitenlage

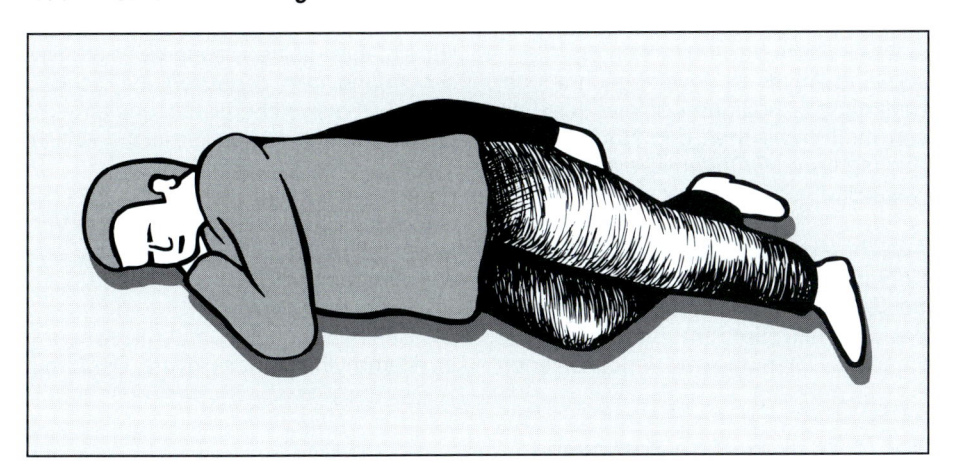

8.3.5 Verletzungen des Brustkorbs

Bei Verdacht auf Verletzungen des Brustkorbs ist dem Verletzten schnell ärztliche Hilfe zuzuführen. Das beherrschende Zeichen ist die Atemnot. Zur Linderung wird der Verletzte in halbsitzende Stellung mit nach hinten aufgestützten Armen gebracht. Eine Wunde wird wie üblich keimfrei abgedeckt; bei bestehender Brustkorberöffnung sollte keine luftdichte Abdeckung vorgenommen werden, da sonst die Gefahr eines sogenannten Spannungspneumothorax besteht.

8.3.6 Knochenbruch

Verdacht auf Knochenbruch besteht bei Fehlstellung, abnormer Beweglichkeit, Knochenaustritt aus einer Wunde; unsicherer sind Schmerzen und Funktionsverlust.

Wichtig ist, daß der Helfer nicht durch untaugliche Bewegungs- und Einrenkungsversuche die Lage des Verletzten verschlechtert. Stets ist der Verletzte aufzufordern, selbst aktiv die verletzten Gliedmaßen zu bewegen.

Alle Versuche, einen Verletzten mit fremder Hilfe schnell wieder auf die Beine zu stellen - wie man es oft beobachten kann - dienen nur der Beruhigung der erschrockenen Zuschauer, können dem Verletzten aber schaden.

Bei Verdacht auf Knochenbruch ist nichts weiter zu tun, als die verletzten Gliedmaßen ruhig zu stellen und durch Polsterung Schmerzerleichterung zu verschaffen.

Beinbrüche läßt man - wenn irgend möglich - an Ort und Stelle bewegungsunfähig abgepolstert liegen. Reitstiefel dürfen nicht ausgezogen werden.

Es ist darauf zu achten, daß beide an die vermutliche Bruchstelle angrenzenden Gelenke mit ruhiggestellt werden. Vorhandene Wunden sind keimfrei zu bedecken.

8.3.7 Atemstillstand

Tritt bei einem Verunglückten ein Atemstillstand ein, so ist unverzüglich mit der Beatmung zu beginnen; eine andere Person muß inzwischen den Notarzt rufen. Aus mehreren Gründen ist die Mund-zu-Nase-Beatmung zu bevorzugen.

Ausführung: Der Helfer kniet seitlich vom Kopf des Verletzten. Er bringt diesen mit beiden Händen in Überstreckung, wobei der Daumen der am Kinn liegenden Hand die Unterlippe des Verletzten energisch hochschiebt und damit seinen Mund fest verschließt. Der Helfer atmet tief ein, setzt seinen Mund über die Nasenöffnung des Verletzten auf, so daß keine Luft entweichen kann, und atmet in die Nase des Verletzten aus (siehe Abb. 4).

Beim erneuten Einatmen beobachtet der Helfer den Brustkorb und Bauch des Verletzten, die zum Zeichen der wieder entweichenden Luft einsinken.

Die Beatmung erfolgt ohne Anstrengung im Atemrhythmus des Helfers. Der Erfolg

Abb. 4: Mund-zu-Nase-Beatmung

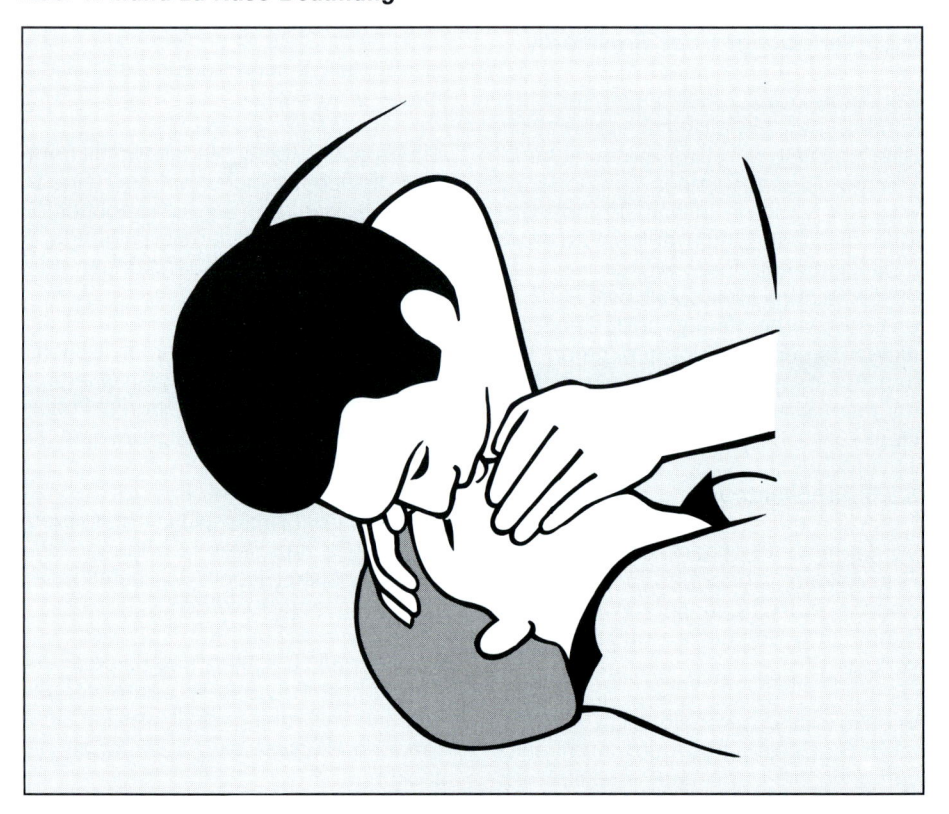

ist sicht- und hörbar; die Hautfarbe des Verletzten normalisiert sich, was zuerst an Nagelbett, Ohrläppchen und Lippen festgestellt werden kann.

Die Beatmung darf erst bei ausreichender und regelmäßiger Eigenatmung des Verletzten oder auf Anweisung eines Arztes eingestellt werden. Bei Überanstrengung des Helfers muß dieser eine Pause einlegen und nach eigener Erholung erneut mit der Beatmung beginnen. Damit es zu dieser Überanstrengung möglichst nicht kommt, ist es notwendig, daß der Helfer ruhig und ohne Anstrengung beatmet. Noch besser ist es, wenn eine weitere Person den ersten Helfer ablöst.

8.3.8 Transport des Verletzten

Es kann notwendig sein, einen Verletzten aus einer Gefahrenzone zu transportieren. Dies hat unter seiner äußersten Schonung zu geschehen.

Ausführung: Drei Personen stellen sich breitbeinig über den Verletzten - bei Bewußtlosen muß eine vierte Person den Kopf halten. Die Helfer greifen fest in die Kleidung des Verletzten, nachdem dessen Arme über der Brust verschränkt wurden.

Auf Kommando heben die Helfer den Verletzten vorsichtig an, tragen ihn im Gleichschritt (kommandieren) vorsichtig aus der Gefahrenzone und legen ihn auf Kommando wieder langsam ab bis zum weiteren Abtransport.

Ist eine Trage zur Hand, wird der Verletzte wie oben beschrieben angehoben, die Trage zwischen die Beine der Träger unter den Verletzten geschoben und dieser vorsichtig wieder abgelegt. Mit der Trage kann er dann an einen sicheren Ort gebracht werden.

Eine andere Ausführung, die vom Verletzten einen guten Halt der Wirbelsäule gibt, ist die folgende:

Drei Helfer knien seitlich vom Verletzten auf einem Knie. Sie schieben ihre Arme weit unter den Verletzten. Auf Kommando wird der Verletzte angehoben, die Trage untergeschoben und der Verletzte wieder abgelegt.

Der sogenannte *Rautek-Griff*, mit dem ein einziger Helfer einen Verletzten aus Gefahr retten kann, indem er ihn unter den Achseln von hinten umfaßt und mit verschränkten, im Affengriff umklammerten eigenen Unterarmen rückwärts aus der Gefahrenzone zieht, ist nur im äußersten Notfall anzuwenden. Es kann zu einer Verschlimmerung von Wirbel- und Beckenverletzungen führen, an die man bei schweren Reitunfällen immer denken muß. Gerade wenn der Reiter unter das Pferd gekommen ist oder auf unwegsamem Gelände aufschlägt, ist diese Gefahr gegeben.

Hier ist das oberste Gebot, ihn - solange er nicht in der Gefahrenzone liegt - unverändert liegenzulassen, da eine Rückenmarksbeteiligung nicht auszuschließen ist und eine unsachgemäße Handlungsweise erst zur Querschnittslähmung führen kann, die der Verletzte sonst nicht erlitten hätte.

Abb. 5 und 6 auf der folgenden Seite geben eine Darstellung der beschriebenen Transportmöglichkeiten.

8

Abb. 5 + 6: Transport eines Verletzten

8.3.9 Sonstige Verletzungen

Nun trifft glücklicherweise nicht jeden Reiter ein Unfall von der Schwere der oben beschriebenen Fälle. Hingegen gibt es im Umgang mit Pferden und in Ausübung des Reitsports häufiger unliebsame und auch schmerzhafte Behinderungen, von denen im Laufe eines Reiterdaseins kaum einer verschont bleibt.

Fuß- und Zehenquetschungen sind sehr schmerzhafte Verletzungen, wenn sich ein Pferdebein auf dem menschlichen Fuß niedergelassen hat. Im Gegensatz zum Verhalten, wie bei Verdacht auf Beinbruch beschrieben, soll hier der Stiefel sofort ausgezogen werden, bevor eine eintretende Schwellung dies erschwert.

Innerhalb der ersten 48 Stunden beschleunigen Kälteanwendungen (Spray, Eisumschläge oder Kühlbandagen) den Heilungsverlauf. Desgleichen können hirudoidhaltige, entzündungshemmende und schmerzlindernde Sportgele und -salben eingesetzt werden, diese für längere Zeit.

Ebenso ist mit *Huftritten* zu verfahren, sofern keine Knochenverletzung vorliegt, sondern der Schlag gut bemuskelte Partien, zum Beispiel des Oberschenkels oder des Gesäßes, traf. Der manchmal recht ausgedehnte Bluterguß gelangt auf diese Weise schneller zur Resorption und der Reiter zu Schmerzfreiheit.

Beim *Schlag in die Bauchgegend* ist die Gefahr einer inneren Verletzung gegeben, und es muß ärztliche Hilfe in Anspruch genommen werden. Bei Schockzeichen muß dies - wie oben beschrieben - schnell geschehen.

Der *Pferdebiß* geht - wenn nicht mit einer offenen Wunde - so doch immer mit einer Gewebsquetschung und Bluterguß einher. Auch hier kann Kühlung und Behandlung mit einer entsprechenden Sportsalbe Linderung bringen.

Im Gelände kann es durch Zweige, durch hochfliegende Erdteilchen oder Steinchen, nicht zuletzt durch Insekten, zu unangenehmen Zwischenfällen kommen. Brillenträger sollten bei Gelände- und Jagdritten unbedingt eine *Sportbrille* tragen.

Verletzungen des Auges, Ohres oder des Gesichtes gehören in ärztliche Behandlung. Fremdkörper zwischen Augapfel und Lid werden an Ort und Stelle entfernt, indem man die Lider umklappt und den Fremdkörper vorsichtig immer zur Nase hin entfernt. Ein sauberes Taschentuch sollte immer zur Hand sein. Die Reizung des Auges (Tränenfluß und Brennen) muß danach abklingen; andernfalls muß der Betreffende sich in ärztliche Behandlung begeben.

In allen Fällen, in denen man mit einem Unfall zu tun hat, muß das eigene Handeln von der Überlegung bestimmt werden, keinen weiteren Schaden anzurichten. Lebensrettende und lebenserhaltende Maßnahmen haben stets Vorrang vor der Versorgung weiterer Verletzungen.

Grundsätzlich gilt, daß man den Rat des Arztes lieber einmal zu viel als zu wenig in Anspruch nehmen sollte. Eigenbehandlung und der Rat gutmeinender Freunde haben schon häufig geschadet.

Zusammenfassung:

- Eine gründliche Ausbildung und eine vorurteilslose Beurteilung der Fähigkeiten und Möglichkeiten von Reiter und Pferd sind die beste Voraussetzung, gesundheitliches Risiko gering zu halten und Unfälle möglichst zu vermeiden.

- Eine erhebliche Anzahl der Unfälle passiert nicht unmittelbar beim Reiten, sondern im Umgang mit dem Pferd bei Pflege, Fütterung, Stallarbeit, Longieren etc..

- Richtige Sportkleidung – vor allem eine zweckmäßige Kopfbedeckung ist unerläßlich.

- Bei Reitern, die älter als 35 sind, sollte der Ausbilder auf die Vorlage eines Sporttauglichkeitszeugnisses drängen.

- Reiten ist ein gesunder Sport und kann bei Zivilisationsschäden des modernen Menschen Abhilfe schaffen.

- Reiter sollten nur in guter gesundheitlicher Verfassung in den Sattel steigen. Eine Tetanus-Immunisierung ist notwendig.

- Jeder Reiter bzw. Ausbilder sollte in "Erste Hilfe" am Unfallort ausgebildet sein. In jedem Stall muß eine vollständige Apotheke vorhanden sein.

- Bei Unfällen sind folgende Notrufangaben angebracht:
  Wo passierte der Unfall?
  Wann passierte der Unfall?
  Was ist geschehen?
  Wieviele Verletzte müssen transportiert werden?
  Wer meldet den Unfall?

9

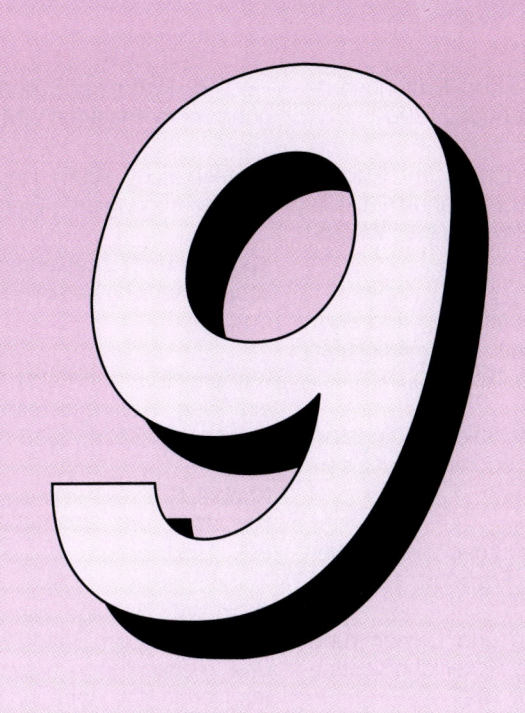

Literaturnachweis, Literaturhinweise und Stichwortverzeichnis

9

Literaturnachweis und Literaturhinweise

APO – Ausbildungs- und Prüfungsordnung, **FN***verlag,* Warendorf, 1990

ausbildenbetreuencoachen im Pferdesport, dreiteiliger Ausbilderlehrfilm, Deutsche Reiterliche Vereinigung e.V., Warendorf, 1997

Chmiel, C.: Konditionstraining und Ausgleichssport für Reiter und Voltigierer, **FN***verlag,* Warendorf, 1987

Eberspächer, H.: Mentale Trainingsformen in der Praxis, sportinform, Oberhadung, 1990

Feldenkrais, M.: Bewußtheit durch Bewegung, Suhrkamp TB, Frankfurt, 1976

Folienmappe: Lehren und Lernen rund ums Pferd, Deutsche Reiterliche Vereinigung e.V., Warendorf, 1997

Friedrich/Brüggemann: Geräteturnen, Reinbek, 1981

Gast, U./Rüsing, B.: Voltigieren lernen – lehren, **FN***verlag,* Warendorf, 1991

Gattermann, E. (Red.): Skilehrplan 5, München, 1985

Größing, S./Röthin, P. (Hg.): Kursbuch 2 – Trainingslehre, Wiesbaden, 1990

Hahn, E.: Kindertraining, München, 1982

Handbuch für Reit- und Fahrvereine, **FN***verlag,* Warendorf, 1989

Hotz, A.: Praxis der Trainings- und Bewegungslehre, Frankfurt a.M., 1991

Jahresbericht 1996. Deutsche Reiterliche Vereinigung e.V., Warendorf

Karteikasten: Reitenlehren Lernen, Deutsche Reiterliche Vereinigung e.V., Warendorf, 1998

Kiphard, E.J.: Die Feldenkrais-Methode, ein Weg zum besseren Körpergefühl, Turnen und Sport, 1985

Knebel, K.-P.: Funktionsgymnastik, Reinbek, 1990 und Fitneß-Gymnastik, Reinbek, 1991

Kuhn, W.: Beiträge zur Lehre und Forschung im Sport, Band 73; Fkt. Anatomie des menschlichen Bewegungsapperates, Verlag Karl Hofmann, 1981

Lehnertz, K./Rieder, H.: Bewegungslernen und Techniktraining, Schorndorf, 1991

Letzelter, M.: Trainingsgrundlagen, rororo Taschenbuchverlag, Reinbek, 1978

Löhr, J.E.: Persönliche Bestform durch Mental-Training, BLV-Verlag, München/Wien/Zürich, 1988

Martin, D. (Red.): Handbuch Trainingslehre, Schorndorf, 1991

Meinel, K./Schnabel, G. (Red.): Bewegungslehre, Berlin, 1976

Meyners, E.: Reitpädagogische Grundlagen für den Ausbilder im Reitsport, Hannover, 1992

Mühlfriedel, B.: Trainingslehre, Frankfurt a.M., 1991

Oese, E.: Quadrillenreiten. Idee – Gestaltung – Präsentation. Musikteil von Gabriela Grillo, **FN**verlag, Warendorf, 1992

Reiten – Gesundheitssportliche Betätigung lebenslang – eine Sportart stellt sich vor. Wissenschaftliche Publikation 11, **FN**verlag, Warendorf, 1989

Richtlinien für Reiten und Fahren, Deutsche Reiterliche Vereinigung e.V. (Hrsg.), **FN**verlag, Warendorf
Bd. 1: Grundausbildung für Reiter und Pferd
Bd. 3: Voltigieren
Bd. 4: Pferdehaltung

Rieder, H.: in Kornexel, E. (Hg.): Spektrum der Sportwissenschaft, Wien, 1987

Schürch, P.: Leistungsdiagnostik: Theorie und Praxis, Erlangen, 1987

Springorum, Dr. B.: Konditionstraining für Militarypferde, **FN**verlag, Warendorf, 1987

Starischka, S.: Trainingsplanung, Schorndorf, 1988

Suinn, R.: Mentales Training, Verlag Hans Huber, Bern/Stuttgart/Toronto, 1986

Syers, J./Conolly, C.: Psychotraining für Sportler, rororo Sport, 1988

Terry, P.: Mental zum Sieg, BLV-Verlag, München/Wien/Zürich, 1990

Weineck, J.: Sportbiologie, Erlangen, 1988

Weineck, J.: Optimales Training, Erlangen, 1992

Winter, R.: Die motorische Entwicklung des Menschen vor der Geburt bis ins hohe Alter (Überblick). In: Meinel, K./Schnabel, G. (Red.): Bewegungslehre, Berlin, 1976

Wirhed, R.: Sport-Anatomie und Bewegungslehre, Stuttgart, 1988

Yerkes, R.M./Dodson, J.V.: The Relationship of Strength of Stimulus to Rapidity to Habit Formation. Journal of Comprentensive Neurology and Psychologis, 18, 459–482, 1908

Stichwortverzeichnis

aerob 109, 110, 118
afferent 111, 112
Aggressionen 151, 152, 154
anaerob 109, 110, 118
Aneignungstyp 156
Angst 152, 165 ff
Anordnungstyp 157
Anschauung 26
Apotheke 179
ATP 108 ff
Aufmerksamkeit 153
Ausbilder 174
– im Breitensport 13
– im Leistungssport 14
Ausbreitungstyp 157
Ausdauer 105
Ausdauertraining 118, 134, 175
Ausgleichssport 134, 146
autoritär (autokratisch-dominant) 33
Autosuggestion 171

Belastungsmerkmale 117, 119
Belastungsreize (⇒ Trainingsreize) 112, 115, 116
Beruhigungsphase 22, 134
Bewältigungstyp 158
Beweglichkeit 106, 120
Beweglichkeitstraining 120, 143
Bewegungslernen 37, 40
Bewegungssteuerung 38, 110 ff

Dauermethode 118, 134
Dehnen 95, 121
demokratisch (sozial-integrativ) 34
Dehnfähigkeit 106
Didaktik 18, 60

efferent 110
Einknicken in der Hüfte 87, 88
Einwirkungstyp 157
emotional 150

Energie 108 ff
Erste Hilfe 179

Fahrtspiel 135
Faßpferd 60
Faust
– offen 93
– verdeckt 92
feed-back 18, 26
Feinform 31, 32, 40
Feinkoordination 41
Feinziele 20, 66 ff
Flachrücken 84
Fluchttier 46

Ganzheitsmethode 122
Gelenkigkeit 106
Gerte 93
Gewichtshilfen 87
Glucose 109, 110
Glycolyse 109, 110
Grobform 31, 32
Grobkoordination 40
Grobziele 19
Großhirn 110, 112
Gymnastik 84, 95 ff, 143
– dynamische 95, 137
– funktionale 142
– isometrische 95
– statische 95, 137

Hand 90, 91
– fehler 82, 90 ff
Hohlkreuz 78, 84

Intervallmethode(n) 118, 120, 132
Istwert 38, 40

kinesthetisch 159, 160, 165
Kleinhirn 110, 112
Körperbewußtsein 159
kognitiv 150

Kondition 105, 113, 132
Konditionsfähigkeit von Pferden 132
Konditionstraining für Reiter 134 ff
Koordination 105, 106, 112, 113
Kopfnicken 82
Kopfschutz 176
Kraft 105, 118
Krafttraining 118, 137 ff
Kreuzanspannen 80

Lactat 109, 110, 134
Laissez-Faire 34
Lautstärke 25
Lehrpferde (⇒ Schulpferde) 168
Lehrplan Voltigieren 66 ff
Lehrstile 33
leichter Sitz 85
Leistung, sportliche 104, 105, 107
Lernen 37, 38
Lernen auf Anhieb 51
Lerninhalte 18, 66 ff
Lernphase 22
Lernziele 29, 66 ff
Lösen 22, 134

Medien 34, 45, 66 ff
– audio-visuelle 36
– auditive 35
– visuelle 35
Methode(n) 29
– anweisungsorientierte 31
– erfahrungsorientierte 32
Methoden-Grundsätze 29, 61
Mitschwingen 78, 84
Mittelpositur 78, 91
motorisch 105, 107, 112
Muskel 110 ff, 118
Muskelzelle(n) 108, 109
Muskulatur 77, 110 ff

Nerven 110 ff

Ordnungsrahmen 62 ff
Organisationsformen 21

Periodisierung 117, 133
puberale Phase 49 ff
Puls 134 ff
Pyramidentraining 120

Rautek-Griff 185
Regelkreis-Modell 39
Reiter
– erfolgszuversichtlicher 170
– mißerfolgsängstlicher 170
Reiz (⇒ Trainingsreize) 117 ff
Rhythmusgefühl 87
Rückenmark 110, 111
Rückmeldung 39, 40
Rundrücken 84

Sauerstoff 109, 110
Schenkelhilfen 89
Schnelligkeit 105
Schnelligkeitstraining 120
Schulpferde (-ponys) 44
Seiteneinsteiger 49
seitliche Verkrümmung 84
Sitzfehler 76
Sitzübungen 47, 75
Sollwert 38
Spaltsitz 83
spielerische Phase 48
Sporen 94
stabile Seitenlage 183
Stallbuch 59
steady state 110
Stimme 46, 93
Stoffwechsel 109
Strafen 94
Stretching 121
Stuhlsitz 82, 83, 90
Superkompensation 112 ff

taktil 80
Techniktraining 122
Teillernmethode 122
Tetanus-Immunisierung 178

Training
- mentales 122, 163, 165
- sportliches 104
Trainingseinheit 133
Trainingsinhalte 117
Trainingsmethoden 117, 119, 132
Trainingsplan(ung) 123, 131, 133
Trainingsprinzipien 114
Trainingsreize 113 ff
Trainingswirkung 112, 113
Trainingsziele 105, 117, 119
Trainingszustand 113

Übertraining 116
Übungsphase 22
Übungsreihen 22
Umbildungstyp 157
Unfall 179

Unfallvermeidung 27, 174 ff
Unterrichtserteilung
- Kriterien 21
Unterrichtsinhalt 28, 48
Unterrichtsplanung 19
Unterrichtsstile 33
Unterrichtsverfahren (Medien) 66 ff
Unterweisungsformen 24

Vorstartzustand 150

Wechselmethode 135
Wiederholungsmethode 118, 120
Wirbelsäule 81, 84, 96, 100, 177, 178
Wunden 180

Zügelhilfen 90
Zentralnervensystem 110

Weiterführende Literatur aus dem FN*verlag*

zu beziehen über den Buchhandel, Reitsportfachhandel oder direkt beim **FN***verlag*, Postfach 11 03 63, 48205 Warendorf, Tel.: 02581 6362-154, -254, Fax: 02581 6362-212, E-Mail: vertrieb-fnverlag@fn-dokr.de oder über das Internet www.fnverlag.de

Nachstehend ein Auszug aus unserem Gesamtprogramm:

Richtlinien für Reiten und Fahren
Deutsche Reiterliche Vereinigung (Hrsg.):
- Band 1: Grundausbildung für Reiter und Pferd, 28. Auflage 2005.
- Band 2: Ausbildung für Fortgeschrittene, 13. Auflage 2001.
- Band 3: Voltigieren, 3. überarbeitete Auflage 2006.
- Band 4: Haltung, Fütterung, Gesundheit und Zucht, 13. Auflage 2006.
- Band 5: Fahren, 9. Auflage 2006.
- Band 6: Longieren, 7. Auflage 1999.

Band 1, 2, 4 bis 6 auch in englischer Sprache lieferbar!

Regelwerke
- APO – Ausbildungs- und Prüfungs-Ordnung 2006. Deutsche Reiterliche Vereinigung (Hrsg.).
- LPO – Leistungs-Prüfungs-Ordnung 2004. Deutsche Reiterliche Vereinigung (Hrsg.), 3. Auflage 2005.
- Anhang Voltigieren – LPO 2004 (Kürkatalog, Formblätter). Deutsche Reiterliche Vereinigung (Hrsg.).
- Aufgabenheft 2006 – Reiten – Nationale Aufgaben gem. LPO. Deutsche Reiterliche Vereinigung (Hrsg.).
- Aufgabenheft – Reiten – Internationale Aufgaben gem. FEI (Inhalt). Deutsche Reiterliche Vereinigung (Hrsg.).
- Aufgabenheft 2006 – Fahren – Nationale und internationale Aufgaben gem. LPO. Deutsche Reiterliche Vereinigung (Hrsg.).

Offizielle Prüfungsmedien
- FN-Abzeichen – Basispass Pferdekunde. Deutsche Reiterliche Vereinigung (Hrsg.), 5. Auflage 2006.
- FN-Abzeichen – Deutscher Reitpass. Deutsche Reiterliche Vereinigung (Hrsg.), 3. Auflage 2006.
- FN-Abzeichen – Die Reitabzeichen der Deutschen Reiterlichen Vereinigung. Deutsche Reiterliche Vereinigung (Hrsg.), 5. überarbeitete Auflage 2006.
- **CD-ROM:** Fit für das Reitabzeichen. Deutsche Reiterliche Vereinigung (Hrsg.), 2. Auflage 2004.
- FN-Abzeichen – Abzeichen im Voltigiersport. Lockert, Ute / Rieder, Ulrike / Deutsche Reiterliche Vereinigung (Hrsg.), 1. Auflage 2005.
- Deutscher Reitpass – Fragen und Antworten. Deutsche Reiterliche Vereinigung (Hrsg.), 1. Auflage 2006.
- Kleines Hufeisen – Steckenpferd – Großes Hufeisen – Kombiniertes Hufeisen. So klappt die Prüfung. Geschrieben von Isabelle von Neumann-Cosel, illustriert von Jeanne Kloepfer, 3. Auflage 2006.
- **CD-ROM:** Trainingsprogramm für Basispass und Reitabzeichen Kl. IV. Deutsche Reiterliche Vereinigung (Hrsg.), 1. Auflage 2003.
- **CD-ROM:** Trainingsprogramm für das Reitabzeichen der Kl. III. Deutsche Reiterliche Vereinigung (Hrsg.), 1. Auflage 2003.

Dokumentationen
- 100 Jahre Pferdezucht und Pferdesport in Deutschland. Deutsche Reiterliche Vereinigung (Hrsg.), 1. Auflage 2005.
- FEI World Equestrian Games Aachen 2006. Deutsche Reiterliche Vereinigung/Aachen-Laurensberger Rennverein, 1. Auflage 2006.

Breitensport
- 365 Ideen für den Breitensport. Gast, Ulrike u. Christiane / Deutsche Reiterliche Vereinigung, 1. Auflage 2005.

Pferdekunde / Reitlehre
- ABC für Pferdebesitzer. Kronenberg, Michaela, 1. Auflage 2006.
- ABC für Reitanfänger. Der Begleiter für den Einstieg in den Reitsport. Kronenberg, Michaela, 1. Auflage 2002.
- Allround-Wettbewerbe. Präzisions- und Aktionsparcours. Hamacher, Ralf / Deutsche Reiterliche Vereinigung (Hrsg.), 2. Auflage 2005.
- Allround-Gelände. Reitsport in Wald und Flur, auf Wegen und Straßen. Hamacher, Ralf / Deutsche Reiterliche Vereinigung, 1. Auflage 2001.
- Anatomie des Pferdes. Hertsch, Prof. Dr. Bodo, 4. Auflage 2003.
- Angstfrei Reiten. Ratgeber und Arbeitsbuch. Willrich, Gine, 1. Auflage 2004.
- Anspannen und Fahren. Achenbach, Benno von, 9. Auflage 2005.
- Ausbildung des Sportpferdes. Bartle, Christopher, *1. Auflage erscheint voraussichtlich im Frühjahr 2007.*
- Balance in der Bewegung. Dietze, Susanne von, Neuauflage 2003. *Buch und Video auch in englischer Sprache erhältlich!*
- Besser Reiten – Wo ist das Problem? Hess, Christoph / Schlemm, Petra, 1. Auflage 2005.
- Betriebswirtschaftslehre. Modernes Management für Pferdebetriebe und Reitvereine. Deutsche Reiterliche Vereinigung (Hrsg.), 2. Auflage 2005.
- Course Design. Gego, Arno, 1. Auflage 2006.
- Das Heilpädagogische Voltigieren und Reiten für Menschen mit geistiger Behinderung. Kaune, Wilhelm, 4. überarbeitete Auflage 2006.
- DENK-SPORT Reiten. Die faszinierende Logik der Ausbildungsskala. Strick, Michael, 3. Auflage 2004.
- Der konditionsstarke Reiter. Chmiel, Claus, 1. Auflage 2006.
- Der Reiter formt das Pferd. Bürger, Udo / Zietzschmann, Otto, Reprint-Ausgabe der Erstauflage 1939, 2. Auflage 2004. *Auch in englischer Sprache lieferbar!*
- Der sichere Kommentar. Deutsche Reiterliche Vereinigung / Deutsche Richtervereinigung, Neuauflage 2004.
- Die Brücke zwischen Mensch und Pferd. Pourtavaf, Ariane / Meyer, Herbert, 2. Auflage 2001.
- Die Deutsche Reitlehre – Der Reiter. Deutsche Reiterliche Vereinigung (Hrsg.), 1. Auflage 2000.
- Die Deutsche Reitlehre – Das Pferd. Deutsche Reiterliche Vereinigung (Hrsg.), 1. Auflage 2002.
- Die Fahrlehre. Lamparter, Christian, 8. Auflage 2005.
- Dressur in Harmonie. Von der Basis bis zum Grand Prix. Zettl, Walter, 1. Auflage 2003.
- Doppellonge – eine klassische Ausbildungsmethode. Gehrmann, Wilfried, 1. Auflage 1998. *Auch als DVD und Video lieferbar!*
- Eckdaten Pferd. Deutsche Reiterliche Vereinigung (Hrsg.), Heft 1: Haltung, 1. Auflage 2005. Heft 2: Gesundheit. 1. Auflage 2006.

- Erfolgreicher Reiten mit mentalem Training. Schinke, Beverley und Robert, 1. Auflage 1999.
- Erlebniswelt Wanderreiten. Lange, Christine, 1. Auflage 2004.
- Fahren lernen leicht gemacht mit mentalem Training. Hölzel, Dr. Petra und Dr. Wolfgang, 1. Auflage 1997.
- FN-Handbuch Reiten als Gesundheitssport, Heipertz-Hengst, Dr. Christine, 1. Auflage 2003.
- FN-Handbuch Schulsport. Reiten und Voltigieren in der Schule. Deutsche Reiterliche Vereinigung (Hrsg.), 1. Auflage 1997.
- Gymnasium des Pferdes. Steinbrecht, Gustav, Reprint der Ausgabe von 1884, Neuauflage 2004.
- Halla, meine Pferde und ich! Winkler, Hans Günter, *1. Auflage erscheint voraussichtlich im Dezember 2006*
- Handbuch „Jagdreiten". Ein Leitfaden für „Schleppjagd" und „Reitjagd ohne Hunde". Stegmann, Hubert / Dörken, Günther, 1. Auflage 1999.
- Hippo-logisch! Interdisziplinäre Beiträge namhafter Hippologen rund um das Thema Pferd. Brückner, Dr. Sascha u.a., 1. Auflage 2005.
- Horse-Handling oder Reiterglück beginnt am Boden – Das Buch zur FN-Bodenschule nach APO 2006. Schöffmann, Dr. Britta, 1. Auflage 2006.
- 111 Lösungswege für das Reiten. Lührs-Kunert, Karin, 2. Auflage 2006.
- Identifikation von Pferden. FEI, 4. Auflage 2000.
- Michael Freund – Ein Leben für den Fahrsport. Temporini, Rudolf / Steindl, Franz, *1. Auflage erscheint voraussichtlich im November 2006*.
- Notfall-Ratgeber Pferde und Giftpflanzen. Dülffer-Schneitzer, Dr. Beatrice, 1. Auflage 2005.
- Optimales Voltigiertraining. Peiler, Christian und Dennis, 2. überarbeitete Auflage 2006.
- Orientierungshilfen Reitanlagen- und Stallbau. Deutsche Reiterliche Vereinigung (Hrsg.), 10. Auflage 2001.
- Mit dem Pferdesport aktiv bleiben. Mehr Lebensfreude durch den Umgang mit Pferden. Hölzel, Dr. Petra, 1. Auflage 2004.
- Parcoursaufbau faszinierend logisch. Bödicker Georg Christoph / Deeg, Werner / Strübel, Susanne, *1. Auflage erscheint voraussichtlich im November 2006*.
- Partnerschaftlich miteinander umgehen. Kröger, Antonius u.a., Neuauflage 2005.
- Pferdegesundheitsbuch. Einzigartige Kombination aus Schulmedizin und alternativen Heilmethoden. Dülffer-Schneitzer, Dr. Beatrice, 2. aktualisierte Auflage 2006.
- Pferdekauf heute. Rahn, Dr. Antje / Fellmer, Eberhard / Brückner, Dr. Sascha, Neuauflage 2003.
- Physiotherapie für Pferde. Kleven, Helle Katrine, 2. Auflage 2001. *Auch als Video lieferbar!*
- Quadrillenreiten. Oese, Erich, Musikteil von Grillo, Gabriela, 1. Auflage 1992.
- Reiten kann man tatsächlich lernen. Für alle Lernwilligen und Zweifler, Einsteiger und Wieder-Einsteiger in den Reitsport. Neumann-Cosel, Isabelle von, 1. Auflage 2003.
- Reiten mit Verstand und Gefühl. Praxisbezogene Ausbildung für Reiter und Pferd. Putz, Michael, 2. Auflage 2005.
- Reiten unterrichten. Reichelt, Anette, 1. Auflage 2005.
- Reiten war dabei. Erfahrungen und Gedanken aus der Praxis einer langen Reiterlaufbahn. Schoeller, Philipp von, 1. Auflage 2005.

9

- Reitunterricht planen. Aus der Praxis – Für die Praxis. Reichelt, Anette, 2. Auflage 2005.
- Roll-Kur – Die Überzäumung des Pferdes. Meyer, Heinz, *1. Auflage erscheint voraussichtlich Oktober 2006.*
- Siege werden im Stall errungen. Das Anti-Aging-Programm für Sport- und Freizeitpferde. Krämer, Monika, 1. Auflage 2005.
- Springpferde-Ausbildung heute. Pollmann-Schweckhorst, Elmar, *2. Auflage 2006 erscheint in Kürze. Buch auch in englischer Sprache lieferbar. Auch als Video (deutsch) und DVD (deutsch und englisch) lieferbar!*
- Übungsreihen und Dressurlektionen bis Grand Prix. Lindgren, Major Anders, 1. Auflage 2003.
- Urlaub im Sattel. DLG-geprüfte und FN-gekennzeichnete Reiterhöfe. Deutsche Reiterliche Vereinigung / Deutsche Landwirtschafts-Gesellschaft, Neuauflage 2004.
- Voltigieren lernen – lehren. Gast Ulrike / Rüsing-Brüggemann, Britta, Neuauflage 2001.
- Voltigierer und Pferde. Rosemann, Hildegard, 1. Auflage 2006.
- Von Kopf bis Huf. Das richtige Reitsportzubehör für Reiter und Pferd. Rietschel, Claudia, 1. Auflage 2004.
- Wenn Pferde sprechen könnten ... sie können! Neumann-Cosel, Isabelle von, 1. Auflage 2005.
- Westernreiten Step by Step. Maschalani, George, 1. Auflage 2001.
- Wörterbuch der Reiterei und des Fahrsports. Deutsch-Englisch. Simon-Schön, Bianca, 4. Auflage 1999.
- Wörterbuch Pferdesport. Deutsche Reiterliche Vereinigung / Simon-Schön, Bianca, *1. Auflage erscheint voraussichtlich Winter 2006/2007.*
- **CD-ROM:** Ausbildungsbegleitende Arbeitsaufträge zur Vorbereitung auf die Pferdewirtprüfung. Arnold, Dietbert, Version 1.2 – 2002.
- **CD-ROM:** Pferdefütterungsprogramm WINration. Rationsberechnung per Computer. Arnold, Dietbert / Müller, René, Version 1.2 – 2005.

Jugendreitlehre
- Das Pferdebuch für junge Reiter. Neumann-Cosel, Isabelle von, gezeichnet von Jeanne Kloepfer, fotografiert von Jean Christen, 7. Auflage 2006.

Lehrmaterial für Ausbilder
- Ausbilden · Betreuen · Coachen im Pferdesport – Die Broschüre. Gast, Ulrike / Ahsbahs, Björn / Deutsche Reiterliche Vereinigung, 1. Auflage 1999.
- FN-Ausbildervideos*. Ausbilden · Betreuen · Coachen im Pferdesport. Teil 1: Der Ausbilder. Teil 2: Unterrichtspraxis. Teil 3: Prüfung und Wettkampf. Deutsche Reiterliche Vereinigung (Hrsg.). VHS-Videos, je ca. 22 Min.
- FN-Handbuch Pferdewirt. Ausbildungsbegleiter und Nachschlagewerk für die professionelle Pferdepraxis. Deutsche Reiterliche Vereinigung (Hrsg.), 1. Auflage 2005.
- Karteikasten. Reitenlehren Lernen. Gast, Ulrike und Christiane / Rüsing-Brüggemann, Britta, 2. Auflage 1999, *zur Zeit vergriffen, Neuauflage in Vorbereitung!*

Folienmappen
Deutsche Reiterliche Vereinigung (Hrsg.):
- „Lehren und Lernen rund ums Pferd" – Basismappe*, 5. Auflage 2005.
- Ergänzungsblätter 2006*.

- „Lehren und Lernen rund ums Voltigieren" – Erweiterung zur Basismappe*, 1. Auflage 2002.
- „Lehren und Lernen rund ums Longieren" – Erweiterung zur Basismappe*, 1. Auflage 2004.
- „Lehren und Lernen rund ums Fahren" – Erweiterung zur Basismappe*, 1. Auflage 2005.
- „Lehren und Lernen rund um die breitensportliche Geländeausbildung" – Erweiterung zur Basismappe*, 1. Auflage 2004.
- „Lehren und Lernen rund ums Westernreiten" – Erweiterung zur Basismappe*, 1. Auflage 2004.

* wird direkt von der FN geliefert, nicht über den Handel erhältlich.

Lehrtafeln
FN-Lehrtafeln, im Großformat 100 x 70 cm mit Aufhängevorrichtung. Deutsche Reiterliche Vereinigung (Hrsg.). 31 Tafeln mit den Themen:
- Atmungsorgane
- Auge und Sehvermögen
- Der Sitz des Reiters
- Eingeweide
- Exterieur
- Farben und Abzeichen
- Für Pferde giftige Pflanzen
- Hufe
- Hufschlagfiguren
- Kreislauf
- Lage erkennbarer Veränderungen
- Muskulatur
- Skelett
- Vordergliedmaße und Hintergliedmaße
- Zahnalterbestimmungen
- Zäumungen

Fahren
- Achenbachleine
- Anspannungsarten
- Distanzen
- Einspänner-Brustblattgeschirr
- Zweispänner-Brustblattgeschirr
- Einspänner-Kumtgeschirr
- Zweispänner-Kumtgeschirr
- Verkehrssicherheit des Wagens
- Zweifache Kombinationen
- Dreifache Kombinationen
- Hindernisarten/Hindernistypen

Voltigieren
- Die Ausrüstung des Voltigierpferdes
- Voltigieren D-Pflicht
- Voltigieren C-Pflicht
- Voltigieren A/B-Pflicht

Die FN-Lehrtafeln sind auch als FN-Pferdetafeln DIN-A4-Mappen, Set 1, 2 und 3 (Format 29,7 x 21 cm) erhältlich.

Videos / DVDs
FN-Lehrfilmserie
Deutsche Reiterliche Vereinigung
- Teil 1: Ausbildung des Reiters: Der Sitz des Reiters. 1995, VHS-Video, ca. 33 Min.
- Teil 2: Ausbildung des Reiters: Der Weg zum richtigen Sitz. 1997, VHS-Video, ca. 28 Min.
- Teil 3: Grundausbildung Pferd und Reiter: Dressur – Die Skala der Ausbildung. 1996, VHS-Video, ca. 26 Min. *Auch in englischer Übersetzung lieferbar!*
- Teil 4: Ausbildung des Reiters: Springreiten für Einsteiger. 1997, VHS-Video, ca. 20 Min.
- Teil 5: Ausbildung des Reiters: Geländereiten für Einsteiger. 1997, VHS-Video, ca. 29 Min.
- Teil 6: Ausbildung des Reiters: Springreiten für Fortgeschrittene Kl. A und L. 2000, VHS-Video, ca. 30 Min.
- Teil 7: Grundausbildung des Pferdes: Gewöhnung und Anreiten. 2003, VHS-Video, ca. 43 Min. *Auch als DVD erhältlich!*

- Teil 8: Ausbildung des Reiters: Dressurreiten für Fortgeschrittene Kl. A und L. 2004, VHS-Video, ca. 45 Min. *Auch als DVD erhältlich!*
- Teil 9: Ausbildung des Pferdes: Dressur – Niveau Kl. A und L. 2004, VHS-Video, ca. 49 Min. *Auch als DVD erhältlich!*
- Balance in der Bewegung. Dietze, Susanne von. 1999, VHS-Video, ca. 40 Min. *Auch in englischer Übersetzung und als DVD (deutsch/englisch) lieferbar!*
- Besser Reiten. Deutsche Reiterliche Vereinigung (Hrsg.), VHS-Video, ca. 40 Min. *Auch als DVD erhältlich!*
- Doppellonge. Gehrmann, Wilfried. VHS-Video, ca. 50 Min. *Auch als DVD erhältlich!*
- Faszination Geländereiten. FN-Video. 1989, VHS-Video, ca. 45 Min.
- Faszination Pferd. Isenbart, Hans-Heinrich. 1993, VHS-Video, ca. 45 Min.
- In allen Sätteln gerecht – Grundausbildung für Kinder und Jugendliche. FN-Video von Isabelle von Neumann-Cosel. 1992, VHS-Video, ca. 45 Min.
- Physiotherapie für Pferde – Praktische Anleitung zur Massage und Dehnung. Kleven, Helle Katrine. 1999, VHS-Video, ca. 40 Min.
- Rund ums Pferd mit Nicole Uphoff. 1992, VHS-Video, ca. 45 Min.
- Spielend reiten lernen – Anfängerausbildung für Kinder. FN-Video von Isabelle von Neumann-Cosel. 1991, VHS-Video, ca. 35 Min.
- Springpferde-Ausbildung heute. Pollmann-Schweckhorst, Elmar. 2004, VHS-Video, ca. 55 Min. *Auch als DVD (deutsch u. engl. erhältlich!*
- Voltigierspiele. Wertvolle und kreative Basisarbeit. Rosemann, Hildegard / Deutsche Reiterliche Vereinigung. 2003, VHS-Video, ca. 30 Min.

Jahrbücher
Deutsche Reiterliche Vereinigung (Hrsg.)
- Jahrbuch Zucht, jährlich 3 Bände.
- Jahrbuch Sport, jährlich 3 Bände.
- **CD-ROM:** Leistungen und Daten aus Pferdezucht und -sport, jährlich ab 2000.

Frage- und Antwortspiele
- Basispass Pferdekunde. Fragen • Antworten • Tipps. Gast, Ulrike und Christiane, 2. Auflage 2006.
- Kleines, Großes, Kombiniertes Hufeisen. Fragen • Antworten • Tipps. Gast, Ulrike und Christiane / Rüsing-Brüggemann, Britta, 6. Auflage 2005.
- Leinenfest?! Fragen und Antworten. Gast, Ulrike u. Christiane, 1. Auflage 2001.
- Longenfest?! Fragen und Antworten. Gast, Ulrike und Christiane, 1. Auflage 2000.
- Sattelfest?! Fragen und Antworten. Gast, Ulrike und Christiane, 2. Auflage 2003.
- **CD-ROM:** Knobelspaß für Pferdefreunde. Das tolle Quiz mit Lerneffekt rund ums Hufeisen. Deutsche Reiterliche Vereinigung (Hrsg.), 1. Auflage 2001.